Deutsche Texte

Herausgegeben von
GOTTHART WUNBERG

Vom Laienurteil zum Kunstgefühl

Texte zur deutschen Geschmacksdebatte
im 18. Jahrhundert

Ausgewählt und mit einer Einleitung
herausgegeben von
ALEXANDER VON BORMANN

Max Niemeyer Verlag
Tübingen

ISBN 3-484-19028-0

Inhaltsverzeichnis

V. GESCHMACK UND KRITIK. DER GESCHMACK UND DIE KÜNSTE

VI. HISTORIK DES GESCHMACKS UND IDEALER GESCHMACK

VIII

Einleitung

Die Verbürgerlichung des Geschmacks: das Laienurteil.

Tieck läßt in seinem Märchenlustspiel ›Der gestiefelte Kater‹ (1797) das Publikum auf der Bühne heftig gegen diese »Oper ohne Musik« protestieren; sie sei unwahrscheinlich, also abgeschmackt. »Die Aufklärung hat ihre Früchte getragen, wie sich's gehört.« Das Publikum bekennt, Geschmack zu haben, und eifert gegen das Stück, um »den guten Geschmack zu retten«. Der Schlachtruf: »Aber wir haben doch Geschmack!« bedeutet für die Romantik freilich das Gegenteil: die Herrschaft des Unpoetischen. Einseitig genug beschreibt Eichendorff z. B. die Korrekturbemühungen Ramlers: »Er war der poetische Exerziermeister seiner Zeit« und hatte »gleichfalls recht, das ganze leere Formelwesen lediglich formell anzufassen und ohne nach Individualitäten zu fragen, an denen doch nichts zu verlieren war, alles nach einer Schablone, die man damals Geschmack nannte, zurechtzustutzen.«[1]

Dem neueren rein-poetischen Standpunkt ist der Geschmacksbegriff so sehr zuwider geworden, daß er nicht einmal mehr referiert werden kann. Der Grund ist deutlich: stets ist der Geschmacksbegriff eine über das Ästhetische hinausreichende Kategorie gewesen, ja er geht zunächst auf Ethik und Politik.[2] So wurde er zum Vehikel der aufklärerischen Bildungsbemühungen, der Titel einer Wochenschrift von 1752 *Geschmack und Sitten* zeigt das deutlich genug an; »er beschreibt ein Ideal echter Humanität«.[3] Die Tatsache, daß im aufklärerischen Geschmacksbegriff die ästhetische Erfahrung noch als gesellschaftlich vermittelte gedacht ist, macht ihn für gegenwärtige literaturtheoretische und -geschichtliche Fragestellungen neu interessant.

---

[1] Eichendorff, Geschichte der poetischen Literatur Deutschlands. In: Neue Gesamtausgabe (Cotta), Stuttgart 1957. Bd. IV, 181

[2] Vgl. zu diesem universalistischen Anspruch den Artikel ›Geschmack‹ im neuen Eisler (Lit.verz. – im folgenden abgekürzt: LV –) und F. Schümmer (LV).

[3] Gadamer, Wahrheit und Methode (LV), S. 32

Wenn im vorliegenden Band nun die Geschmacksdiskussion der deutschen Aufklärung in den Hauptzügen vergegenwärtigt wird, so keineswegs als Versuch einer Aktualisierung dieser Kategorie. Der Geschmack ist wieder ganz privat geworden. Aber es erscheint doch sinnvoll, einen der Zentralbegriffe der aufsteigenden bürgerlichen Kultur für deren ideologiegeschichtliche Analyse zur Verfügung zu stellen; zumal da es sich um einen Begriff handelt, der sich dem bloß geistesgeschichtlichen Zugriff entzieht (A. Baeumlers gelehrtes Buch und B. Markwardts Fleißarbeit sind dafür Beispiele) und inhaltlich bereits einen sozialgeschichtlichen Ansatz enthält und nahelegt. Er verbindet und trennt höfische und bürgerliche Kultur, und diese Einleitung kann nur versuchen, den Begriff in dieser Weise interessant und die Dokumentation lesbar zu machen, nicht aber schon selbst sozialgeschichtlich differenzierte Interpretationen vorschlagen. So bleibt's bei einigen Hinweisen.

Der Geschmack gibt, als Logik ohne Dornen aufgefaßt, eine Urteilsmöglichkeit frei, die nicht länger an (Bildungs-)Privilegien gebunden ist. Diese Bedeutung war ihm nicht von vornherein an die Stirn geschrieben. Er gewinnt seinen Umfang in der höfischen Gesellschaft, als »Kunst der Weltklugheit«, die an individuelle Begabung und Erfahrung gebunden bleibt (Gracian). Die Auszeichnung dieses Bildungsideals sieht Gadamer darin, daß es von ständischen Vorgegebenheiten unabhängig ist: »Es ist das Ideal einer Bildungsgesellschaft. Wie es scheint, vollzieht sich solche gesellschaftliche Idealbildung überall im Zeichen des Absolutismus und seiner Zurückdrängung des Blutadels. Die Geschichte des Geschmacksbegriffs folgt daher der Geschichte des Absolutismus von Spanien nach Frankreich und England und fällt mit der Vorgeschichte des dritten Standes zusammen. Geschmack ist nicht nur das Ideal, das eine neue Gesellschaft aufstellt, sondern erstmals bildet sich im Zeichen dieses Ideals des ›guten Geschmacks‹ das, was man seither die ›gute Gesellschaft‹ nennt. Sie erkennt sich und legitimiert sich nicht mehr durch Geburt und Rang, sondern grundsätzlich durch nichts als die Gemeinsamkeit ihrer Urteile oder besser dadurch, daß sie sich überhaupt über die Borniertheit der Interessen und die Privatheit der Vorlieben zum Anspruch auf Urteil zu erheben weiß.«[4]

---

[4] Ebd. S. 32 f.

Das Zitat macht deutlich, wieso die (bis in die Gegenwart er-
haltene) Redeweise »er (sie) ist gebildet« (die innerhalb des geho-
benen Bürgertums und des niederen Adels galt) inhaltlich so unbe-
stimmt bleiben mußte. Sie ist an die Verbürgerlichung der höfischen Geschmackskultur gebunden, und ihre Unbestimmtheit zeigt
die Refeudalisierung der bürgerlichen Kultur an, die nach der ›heroischen‹ Phase des Bürgertums einsetzte. Dem höfischen Umkreis
gehören besonders die Bestimmungen der *délicatesse* und des *Je
ne sais quoi* (von Thomasius mit ›das gewisse Etwas‹ übersetzt)
zu, die seit Bouhours und Dubos die Geschmacksdebatte leiten.
Sie bezeichnen ein Werturteil, das sich nicht aus Relationen (Regeln) gewinnt (nämlich bürgerlich), sondern das auf der »Betrachtung der Individuen und der Einzeldinge gründet« (Muratori):
»Wer sogleich richtig beurteilt, was für ihn Wert hat, den nennt
man klug, der hat gesunden Verstand.«[5] Das aufsteigende Bürgertum rezipiert weniger diesen Ansatz, sondern hält sich vor allem
an das cognitive Moment des Geschmacksurteils. Wie in der Philosophie der Aufklärung die Spekulation durch Erfahrung und Er-
kenntniskritik begrenzt wird, so glaubt man auch immer mehr
»von allem demjenigen, was im gemeinen Leben vorkommet, richtigen Grund anzeigen« zu können.[6] Der Geschmack, der von
Hause aus ein Urteil ohne solche Anzeige ist, fußt auf einem Be-
gabungsbegriff (vgl. den Zusammenhang von genio und gusto bei
Gracian), der sich als »bon sens«, als »sensus communis« unschwer
verbürgerlichen läßt.

Zum Modebegriff wird er im Zusammenhang der Neubestim-
mung der Theorie im 18. Jahrhundert: die auf Praxis gerichtete
und auf sie zugleich angewiesene Theorie erfaßt nun »nicht mehr
die natürlichen, wahrhaften oder eigentlichen Handlungen und
Einrichtungen einer ihrem Wesen nach konstanten Menschengat-
tung, vielmehr hat es Theorie jetzt mit dem objektiven Entwick-
lungszusammenhang einer sich selbst produzierenden, zu ihrem
Wesen, der Humanität, erst bestimmten Gattung Mensch zu tun.«[7]

Ist der Geschmack »ein gesellschaftliches Phänomen ersten Ranges«,[8] so muß auch der Aufstieg dieses Begriffs in der ästhetischen

---

[5] Bei A. Baeumler (LV), S. 52
[6] Christian Wolff: Vernünfftige Gedancken von dem Gesellschafftlichen
Leben der Menschen ... Frankfurt und Leipzig 1725, Vorrede, S. 5
[7] Jürgen Habermas: Dogmatismus ... (LV), S. 231
[8] Gadamer, a.a.O., S. 33

Diskussion, die bald ganz von ihm beherrscht wird, sich in diesem Zusammenhang deuten lassen. Als ein *analogon rationis* (Baumgarten) aufgefaßt, enthält der verbürgerlichte Geschmack ein deutlich demokratisches Element: er gibt jedermann ein Urteil frei, dessen Anspruch kaum gemindert wird. Jedenfalls anfangs nicht. Die Diskussion, die dieser Band in Auszügen vergegenwärtigt, wird dann die Geltung des Laienurteils zunehmend einschränken, es immer mehr an Voraussetzungen binden, die jede emanzipatorische Tendenz zunichte machen. (Habermas' Beschwörung der kritischen Vernunft, die »analytisch Macht über dogmatische Befangenheit« gewinne, gilt so keineswegs für ›die‹ Aufklärung insgesamt!) Am Ende stehen die Formalisierung des Geschmacksurteils durch Kant und die deutliche Verurteilung des ›Dilettantismus‹ durch Schiller und Goethe.[9]

Der Geschmack des Verstandes.

Der gesellschaftliche Bezug, der sich etwa in der Gleichsetzung von common sense (bon sens) und moral sense (sens social) ausspricht,[10] leitet auch die Anwendung des Geschmacksbegriffes auf die Kunst. Die Dichtung gewinnt eine Zentralstellung in der Aufklärung, weil sie die »vernünftigste« Kunst ist und weil die Bürger angesichts der bestehenden Machtverhältnisse auf das Raisonnieren verwiesen bleiben. So läßt sich die Literatur seit der Aufklärung weitgehend als Medium der Selbstdarstellung und Selbstverständigung der bürgerlichen Klasse interpretieren; jedenfalls hat die deutsche Literatur in diesem Zusammenhang ihre Bedeutung gewonnen. Dadurch, daß ihr Ausdrucksträger, die Sprache, von Natur Sinnträger ist (anders als Ton und Farbe), disponiert sie zu jener »sinnlichen Erkenntnis«, auf die der Geschmacksbegriff in der Ästhetik zielt. Z. B. wird die Erkenntniskraft der poetischen Bilder nicht mehr durch das »hieroglyphice scribere«, also durch

---

[9] Vgl. dazu Hans Rudolf Vaget: Dilettantismus und Meisterschaft ... (LV).

[10] Vgl. Gadamer, S. 16 ff.; Gadamer belegt diese Tendenz mit einem wirkungsvollen Zitat von Thomas Reid, der die Funktion des »good sense« darin sieht, »to direct us in the common affaires of life, where our reasoning faculty would leave us in the dark« (S. 22).

den Bezug auf einen (glaubend vorausgesetzten) allgemeinen Zusammenhang bestimmt, der als Wahrheit für die Scharfsinnigkeit (»agudeza«) zutage liegt. Sondern die Gleichnisse sollen nach Bodmer »einen Gedanken in ein volles Licht setzen«; die poetischen Bilder müssen »erleuchtend« sein, und es ist die Logik der Phantasie, die den Bildern durch Verknüpfung eine Sinnbeziehung erwirbt, sie zu ›Gleichnis-Bildern‹ macht (vgl. § 6). Verbürgerlichung des Geschmacksbegriffs und Entwicklung der bürgerlichen Ästhetik gehen zusammen, das cognitive Moment ist dabei leitend: im Geschmack wird die Möglichkeit einer allgemeinen Rezeption der erzieherischen Inhalte der Aufklärung gedacht.

Dieser Ansatz komprimiert sich zunächst in der Formel vom *Geschmack des Verstandes*. Im Zusammenhang mit der französischen sensualistisch-materialistischen Tradition wird er bei König (s. § 1) als Naturanlage postuliert und jedem zuschreibbar und zumutbar. Daß der Geschmack ein Urteil, eine Wertung »viel geschwinder und deutlicher« anzeigt, macht diesen Begriff gerade in Rücksicht auf den »großen Haufen« geeignet. Gerade darum muß er aber auch vor Relativierung geschützt bleiben: er soll selber eine solche leisten. Das Interesse am Geschmacksbegriff läßt sich, so schlagen wir vor, von seiner Leistung her auslegen, Egalisierung gegen Privilegierung zu setzen und die Ideologisierung der gesellschaftlichen Ungleichheit zu problematisieren; das gilt so freilich nur für die frühbürgerliche Periode. Vgl. dazu R. Kühnl: »Die Zielrichtung war doch überall erkennbar. Dem Prinzip der Tradition setzte die Aufklärung das Prinzip der Vernunft, dem Gottesgnadentum und den ständischen Privilegien das rationalistische Naturrecht entgegen, das jedem Menschen als solchem bestimmte natürliche Rechte zusprach. Jede Institution und jede staatliche Maßnahme hatte sich nun vor dem Richterstuhl der Vernunft zu rechtfertigen. Nicht mehr der Heilsplan Gottes oder der Ruhm des Monarchen sollte der Zweck des Staates sein, sondern das diesseitige Wohlergehen der Bürger. Die letzte Konsequenz dieser Auffassung mußte die Ausübung der politischen Macht durch die Bürger selbst sein.«[11]

Noch Thomasius befand, daß der Geschmack, »die rechtschaffene Galanterie«, eigentlich am Hof ihren Sitz habe; zu seiner Einbürgerung in Deutschland wird vorausgesetzt, daß »wir uns

---

[11] Reinhard Kühnl: Formen bürgerlicher Herrschaft (LV), S. 13

nur von dem gemeinen Pöbel etwas absonderten«.[12] Bei Gottsched hingegen tritt deutlich die emanzipatorische Bedeutung des Geschmackstheorems zutage: die Ungleichheit unter den Ständen (= die Verschiedenheit des Geschmacks) denkt er als durch Erziehung und Verschiedenheit des Milieus bedingt, also als prinzipiell aufhebbar (vgl. § 2, Absatz 4). So wird die Bildung des Geschmacks ein Hauptthema, sein Verhältnis zu den Regeln, zu den Vorbildern, zum Muster der Natur leiten Gottscheds Analyse.

Auch Bodmer (§ 3) geht davon aus, daß der sinnliche wie der poetische Geschmack dem Menschen allgemein seien. Auch den Geschmack als »Vermögen des Gemüthes hatte die Natur allen Menschen ohne partheyliche Verkürtzung, oder Vervortheilung mitgetheilet«.[13] Dieser Ansatz hat gewiß eine revolutionäre Perspektive, enthält ein begründendes Moment egalitärer Demokratie. »Die bürgerliche Emanzipation begann als die Emanzipation des Menschen als solchen: jedenfalls wurde sie so gedacht. Der Bürger machte seine Revolution als Mensch. Das Geheimnis des bürgerlichen revolutionären Bewußtseins ist, daß es nicht partikular war, seine Allgemeinheit legitimierte ihm ebenso die Liquidierung der alten Feudalität wie den späteren kolonialistischen und imperialistischen Ausgriff.« (B. Willms)[14]

Um diese Allgemeinheit zu sichern, wird »die Vorschrifft der reinen Vernunfft zur Richtschnur« des Geschmacksurteils gesetzt; das »verwegene« Abweichen von der »wahren Richtschnur« in den Urteilen der meisten ist Bodmer anstößig. Mit Recht. Die bürgerliche Diskussion kann es sich (noch) nicht leisten, den Geschmack individuell ›frei‹ zu geben. So interpretiert z. B. Garve den unzureichenden Anstand des Bürgers als Reflex seiner sozialen Situation: der Eingeschränktheit des bürgerlichen Lebens korrespondiert der Mangel an Würde und freiem Anstand, für die Geschmackssicherheit des Hofmanns fehlen alle Voraussetzungen. So würde die ›Freiheit‹ des Geschmacks nur bedeuten, ihn, das (postulierte) Laienurteil, den von den Herrschenden gesetzten Bedingungen zu überantworten. Garve (§ 22) bemerkt deutlich: »die Sitten und die Manieren hängen nicht bloß von den Ideen ab«, und er zitiert Rochefoucault, der deshalb »eine große Revolution in den

---

[12] Christian Thomasius: Discours ... (LV), S. 47, 43
[13] Bodmer: Von der Einbildungskraft (Quellenverz. § 3, 1), S. 13
[14] Bernard Willms: Revolution und Protest (LV), S. 9 f.

Umständen eines Menschen will vorhergehn lassen, ehe er ihn, in Absicht der Sitten, von der niedern Stufe auf die höhere erheben zu können glaubt«. Garves Abhandlung vom Ende des Jahrhunderts sagt dieser Perspektive ab und vergegenwärtigt sie doch dabei: »Sich nun in diese oder jene äußere Lage zu versetzen, steht in keines Menschen Gewalt... Hier bleibt nun dem vernünftigen Manne weiter nichts übrig, als beherzt dasjenige aufzugeben, was er an sich schätzbar, aber für sich unerreichbar findet.« (§ 22, Absatz 3).

Die Frühaufklärung ist von diesem depravierenden Gebrauch von »vernünftig« weit entfernt. Der Zusammenhang von absolutistischem Rationalismus und aufsteigender bürgerlicher Klasse wird im Geschmacksbegriff durchsichtig. Die höfischen Momente des Begriffs werden von der bürgerlichen Diskussion umfunktioniert; die Formel vom Geschmack des Verstandes meint den Anspruch, selber mit gutem Grund (mit Raison) über alle eigenen Fragen entscheiden zu können. So gehört die Rezeption und Verbürgerlichung des Geschmacksbegriffs in den Zusammenhang der Entwicklung einer »Sphäre der ›bürgerlichen Gesellschaft‹, die dem Staat als der genuine Bereich privater Autonomie gegenüberstehen wird.«[15]

Vom Geschmack zum Kunstgefühl

Das sensualistische, ja materialistische Moment des Geschmacksurteils, das in der französischen Ästhetik vor allem von Dubos und Diderot herausgearbeitet worden war, hatte sich in der deutschen Diskussion (etwas undeutlich) im Theorem vom sinnlichen Geschmack erhalten. Als Protest »gegen Vernunft, Regeln, Formalismus und Privilegien in der Ästhetik«[16] läßt sich der Geschmacksbegriff gleichwohl in Deutschland nicht einbürgern, weil hier – im Gegensatz zu Frankreich – jene Bildungstradition, die solchen Protest forderte wie trüge, noch in der Zukunft liegt. Gerade in der Beziehung auf eine allgemeine Vernunft versucht die Frühaufklärung, dem Laienurteil einen gesellschaftlichen Ansatz und

---

[15] Jürgen Habermas: Strukturwandel der Öffentlichkeit (LV), S. 22
[16] Herbert Dieckmann: Die Wandlung des Nachahmungsbegriffes (LV), S. 50

eine allgemeine Relevanz zu bewahren. Das ist jedoch so abstrakt, zudem – was der Gottschedianer C. O. von Schönaich in seinem ›Neologischen Wörterbuch‹ (1754) unfreiwillig kundtut – so unangemessen für die Dichtkunst, die Produktion und Erläuterung von Dichtungen, daß die Position der Schweizer sich alsbald den größten Teil des literarischen Publikums gewann.

Sie heben, wohlvertraut mit der italienischen Ästhetik,[17] die Bedeutung der Phantasietätigkeit grundsätzlich hervor. Nicht nur die wirkliche Natur, auch das Mögliche wird als Gegenstand der künstlerischen Nachahmung zugelassen. Neben dem Verstand nimmt die Einbildungskraft auf dem Richterstuhl Platz, die über die unmittelbare Wirklichkeit hinausleitet – der Dichter ist der Schöpfer, der »auch die Dinge, die nicht für die Sinne sind, gleichsam erschaffet« (Breitinger).[18] Dem »Schöpfer einer neuen idealischen Welt oder eines neuen Zusammenhanges der Dinge«[19] ist im Prinzip der Wahrscheinlichkeit zwar wieder eine Grenze gesetzt; aber doch eine mit ungleich weiterem Horizont (= für die Dichtung!), als ihn Gottscheds Regeln dem Dichter eröffnen.

Damit ist eine Entwicklung eingeleitet, die für den Geschmacksbegriff bestimmend werden sollte. Seine Psychologisierung, seine Begründung auf dem Gefühl (Dubos; Sulzer, Meier, Mendelssohn usw.) bedeuten implizit eine Absage an das Laienurteil als eines aus Erkenntnis. In Baumgartens ›Aesthetica‹ wurde die sinnliche Erkenntnis als (beinahe) gleichwertig neben die deutliche gestellt; für die Psychologen ist sie wieder nur Unvollkommenheit.[20]

Wenn der Geschmack in der Diskussion der 40er und 50er Jahre zunehmend als *Kunstgefühl* bestimmt wird, scheint darin eine Einschränkung zu liegen, die der hochklassischen These von der Autonomie der Kunst vorarbeitet. Daß theoretische Diskussionen an Eigengewicht zunehmen und sich aus ihrem kulturell-politischen Bezug zu lösen geneigt sind, ist häufig zu beobachten, z. B. im Verhältnis der gegenwärtigen kulturellen Underground-Szene zu den politischen Oppositionsbewegungen oder etwa in der Ge-

---

[17] Vgl. dazu John George Robertson (LV)!
[18] Critische Dichtkunst I, S. 60 (s. Quellenverz. § 4, 2); vgl. hierzu auch W. Preisendanz: Die Auseinandersetzung mit dem Naturnachahmungsprinzip ... (LV), S. 74
[19] Breitinger, Critische Dichtkunst, S. 426
[20] Vgl. A. Baeumler, S. 116 ff.

schichte der Arbeiterliteratur. Für das Geschmackstheorem gilt das in besonderer Weise, weil es der höfischen Kultur entnommen und mit dem Anspruch der sich als Klasse formierenden Bourgeoisie ausgestattet wurde. Das Großbürgertum gewinnt ja seine Position nicht gegen, sondern wesentlich durch den Absolutismus, der als moderner Zentralstaat die politische Verfassung des feudal-ständischen Systems nachhaltig veränderte; Einheitlichkeit und Berechenbarkeit werden in diesem Zusammenhang maßgebliche Kriterien.[21] Im Standpunkt vom ›Geschmack des Verstandes‹ ist diese Tendenz aufgenommen.

Die Deutung des Geschmacks als Kunstgefühl macht dem letztlich ein Ende. So schließt etwa G. F. Meiers anspruchsvoll gewordener Geschmacksbegriff das Urteil des gemeinen Mannes aus. Nur »durch eine Herablassung« seien diesem »einige Arten der Gedichte« (z. B. Fabeln) begreiflich zu machen. Die Angst, die Dichtkunst durch die Beziehung auf den gemeinen Geschmack, auf den »gesunden Menschenverstand« zu »prostituieren«:[22] der Vorrang der ästhetischen Kultur vor der gesellschaftlich relevanten Erkenntnisproblematik zeigt den Weg an, den deutsche Klassik und Romantik zu Ende gehen werden. Auch Mendelssohns Sensualismus »stellt kein empirisches Verhältnis zur feudalabsolutistischen Gesellschaft her; er bleibt beschränkt auf den philosophischen Ausdruck des Lebensgenusses innerhalb sezessionistischer Geselligkeit, die im Idyllischen verharrt. Mendelssohns Sensualismus ist zuständig für die »angenehmen Empfindungen« der Freundschaft und der Liebe, des Kunstgenusses und des Genusses der wissenschaftlichen Tätigkeit; er ist ein Instrument des Genusses, nicht der Erfahrung schlechthin.«[23]

---

[21] Vgl. zum Liberalismus, zur ideologischen und politischen Entwicklung des Bürgertums R. Kühnl, a.a.O., S. 9 ff.; auch die einschlägigen Arbeiten von M. Horkheimer, H. Marcuse, W. Abendroth, W. Hofmann u. a. Kühnl zitiert an der benutzten Stelle auch Max Weber: Denn »der kapitalistische Wirtschaftsbetrieb muß sich, wenn er rational wirtschaften will, darauf verlassen können, daß berechenbar judiziert und verwaltet wird.« (S. 11)
[22] G. F. Meier: Ursachen des verdorbenen Geschmacks (s. Quellenverz. § 17), S. 35 ff.
[23] Peter Weber: Das Menschenbild des bürgerlichen Trauerspiels (LV), S. 150

Der vom Raum einer Einleitung wie von der Forschungslage her diktierten Einschränkung folgend, werden hier nur ziemlich abstrakt und versuchsweise die Linien der Geschmacksdiskussion auf die Sozialgeschichte des Bürgertums bezogen. So läßt sich der rationalistische Ansatz der Frühaufklärung unschwer mit dem Siegeszug des Naturrechts in Verbindung bringen; und beides wiederum läßt sich unter die Bedingungen einordnen, unter denen die Entfaltung der kapitalistischen Wirtschaftsform in der Frühperiode (noch im Zusammenhang mit der staatlichen Merkantilpolitik) stand.

Läßt sich so zeigen, »wie die Entwicklung des ästhetischen Geschmacks in Deutschland ... ihre objektiven Bestimmungsgründe gehabt hat in der gesamten nationalen Entwicklung«, so muß zugleich der Hinweis Mehrings mitbeachtet werden, »wie weit die historisch-materialistische Auffassung davon entfernt ist, alles über einen groben materiellen Leisten zu schlagen.«[24] Nun bietet eine Sammlung wie diese freilich eher der entgegengesetzten Gefahr die Hand: dem faden Spielchen nämlich, Gedanken, Theoreme, Poetiken, Ästhetiken, Werke immer aufs neue voneinander herzuleiten und auseinander zu erläutern. Die Auswahl bemüht sich ja gerade, den Charakter der Äußerungen, Beiträge zu einer Diskussion zu sein, erkennbar zu machen. So bleibt es nur der Einleitung (und einer separat folgenden Abhandlung) überlassen, die Entwicklung des Geschmacksbegriffs zu ›hinterfragen‹.

Von der Frühaufklärung zum Liberalismus: die Theorie der Einbildungskraft.

Die Abkehr vom Rationalismus der Frühaufklärung, das Aufkommen der Genieästhetik und des Kunstgefühls spiegeln die neue staatliche, gesellschaftliche und wirtschaftliche Ordnung wieder, »die auf Vertrags- und Gewerbefreiheit, Freizügigkeit und der

---

[24] Franz Mehring: Über die histor. Bedingungen des Kunstgeschmacks (LV), S. 114. – Ein Gegenmittel, d. h. eine Möglichkeit, die Funktion theoretischer Debatten zu bestimmen, ist auch die von Vaget für den Zusammenhang von Geschmackswandel und Sozialgeschichte vorgeschlagene Kategorie der historisch-aktuellen Denkmöglichkeit; freilich geben Vagets ›emanzipativen‹ Schlußfolgerungen (S. 232) zu Bedenken Anlaß. Ausgabe Briefwechsel (LV).

Garantie des Privateigentums aufbaute und als *Liberalismus* in die Geschichte eingegangen ist«.[25] Der humanistische Fortschrittsoptimismus (die Aufstiegsgewißheit der Bourgeoisie) hat gerade für die ästhetische Diskussion bedeutende Konsequenzen, die Relativierung der Regeln z. B. und die Erhebung der Einbildungskraft auf den ästhetischen Richterstuhl, wo sie fortan neben der Vernunft residiert. Natürlich verweist die wachsende Bedeutung, die der Individualität zugesprochen wird, auch auf den sich durchsetzenden Konkurrenzkapitalismus und seine Ideologie der größtmöglichen Entwicklung aller produktiven Kräfte. Zugleich aber muß man den Rückgang der Geschmacksdiskussion auf ihre Anfänge, auf einen exklusiven Bildungsbegriff nämlich, als zu den Inkonsequenzen des liberalen Systems gehörig auffassen: »die Klasseninteressen des Bürgertums waren eben nur teilweise identisch mit der Emanzipation der gesamten Gesellschaft.«[26] Der Widerstand gegen alle »Gleichmacherei«, die Saturierung des Großbürgertums kehrt wieder im Theorem vom feinen Geschmack und in der Relativierung von Phantasie und »Schöpfungskraft« zur Grazie.

Daß das Poetische »nur wahrscheinlich« sein soll, meint anfangs (z. B. bei den Schweizern, bei Pyra, J. E. Schlegel u. a.) nichts weniger als eine Einschränkung. »Die Einbildungskraft«, heißt es bei Pyra,[27] »bildet ihre Vorstellungen nur nach dem Glauben und dem Wahrscheinlichmöglichen«. Das Ergebnis muß nicht »seltsame Zieraten« (v. Haller) heißen, es sind »lauter klare und sinnliche Vorstellungen«.[28] Es genügt, wenn diese »hypothetisch wahr« sind: »das verwandelt sie ins Wirkliche« (vgl. § 7). Damit spricht Pyra das Prinzip der Utopie aus, jener dem Naturrecht verschwisterten »Traumart von einem besseren gesellschaftlichen Leben«.[29] Doch zeigt Pyra selbst schon, wie problematisch die Begründung der Dichtung auf die Phantasie ist. Das ästhetische Credo der Klassik, daß »es die Schönheit ist, durch welche man zu der Freiheit wan-

---

[25] R. Kühnl, a.a.O., S. 21 (LV)
[26] Ebd., S. 31
[27] I. J. Pyra: Erweis (s. Quellenverz. § 7), S. 26
[28] Ebd. S. 53
[29] E. Bloch: Naturrecht und menschliche Würde. Frankfurt/M. 1961, S. 235

dert«,[30] ist von der beschriebenen Sprengkraft der Phantasie abgehoben, zentriert aber die Vermittlung von Dichtung, Erkenntnis und gesellschaftlicher Praxis schon nicht mehr im Begriff der Vernunft.

Der Geschmack des Herzens.

Der Weg der deutschen Kultur, ihre schmachvolle Rolle, die folgenden Jahrhunderte die Interessen des Großbürgertums als allgemeine legitimieren oder stilisieren zu helfen, wird in der Rousseau-Diskussion (vgl. §§ 18–21) bereits deutlich sichtbar. Die Kritik Rousseaus (in seinem Discours von 1750: ›Hat der Wiederaufstieg der Wissenschaften und Künste zur Läuterung der Sitten beigetragen?‹) an der Leistung der Kultur trifft die deutsche Aufklärung gerade deshalb so stark, weil in dieser dem Bürgertum ein (vermeintliches) Instrument erwachsen war, die erstrebte und sich vollziehende ökonomisch-gesellschaftliche Emanzipation ideologisch zu fundieren. Lessing stellt der These Rousseaus, daß Literatur, Wissenschaften und Künste mit Moral, Gesellschaft, Staat unmittelbar zusammenhängen, jene Identifizierung von bürgerlicher Gesellschaft und privater Autonomie entgegen, die hier bereits restriktiv funktioniert: Kultur und Staat seien ohne besonderen Zusammenhang. »Die Künste sind das, zu was wir sie machen wollen. Es liegt nur an uns, wenn sie uns schädlich sind.« (§ 18).[31] Und Mendelssohns Psychologisierung des bon sens bedeutet, gegenüber den Bestimmungen Rousseaus, grundsätzlich eine Entpolitisierung des Laienurteils. Vom »gesellschaftlichen Geschmack« wendet sich die Diskussion zum »Geschmack des Herzens«. Gellerts Abhandlung (§ 19) steht als Beispiel für die grundsätzliche Verengung, die der Blick auf das Herz und die Sitten in der Geschmacksdiskussion, und zumal gegenüber Rousseau, bedeutet.[32] Die politische

---

[30] F. Schiller: Über die ästhet. Erziehung des Menschen, Zweiter Brief. Hanser-Ausg. Bd. 5, S. 573

[31] Diese Argumentation ist von der bürgerlichen Kulturkritik geradezu zum Topos verfestigt worden; z. B. als sie das ›Wesen der Technik‹ isolierend zu begreifen suchte.

[32] Vgl. dazu J. Habermas, Strukturwandel, S. 110 ff.; anders akzentuierend: Dian Schefold, Rousseaus doppelte Staatslehre. In: Der Staat als Aufgabe, Basel 1972, S. 333 ff.

Emanzipation wird von den Bürgern mit der »menschlichen« identifiziert, mit dem problematischen Ergebnis, daß ihnen die »politische Sanktionierung der Gesellschaft als einer privaten Sphäre« ausreicht.[33]

Auch die Abhandlung von J. A. Schlegel (§ 20) macht das deutlich. Gesellschaftlicher Einfluß des Geschmacks heißt nun, »daß man von ihm sich eine vorzügliche Fähigkeit zu versprechen habe, die Sitten auszuarbeiten und den Wohlstand zu ordnen.« Geschmack und Gewissen gleichen sich darin, daß sie relative Urteile abgeben, Künste und Betragen »nach ihrem Verhältnisse« zur Natur bezw. zur Geselligkeit einschätzen. ›Natur‹, ›Geselligkeit‹, ›göttliches Gesetz‹ werden unbezweifelte Vorgegebenheiten; die auf Verhältnismäßigkeit beschränkte allgemeine Urteilsfähigkeit verliert ihre kritische Pointe.

Das Laienurteil und die Kritik: die Kritik des Laienurteils.

Der Geschmacksbegriff hatte, so betonten wir zu Anfang, seine Bedeutung gerade darin, eine über das Ästhetische hinausreichende Kategorie zu sein. In der zweiten Jahrhunderthälfte ist er fast nur noch als ästhetische Kategorie relevant. Gerade das aber besiegelt seinen Untergang; denn auf den Feldern der Produktion und Kritik wird er allenfalls als fader Rechtstitel für Unwissenheit und Unbedachtsamkeit angesehen. Versucht Nicolai noch, in der Reflexion auf die Voraussetzungen des Geschmacks Produktion und Kritik zusammenzuhalten (§ 23), so ist Lessing zu schärferer Trennung geneigt. Für ihn ist der Geschmack die Berufung auf die bloße Empfindung, während der Kunstrichter mit Gründen und Schlüssen seine Urteile stützt (§ 26). Ähnlich bemerkt Winkkelmann in seinen ›Gedanken über die Kunst‹: »Mit Geschmack die Werke der Kunst ansehen und mit Verständnis, sind zwo verschiedene Dinge.«[34]

Auch Klopstocks Abhandlung ›Von dem Publiko‹ bewährt diese Tendenz (§ 25). Die Unterscheidung zwischen Richtern und Kennern soll die bloße Empfindung einschränken; die »tiefsinnige Einsicht in die Grundsätze« gehört noch zum Geschmacksbegriff. Da

---

[33] Habermas, Strukturwandel, S. 141
[34] Winckelmann: Kleine Schriften, hg. von W. Rehm, Bln. 1968, S. 147

bei wird die Urteilsbildung als ein gesellschaftlicher Prozeß darge-
stellt, der zwischen verschiedenen Gruppen hin und her spielt und
auf Voraussetzungen basiert, die die Subjektivität notwendig be-
grenzen. Doch eine Folge hat diese Einsicht nicht mehr. In einer
anderen Abhandlung legt Klopstock die eingeschränkte Bewußt-
seinsfähigkeit der Künste deutlich bloß (›Von dem Range der schönen Künste und der schönen Wissenschaften‹, 1758):[35] Am Schluß
wird gezeigt, daß die Entscheidung über die Nützlichkeit der
Künste wie der schönen Wissenschaften über den Horizont des
Geschmacks hinausgeht. Er muß »diese Entscheidung der Politik
... überlassen«.

Radikalisierung und Funktionsverlust: der ideale Geschmack.

Die Hilflosigkeit, die aus solcher Darstellung heraussieht, hat ihre
guten Gründe. Da sie sich in der zweiten Jahrhunderthälfte zunehmend verstärkt, scheint es plausibel, sie auf den wachsenden
Widerspruch zwischen Theorie und Wirklichkeit der liberalen Gesellschaft zu beziehen. Der wurde – vorsichtig genug – auch
der Intelligenz als Skandal bemerklich, ohne daß seine Ursachen
durchschaut wurden. Im Liberalismus dominiert die Ansicht, das
erforderliche Maß an sozialer Gleichheit werde sich durch das
freie Spiel der Kräfte von selbst einstellen. Doch wird der liberale
Anspruch in dem Maße unglaubwürdig, als sich das Versprechen
der freien Wettbewerbswirtschaft, jeder habe eine reale Chance,
den Status des Eigentümers zu erwerben, als Trug erweist.[36]
   Die Einschätzung des Laienurteils kann davon nicht unberührt
bleiben. Es kann einerseits radikalisiert werden, indem auf den
zugrundeliegenden Anspruch, auf die fundierenden Bedingungen
geachtet wird; das geschieht kaum, ansatzweise bei Herder und
Mengs (im Hinweis auf die sinnlichen Grundlagen des Geschmacksurteils), unter anderen Begriffen als dem des Geschmacks
z. T. bei den deutschen Jakobinern. Doch schon daß nun die Geschichte des Geschmacks und seiner Diskussion interessiert, zeigt

---

[35] Klopstock, Von dem Range ... In: Der Nordische Aufseher. 1 Bd.,
43. St. (1758). In: Sämtliche Werke (Back-Spindler), Lpz. 1830, Band
16, S. 107–124
[36] Vgl. R. Kühnl, S. 45

einen Aktualitäts- und Funktionsverlust an. Und die zweite Lösung, ihn als »idealen Geschmack« aus allen unmittelbaren Bezügen herauszunehmen, beschließt tatsächlich die Diskussion und bereitet die Einsargung durch Kant vor.

Nach Mendelssohn (§ 27) muß das Ziel des Künstlers sein, die idealische Schönheit vorzustellen, »die in der Natur nirgend anders als im Ganzen anzutreffen ist«. Diese Anweisung, der die Geschmacksbestimmungen bei Winckelmann, Mengs, Möser usw. entsprechen, verleugnet nicht ihre Affinität zum liberalen Modell. Wie das besitzende Bürgertum nun vorgeben muß, daß Freiheit und Gleichheit nicht zusammengehören, sich vielmehr ausschließen; daß sich Vernunft erst in der Organisation des Ganzen manifestiere, was später zur Ideologie von der pluralistischen Gesellschaft ›fortgeschrieben‹ wird, in der alle Gruppen- und Klasseninteressen zur ›formierten‹ Ruhe kommen; daß Demokratie und Repräsentativsystem identisch seien – so müssen Künstler und Kritiker nun ihren Sinn aufs Idealische wenden, das aus der Wahrnehmung des Ganzen hervortritt, ja möglichst alle Wahrnehmung übersteigt. Der erkenntnistheoretische Agnostizismus der bürgerlichen Philosophie (Schopenhauer, Nietzsche) funktioniert später in diesem Sinne. Es ist nicht gesucht, in der auslaufenden Geschmacksdiskussion die gleiche Tendenz wahrzunehmen; etwa wenn bei Möser (§ 32) das Kunstgefühl so eingesetzt ist, daß es die Vermittlung der Erfahrung mit den Idealen der Vollkommenheit leisten soll, die Auflösung des Geschmacksurteils in ein solches »nach Gründen« aber abgewiesen wird. Das steht in einem eklatanten Widerspruch zur Argumentation der Frühaufklärung. Die sinnliche Erfahrung, heißt es nun, sei zu reich, als daß sie in Sprache ganz übersetzbar wäre; und vom Ideal gilt das gleiche.

Der Geschmack als Prinzip a priori: die Einsargung des Laienurteils

Nun war die Objektivität des Subjektiven eigentlich der Hauptstreitpunkt in der Geschmacksdebatte gewesen. Baeumler, der sie ausführlich, wenn auch in rein begriffsgeschichtlicher Konstruktion, darstellt, bildet die Entwicklungstendenz gut ab, wenn er als seinen Ausgangstitel ›Logik der Individualität‹ nennt und findet, daß sich dieser Ansatz dann in eine ›Philosophie der Totalität‹ verwandelt hat.[37] Der Hinweis auf die (Sozial-)Geschichte des Bürgertums hat die Funktion, diesen Gang der Debatte verdächtig zu machen und dazu anzuhalten, sie kritisch und funktionell zu analysieren. Ein bloßes begriffsgeschichtliches Studium führt notwendig auf den Lobpreis Kants, der die z. B. in Riedel (§ 33) und Herz (§ 34) noch einmal hervortretenden Antinomien des Geschmacksurteils aufgelöst habe, indem er es auf die Formen der Anschauung begründete. Daß seine Verbannung allen Interesses und die konsequente Formalisierung des Geschmacksurteils, daß die Autonomie des Geschmacks sich durchgesetzt hat, liegt ebenso in der Entwicklungsrichtung der bürgerlichen Kultur wie es quer steht zur revolutionären Dimension des frühbürgerlichen Denkens, in die der Geschmacksbegriff sich eintragen ließ.[38] Der anschauenden, unmittelbaren Erkenntnis wird gerade der Boden entzogen, indem die Philosophie ihr einen zu bereiten sucht. Das Bürgertum trennt sich in seiner Praxis von seinen ideologischen Voraussetzungen, und dem Geschmack bleibt nichts weiter übrig, als diskret im Hintergrund zu verschwinden, d. h. zu einer Kategorie ohne jeden Belang zu werden.

[37] A. Baeumler: Nachwort zum Neudruck (Tübingen-Darmstadt 1967), S. 353
[38] Vgl. zur Kant-Kritik u. a. Franz Mehring: Ästhetische Streifzüge (1898) I (Kant), in: Ges. Schriften Bd. 11, Bln. 1961, S. 142 ff. und Peter Heintel (LV).

I. DIE EINBÜRGERUNG DES GESCHMACKSBEGRIFFS: DER GESCHMACK DES VERSTANDES

§ 1. JOHANN ULRICH KÖNIG (1727)

Untersuchung von dem guten Geschmack

1. Der Geschmack als Metapher. Sinnliche Grundlegung.

Der Geschmack ist, bekannter massen, einer von den fünf äusserlichen Sinnen, welcher, vermittelst seines eigenen Werckzeugs, der Zunge, entscheidet, ob dasjenige, was wir geniessen, gut- oder übelschmeckend sey?

Dieses geschicht durch eine Empfindung, welche in unserm Munde von den Speisen oder Säften hervorgebracht wird, die wir kosten. Wann nemlich diejenige Theilgen, woraus das, was wir essen oder trincken, zusammen gesetzt ist, auf verschiedene Weise, die Schwamm-artigen Oeffnungen des besondern Gewebes an dem Obertheile der Zunge durchdringen, und die daselbst befindlichen beweglichen nervichten Wärtzgen stechen, reitzen oder kützeln; so bringen sie, vermittelst der durch den Speichel, im Kauen, aufgelösten schmackhaften Krafft des genossenen, bey uns entweder ein angenehmes oder ein unangenehmes Empfinden zuwege. Dann es gehen von dem Gehirne das dritte, vierte und siebende Paar Nerven an die Zunge, breiten sich daselbst in vielen Zweigen und Zäsergen aus, und bilden, indem sie sich endigen, eben die vorgedachten Wärtzgen an der Oberfläche der Zunge. So bald nun diese nervichte Wärtzgen von den aufgelösten schmackbaren Theilgen berührt, folglich bewegt werden, so wird dieser Eindruck auch den Nerven, von den Nerven dem Gehirne, und durch das Gehirne der Seele mitgetheilet.

Wie nun der sinnliche Geschmack, durch genaues Kosten eines Trancks, oder einer Speise, deren gute oder schlimme Beschaffenheit entscheidet, und sodann mehr oder weniger Neigung oder Eckel davor bezeigt; So hat man dieses Wort nachgehends, in verblümter Bedeutung, von einer innerlichen Empfindung, Kenntniß,

Neigung, Wahl, und Beurtheilung genommen, die unser Verstand in allen andern Dingen von sich blicken läst.

[...]

Eine solche neueingeführte Redens-Art wird durch den Gebrauch, eben so leicht gangbar, als eine neugeprägte Müntze; Beyde erlangen in dem Lande, wo sie gelten sollen, in kurtzer Zeit denjenigen Werth, auf welchen sie anfänglich gesetzt worden.

[...]

Sie ist ferner desto richtiger, weil das Wort Geschmack auch auf die Handlungen der andern Sinne pfleget gezogen zu werden, welches sonst bey den allerwenigsten Metaphoren angehen kan. Also wird der Geschmack für eine jede Empfindung genommen, die einer unserer äusserlichen Sinne durch einen gewissen Gegenstand erlangt, und ist daher nicht schlechterdings auf der Zunge, und in einem von den fünf Sinnen allein, sondern in allen, wie schon in dem allgemeinen Sinne, zu finden. Vielleicht, weil der Geschmack, wie Aristoteles längst bemerckt, eine Art des Gefühls, und daher jedem von den fünf Sinnen gemein ist.

[...]

Die andern Sinne zeigen auch nicht allemahl bey einem vorkommenden Gegenstand ihre Zu- oder Abneigung, und pflegen die meisten Dinge gleichgültig anzusehen oder anzuhören, da hingegen der Geschmack allemahl seinen Beyfall oder Eckel äussert. Und ob man gleich diese innerliche Empfindung eher das Gefühl des Verstandes, als das Gesicht, Gehör oder den Geruch des Verstandes hätte nennen können, weil das Fühlen allen Sinnen gemein ist; so wird doch, ausser dem Gefühle, auch eine Aehnlichkeit des Eindrucks, des Empfindens und des fertigen Beurtheilens, nebst der darauf folgenden Lust oder Verabscheuung, durch das Wort Geschmack, viel geschwinder und deutlicher angezeigt. Wie nun bey der innerlichen Empfindung des Verstandes auch Eindruck, Empfindung, Beurtheilung, Wahl, Zu- oder Abneigung, und dazu Gedächtniß, Witz, Einbildungs- und Beurtheilungs-Kräffte erfordert werden; der Geschmack aber so viel ähnliche Dinge, die mit jenen überein kommen, auf einmahl bezeichnet, überdieß der allercörperlichste unter den Sinnen, folglich am leichtesten und verständlichsten zu begreifen ist; der grosse Hauffe aber cörperliche Dinge und daher rührende Gleichnisse liebt, in der Einbildung, daß solche Sachen von ihm aufs gewisseste begriffen werden, wie

ich allbereits erinnert, so hat der Brauch das Wort Geschmack den Benennungen der übrigen Sinne vorgezogen.
[...]
Da nun die Schlecker-Mäuler ihre gröste Wollust in dem Geschmack suchen, und von geistigen Dingen, durch diese cörperliche Vergleichung sich die beste Vorstellung machen können, so mag solches zu Erwehlung dieses Gleichniß-Worts ein vieles beygetragen haben. Wenigstens begreiffen wir nun durch Beyhülfe desselben leicht alles, was im Verstande, im Hertzen, und der Seele bey dieser innerlichen Empfindung vorgeht; ja wir dürfen nur alles dasjenige, was uns von der Empfindung und Würckung des äusserlichen bekannt ist, mit dem innerlichen Geschmack vergleichen, so werden wir eine richtige und natürliche Anwendung finden.

2. Der Geschmack als Urteil der Empfindung.

Es giebt mehr Leute, deren Harmonie des Verstandes nicht richtig ist, oder deren Verstand mit andern schlimmen Dingen in der Mißstimmung überein kommt, als Menschen, deren Verstand diese Einstimmung mit der Vernunft und dem Vollkommenen in der Natur genau besitzt. Es ist daher nicht zu läugnen, derjenige, welcher diese Erklärung mit einigem Nachdencken untersuchen will, wird die vorhin angeführte Beschreibung von dem Geschmack des Verstandes, ungeacht der darinn vorkommenden allzuweit von einander entfernten beyden Metaphoren, dennoch gründlich und richtig befinden. Dann es ist von Natur eine Ubereinstimmung zwischen der Beschaffenheit eines uns angenehmen Gegenstandes und der Eigenschafft seines Eindruckes, wie hinwiederum zwischen diesem und unserer Empfindung, die darauf folgt. Es ist auch natürlich, daß unser Verstand an einer solchen Ubereinstimmung und Ordnung ein Belieben habe, nachdem sich in der Natur selbst alles in so richtiger Gleich-Maaß, Abtheilung und Einstimmung befindet, auch aller Dinge Erhaltung von einer solche Ubereintreffung abhänget. Alles, was den Werckzeugen unsrer Sinne, falls sie anders durch keinen Zufall Schaden genommen, einen beliebten Eindruck geben kan, ist schon so beschaffen, daß der wahre Begriff davon uns auch an sich selbst gefallen hätte, wann wir zuvor genaue Kenntniß davon gehabt. Aber das, was uns gefällt oder mißfällt, kommt allemahl unsrer Uberlegung oder Untersuchung zuvor, unsere Seele findet dabey eine Zu- oder Abneigung, ohne die deutlichen Begriffe des Verstandes vorher darüber zu Rathe zu ziehen.

Ein jeder Gegenstand, der, nach einer genauen Prüfung aller seiner Theile insbesondere und deren Gleichförmigkeit, den Beyfall unsers Verstandes verdienen würde, giebt nicht so bald einen Eindruck in die wohlbeschaffenen Werckzeuge unsrer Sinne, als durch denselben Eindruck schon zugleich eine Empfindung in unserer Seele erzeuget wird, die, krafft der Uebereinstimmung zwischen unsern Begriffen und unsern Empfindungen, denselben Gegenstand uns liebens- und hochschätzungs-werth macht. Diese Empfindung ist eben der Geschmack des Verstandes, und dieser Geschmack pflegt sein Urtheil von einer Sache, die uns angenehm oder unangenehm vorkommt, nicht so lange zu verschieben, bis er zuvor derselben richtige Ordnung, Gleichförmigkeit in ihren Theilen, Schönheit oder Nutzen nach allen Regeln und guten Gründen, in einer genauen Untersuchung geprüft. Er empfindet alsofort das Vollkommene in einem Verse oder in einer Rede.

[...]

Diese Erwegung hat mich auf den Entschluß geleitet, in dieser gantzen Untersuchung, den Geschmack des Verstandes und dessen Beschaffenheit durch keine andere Gleichniß-Rede, als bloß von dem Geschmack der Zunge und dessen Eigenschafften zu erklären: Sintemahl so wohl dieser als jener Geschmack, in den unterschiedenen Graden ihrer Vollkommenheit oder Unvollkommenheit, so genau überein kommen, daß, durch beyder Vergleichung, alles deutlich in die Sinne fallen, und die Sache am begreiflichsten gemacht werden kan.

Der Geschmack des Verstandes ist also nichts anders, als die zusammengesetzte Krafft der Seele zu empfinden und zu urtheilen, vermittelst welcher sie durch die Werckzeuge der Sinnen einen gewissen Eindruck empfindet, und über denselben alsdann ihre Entscheidung, durch eine Zuneigung oder Abneigung, äussert.

3. Der allgemeine gute Geschmack.

Der allgemeine gute Geschmack ist eine aus gesundem Witz und scharfer Urtheilungs-Krafft erzeugte Fertigkeit des Verstandes, das wahre, gute und schöne richtig zu empfinden, und dem falschen, schlimmen und heßlichen vorzuziehen; wodurch im Willen

eine gründliche Wahl, und in der Ausübung eine geschickte Anwendung erfolget.

[...]

Demnach ist dieser allgemeine gute Geschmack des Verstandes,
ein richtiger Begriff des vollkommenen in allen Dingen, in allen
Künsten und menschlichen Verrichtungen, es sey nun, daß wir denselben an andern zu entdecken und zu beurtheilen, oder selbst zu
wehlen und anzuwenden, fähig sind.

Er erstreckt sich über alles, und ist allen Völckern gemein, wie
die menschliche Vernunft, oder, wie der äusserliche Sinn des Geschmacks; ob er gleich an einem Orte oder zu einer Zeit, mehr
oder weniger, früher oder später ausgeübet wird. Er bleibet allemahl eben derselbige, und seine Grund-Sätze sind beständig, weil
er auf einer richtigen Übereinstimmung unsrer Gedancken und
Handlungen mit der Natur und der wahren Vernunft beruhet,
und so wenig als die eine oder die andere von diesen beyden veränderlich; sondern weder an den Wechsel der Zeit und des Orts,
noch an den Unterschied der Völcker und der Sitten gebunden
ist. Er weiß eine jede Sache nach ihrer besondern Art richtig abzu-
messen, und pfleget, als ein Führer und Hofmeister der andern
edlen Kräffte der menschlichen Seele, sowohl die Handlungen des
Willens, als die Würckungen des Verstandes, nach dem guten, wahren und schönen zu beurtheilen und zu lencken.

4. Angeborenes Urteilsvermögen und Ausbesserung
des Geschmacks – der Geschmack als Vereinigung
von Natur und Kunst.

Durch die innerliche Empfindung, welche in gewisser Maaße allen
Menschen gemein ist, entdecken wir, ohne Kenntniß der Regeln,
was an Kunst-Stücken gut oder schlimm ist; Ja wir erkennen es
eher, als wir einmahl darauf gedacht haben, es nach den Grund-
Sätzen der Kunst zu untersuchen.

Nichts destoweniger würde diese natürliche Empfindung, so
weit sie sich auch erstreckt, und ob sie gleich bey manchem vollkommener als bey dem andern sich hervor thut, dannoch von grosser Ungewißheit, und folglich von geringen Nutzen seyn, falls sie
nicht durch Prüfung, Fleiß, Kunst und Übung ausgebessert würde.
Dann es ist zwar die Empfindung ein Kennzeichen der Gewißheit,

aber es giebt keine Gewißheit, als die aus einer deutlichen Erkenntniß herrühret; und keine deutliche Erkenntniß, als die aus dem
ordentlichen Begriff aller zu einer Sache gehörigen Theile hervorgebracht wird; zu diesem Begriff aber gehört nicht nur gesunder
Witz, eine scharfe Urtheilungs-Krafft und eine feine und fertige
Empfindung, sondern auch Unterricht, Übung und Untersuchung.
[...]
Also wird uns dieser gute Geschmack zwar einiger maßen angebohren, wie ein gutes Gemüthe: Bey demselben kan eine glückliche
Erziehung ein grosses thun, aber nicht so viel, als wo sich schon
die Gemüths-Neigung gut von Natur befindet. Eine solche Ge-
müths-Beschaffenheit kan wohl durch die Aufsicht ausgebessert,
oder durch Versäumung verschlimmert, aber niemahls gegeben
werden, wo sie nicht angebohren ist: die Erziehung allein, bringt
es, auch in diesem Stücke, nicht so weit, als mit Beyhülfe der
Natur. Auf gleiche Weise kan auch beydes der Geschmack der
Zunge und des Verstandes durch Versäumniß oder Anführung
vollkommener oder unvollkommener werden. Hingegen würde
freylich weder dieser noch jener von einer Kost oder Schrifft,
durch Anweisung, ohne die angebohrne Fähigkeit richtig urtheilen, so wenig als einer, der stumm zur Welt gekommen, künstlich
singen, oder ein von Natur blinder Mensch, Licht und Finsterniß,
durch Kunst entscheiden lernen wird.
[...]
Denn wir erhalten von der Natur nur blosse Fähigkeiten, welche durch Mißbrauch oder Versäumniß sich leicht schwächen lassen, und daher durch die Kunst zu ihrem richtigen Gebrauch ausgeübet werden müssen. Wie aber die Kunst nichts anders ist, als
eine durch Fleiß und Übung erlangte Geschicklichkeit, unsere natürliche Fähigkeiten nützlich anzuwenden, so müssen auch hier
Natur und Kunst sich mit einander verbinden, maßen, sonder ihre
beyderseitige Verknüpfung, kein vollkommener Geschmack zu erlangen.

5. Geschmack und Urteil.

Dieses leitet mich auf den Unterschied, welchen wir zwischen dem
Worte Geschmack und dem Wort Urtheil zu beobachten haben.
Denn obwohl das, was die Lateiner Judicium, und die Frantzosen

Jugement heissen, mit dem, was man Geschmack nennt, fast einerley Beschaffenheit hat, und diese Wörter daher vielmahl als gleichgültige gebraucht werden, indem das, was sie bezeichnen, aus einerley Vermögen der Seelen herrühret: So unterscheidet man sie doch, nach der besondern Art ihrer Würckungen. Also nennet man dieses den Geschmack, wann die Seele auf den ersten Eindruck eines Gegenstandes, durch eine natürliche oder verbesserte, aber doch fertige Empfindung urtheilet. Und hingegen heist man das ein Urtheil, wann die Seele nach vorher geschehener Verknüpfung oder Trennung unterschiedener Begriffe, durch Beweis-Gründe schließt.

Leute, welche mehr gesunde Vernunft als Wissenschafft besitzen, urtheilen durch die Empfindung, und diejenigen, so die Wissenschafft mit der gesunden Vernunft vereinigen, urtheilen durch Beweis-Schlüsse. Also muß die fertige Empfindung, oder der Geschmack, wann er gut seyn soll, die Probe dieses Urtheils durch Vernunftschlüsse, und die Untersuchung nach den Sätzen der Wahrheit, und den Regeln der Kunst aushalten können.

Inzwischen wird das Wort Geschmack nicht ohne Unterschied von allen, sondern mehr in sinnreichen Wercken und Schrifften, oder in solchen Lehren und Künsten angewendet, wo die Empfindung allein, oder mit dem Verstande vereiniget, Theil hat, wie in der Dicht- und Rede-Kunst, in der Music und Mahlerey. Hingegen bedient man sich insgemein eher des Worts Urtheil, in solchen Wissenschafften, wo der Verstand allein, ohne die Empfindung, würcket, als in der Sternseher-Meß- oder Wiß-Kunst, weil dieselben im blossen Nachsinnen und Ueberdencken bestehen; Auch die Kenntniß dieser Wissenschafften uns nicht, wie die Empfindung, angebohren ist, sondern schlechterdings erworben werden muß.

Ausser diesem schließt das Wort Geschmack noch etwas mehrers in sich ein, als das Wort Urtheil in sich faßt: Dann es bedeutet, nebst der Beurtheilung, auch noch eine gewisse Ab- oder Zuneigung für einen Gegenstand, und daß derselbe Gegenstand etwas Anziehendes oder Wiedriges für uns an sich habe. Wann man also spricht, der oder jener sey von gutem Geschmack in der Dichtkunst oder Beredsamkeit, so bedeutet es nicht blosserdings, daß er gut davon zu urtheilen wisse, sondern auch, daß er ein Vergnügen darinn finde: Da hingegen einer, von dem man sagen kan, er habe keinen, oder einen schlimmen Geschmack in solchen Künsten, nicht nur selten eine Neigung darzu bezeiget, sondern auch ein gesundes Urtheil davon zu fällen, unvermögend ist. Im Gegentheil pflegt man dem Wort Urtheil weder eine Gewogenheit noch Abneigung für einen Gegenstand, sondern gantz allein desselben Prüfung, zuzueignen. Daher sagt man auch, der Verstand habe mehr Anteil als das Hertz an dem, was das Wissen und das Urtheil allein betrifft; und hinwiederum nehme das Hertz mehr Theil als der Verstand an dem, was den Willen und den Geschmack angeht.

Der Geschmack schließt allemahl eine Beurtheilung, aber das Urtheil nicht nothwendig den Geschmack in sich ein. Es kan einer ein gelehrter und sonst belesener Mann in vielen Wissenschafften seyn: aber daraus folgt nicht, daß er den guten Geschmack auch nur im mindesten Grade besitze. Die natürliche Empfindung kan bey ihm schwach, oder der Eindruck mangelhafft seyn, überdieß seine Begriffe sich verwirret befinden, folglich er das niemahlen richtig schmecken oder erkennen, was er nicht lebhafft empfindet.

Demnach ist der Geschmack eine fertige, und das Urtheil eine bedachtsame Untersuchung, welche beyde, falls derselbe vollkommen seyn soll, bey einander stehen müssen.

[...]

Also müssen, wie ich schon oben von der Natur und Kunst ein gleiches gesagt, auch Empfindung und Urtheil vereinigt seyn, weil eben so wohl die fertige Empfindung ohne die bedächtige Untersuchung, wie diese ohne die Empfindung, betrügliche Anführer sind, und nur derjenige einen vollkommenen Geschmack besitzt, der wie ein Vernünftiger, obgleich Ungelehrter, empfindet, und hernach, wie ein Gelehrter, darüber urtheilet. Alsdann ist der gute Geschmack (wie Herr Rollin* sagt) weniger eine Würckung des Witzes als der Beurtheilung, und eine Art einer durch Lehrübung vollkommen gemachten natürlichen Vernunft.

---

* Rollin: De la manière d'enseigner et d'étudier les belles lettres, p. LXXX. – Königs Untersuchung verrät überall die genaue Kenntnis der gesamten französischen ästhetischen Literatur (bis 1726); er zitiert und diskutiert u. a. folgende Autoren: Bouhours, Dubos, Mme. Dacier, Frain du Tremblay, Crousaz (dem er am meisten verdankt), Bussy Rabutin, du Segrais, St. Evremont, Leibniz, Bel, Bellegarde, von den Klassikern wie Boileau zu schweigen. Im vorliegenden Auszug sind diese Passagen weggekürzt: sie bestimmen Königs Argumentation nicht eigentlich, die Anführungen sind im ganzen beliebig.

Krafft derselben wissen wir ein jedes Ding richtig also zu beurtheilen, wie es würcklich ist; folglich sind wir fähig, und werden
angereizt, das gute, wahre und schöne zu empfinden, zu verlangen,
an andern zu erkennen, oder selber auszuüben.

Ob nun gleich dieser allgemeine gute Geschmack in seinem
Grundsatze unwandelbar verbleibet, so wird er doch auf unendlich vielerley Weise angewendet, und daher entsteht der besondere
gute Geschmack, welcher sich nach den Gesetzen des allgemeinen
richtet, und ohne dieselben nicht vollkommen seyn kan. Er ist
wieder so mannigfaltig, als mancherley die Völcker, die Gemüther, die Gebräuche, die Lehren oder die Wissenschafften sind.
[...]

Der Geschmack des Verstandes, wie ich bisher weitläufftig angezeigt habe, schliesset eine Empfindung, Beurtheilung, Neigung
und ein Vermögen zu würcken, zugleich in sich ein; woraus man
gefolgert, der Sinn, der Verstand, das Hertz, und die Vernunft
alle zusammen könnten nicht so weit, als er allein, kommen.

Es hat dieses Wort einen so weiten Sinn, und so mancherley
Bedeutungen unter sich, daß es allerdings ein Wort ist von einem
neuen Begriffe, wozu kein eigentliches noch andres Wort in allen
Sprachen vorhanden; ja es hat zu unsern Zeiten einen noch weniger eingeschrenckten Verstand, als bey den alten, bekommen.

*6. Verschiedenheit und Einheit – der gute Geschmack in der
Dicht- und Redekunst.*

Der gute Geschmack in der Dicht- und Rede-Kunst ist eine Fertigkeit des Verstandes, das wahre, gute und schöne richtig zu empfinden, und von dem falschen, schlimmen und heßlichen, sowohl
was die Gedancken und die Ausdrückungen als die gantze Einrichtung betrifft, genau zu entscheiden: wodurch im Willen eine
gründliche Wahl, und in der Ausübung eine geschickte Anwendung erfolget.

Der schlimme ist eine Ungeschicklichkeit des Verstandes, welche das wahre, gute und schöne nicht richtig empfinden, folglich
von dem falschen, schlimmen und heßlichen, sowohl in den Gedancken und Ausdrückungen, als in der gantzen Einrichtung nicht
genau entscheiden kan: Wodurch im Willen eine irrige Wahl, und
in der Ausübung eine falsche Anwendung erfolget.

Beyde entstehen aus natürlicher Fähigkeit oder Unfähigkeit, und beyde können durch Vorurtheile, und Lesung abgeschmackter Schrifften verschlimmert, wie durch Kunst und Fleiß ausgebessert werden. Weder die Uebung in der Beredtsamkeit und Dichtkunst, noch die Regeln dieser Künste sind fähig, ohne diesen guten Geschmack einen vollkommenen Redner und Poeten zu bilden. Eine Schrifft, die sinnreich seyn soll, ist nur nach dem Masse hoch zu schätzen, als dieser gute Geschmack darinnen reichlich angetroffen wird.

[...]

So mancherley nun der Geschmack nach seiner Beschaffenheit, so mancherley ist er auch nach seiner Verschiedenheit. Der Geschmack der Zunge ist verschieden in allen Dingen, die wir geniessen, kosten, trincken oder essen: Und nicht weniger der Geschmack des Verstandes in Sachen, die wir dencken, lesen, hören, sehen, verrichten, lieben oder hassen. Der Geschmack ist nicht bey allen Menschen gleich, es kan ein jeder einen verschiedenen Geschmack haben, den er nicht schuldig ist, nach eines andern Geschmack zu richten, und man muß, was die Verschiedenheit des Geschmacks betrifft, nicht verlangen, daß sich einer schlechterdings unserm Geschmack unterwerfen solle. Ein solches Begehren würde schon an sich selbst wieder die Regeln des guten Geschmacks seyn.

Also giebt es einen verschiedenen Geschmack unter verschiedenen Welt-Theilen, Ländern, Völkern, Gemüths-Arten, Lehren, Wissenschaften, Künsten, Sitten und Gebräuchen; eben wie im Willen im Verstande und den äusserlichen Sinnen verschiedener Menschen.

[...]

Wir wissen, daß die Freude und das Vergnügen durch verschiedene Wege in die Gemüther der Menschen eindringe, folglich auch das gute, wahre und schöne auf verschiedene Weise sich zu äussern, und uns zu rühren pflege. Unsere Seelen sind mit einer solchen Verschiedenheit des Geschmacks im Willen oder Verstande zu ihrem besondern Ergötzen erschaffen: Sie ist eine der vornehmsten Vollkommenheiten in der Natur, und hat ihren unendlichen Nutzen sowohl in abwechselnder Hervorbringung der Natur- und Kunst-Wercke, als zu Erhaltung des gesellschafftlichen Lebens. Wann in diesem, jeder ein Juncker, ein Gelehrter, ein Hofmann; keiner ein Soldate, ein Berg- Kauff- Handwercks- oder Land-Mann seyn möchte, wie würde das Feld bestellt, Handel und Wandel unterhalten, und alles dieses beschützt werden? Wo blieben die Redner auf den Predigt- Richter- oder Lehr-Stühlen, in Staats- oder Raths-Stuben? wann ein jeder nicht anders, als in gebundener Rede schreiben wollte? ja wann auch die Dichter selbst keinen Geschmack als bloß für eine gewisse Art sittlicher Lehr-Gedichte hätten, wo blieben die Lob- und Helden-Gedichte, die Schauspiele, die Satyren, Schertz- Schäfer- und so viel andere Gedichte? Wann jeder Mund nur Rebhüner, Fasanen, Wildprett, Seefische und andre Lecker-Bissen schmecken wollte, wo würde man dessen genug auftreiben können? und was nützte sodann das Rindfleisch, das zahme Geflügel, die Teich- und Fluß-Fische, Früchte, Kräuter und tausenderley von der Natur sowohl zu unsrer Ergötzung, als Nothdurft und Nahrung verschiedentlich-erzeugte Geschöpfe? Gesetzt, es liebte jemand eine Jungfer, die nicht mit einer so reitzenden Gesichts-Bildung als andre, oder mit keinem so wohlgestalten Leibe begabet ist, so gefällt ihm vielleicht an ihr der schöne Verstand, ihre schöne Tugenden, oder die schönen Sitten, und sein Geschmack befriedigt sich mehr an den Schönheiten des Gemüthes, als des Leibes.

Wir können deßwegen den Geschmack eines andern nicht mit Recht tadeln, ob er einer freundlichen oder schönen; einer sittsamen oder muntern; einer weiß- oder braun-harigten; einer blau- oder schwartz-äugigten seine Zuneigung gönnet. Es mag in der Verschiedenheit ein jeder schön oder schmackhafft finden, was ihm beliebt, wann nur seine Wahl in dem Haupt-Begriffe des guten, wahren oder schönen überein kommt, welcher einem jeden besondern Geschmacke gemein seyn, und sich auf die Grund-Sätze des allgemeinen beziehen muß.

§ 2. Johann Christoph Gottsched (1730)

Vom guten Geschmacke eines Poeten

1. Der Geschmack als Kraft des Gemütes.

Es ist in den neuern Zeiten sehr viel vom guten Geschmacke geredet und geschrieben worden. Man hat ihn gewissen Dichtern zugestanden, andern aber abgesprochen; und endlich gar die Regel gemacht: Ein Poet müsse einen guten Geschmack haben.

[...]

Diesen aber zu bestimmen, das ist nicht eines jeden Werk. Wem es damit gelingen soll, der muß erstlich die Kräfte der menschlichen Seelen, und sonderlich die Wirkungen des empfindenden und urtheilenden Verstandes aus der Weltweisheit verstehen. Hernach muß er eine Fertigkeit in der Vernunftlehre besitzen: so, daß er fähig ist, sich von jedem vorkommenden Dinge und Ausdrucke, nach logischen Regeln, eine gute Erklärung zu machen. Endlich muß er sich auch in der Poesie, oder andern Künsten, davon etwa die Rede ist, wohl geübet haben. Ohne diese drey Stücke, wird die Beschreibung des guten Geschmackes nicht zum besten gerathen können.

[...]

Zum ersten setze ich zum voraus, der Geschmack, im gemeinen und eigentlichen Verstande, sey die Fähigkeit, oder die Gabe unserer Zunge, die verschiedenen Wirkungen zu empfinden, die von Speise und Trank auf derselben verursachet werden, wenn sie davon sattsam berühret und durchdrungen worden. Unsre Sinne, in so weit sie körperlichen Gliedmaßen zukommen, sind nichts als Leidenschaften; und empfangen also nur die Eindrückungen, der außer uns befindlichen Dinge. Daher eigne ich auch der Zunge bloß die Fähigkeit zu empfinden zu, welche nur was Leidendes ist; da hergegen eine Kraft etwas Thätiges angezeiget hätte. Diese habe ich für den Geschmack aufbehalten, in so weit er in der Seele ist: den ich also eine Kraft des Gemüthes nenne; vermöge welcher dasselbe, die von Speise und Trank in den schwammigten Fäserchen der Zunge verursachten Veränderungen, sich vorstellen, und ihren Unterscheid beurtheilen kann.

[...]

Von dem metaphorischen Geschmacke unsrer Seele bemerket man; daß man sich dieses Wortes fast ganz allein in freyen Künsten, und in etlichen andern sinnlichen Dingen bedienet: hergegen wo es auf die Vernunft allein ankömmt, da pflegt man dasselbe nicht zu brauchen. Der Geschmack in der Poesie, Beredsamkeit, Musik, Malerey und Baukunst; imgleichen in Kleidungen, in Gärten, im Hausrathe u. d. gl. ist sehr bekannt. Aber niemals habe ich noch vom Geschmacke in der Arithmetik und Geometrie, oder in andern Wissenschaften reden hören: wo man aus deutlich erkannten Grundwahrheiten, die strengesten Demonstrationen zu machen vermögend ist. In solchen Wissenschaften aber, wo das deutliche und undeutliche, erwiesene und unerwiesene noch vermischt ist, da pflegt man auch wohl noch vom Geschmacke zu reden. Z. E. ich könnte wohl sagen: Ein theologisch Buch nach mosheimischem Geschmacke; ein Recht der Natur nach Puffendorfs Geschmacke; eine Arzneykunst nach Boerhavens Geschmacke. Aber hier muß ich anmerken, daß man den Geschmack nur in denjenigen Theilen solcher Disciplinen suchet, die noch ungewiß sind, und also nicht durchgehends beliebt werden. So bald eine Sache allgemeinen Beyfall erhält, und für was demonstrirtes gehalten wird; so bald hört man auch auf, sie zum Geschmacke zu ziehen. So werden die Sternseher nicht mehr sagen können, eine Astronomie nach copernikanischem Geschmacke: weil dieser Weltbau bereits allenthalben für den einzigen wahren erkannt und angenommen wird.

Diese Anmerkung ist von großem Nutzen. Sie lehrt uns nämlich, daß der metaphorische Geschmack, eben so wohl, als der gemeine, nur mit klaren, aber nicht ganz deutlichen Begriffen der Dinge zu thun hat; und nur solche Dinge von einander unterscheidet, die man nach der bloßen Empfindung beurtheilet.

2. Der Geschmack als undeutlich urteilender Verstand.

Nunmehr wird es leicht seyn, die Beschreibung des guten und übeln Geschmackes zu machen. Jener ist nämlich der von der Schönheit eines Dinges nach der bloßen Empfindung richtig urtheilende Verstand, in Sachen, davon man kein deutliches und gründliches Erkenntniß hat: dieser hergegen, ist ebenfalls der Verstand, der nach der bloßen Empfindung von undeutlich erkannten Sachen urtheilet; aber sich in solchen seinen Urtheilen betrüget. Ich rechne zuförderst den Geschmack zum Verstande; weil ich ihn zu keiner andern Gemüthskraft bringen kann. Weder der Witz noch die Einbildungskraft, noch das Gedächtniß, noch die Vernunft, können einigen Anspruch drauf machen. Die Sinne aber haben auch gar kein Recht dazu; man müßte denn einen sechsten Sinn, oder den Sensum communem, davon machen wollen; der aber nichts anders ist, als der Verstand. Ich sage aber, daß er ein urtheilender Verstand sey: weil diejenigen, die ihn wirklich zu Unterscheidung der Dinge anwenden, entweder äußerlich, oder doch innerlich, den Ausspruch thun: dies sey schön, und jenes nicht. Ich setze ferner, daß sich dieses Urtheil nur auf die bloße Empfindung gründet: und ich verstehe die innerliche Empfindung einer schönen Sache, die entweder wirklich außer uns vorhanden ist, oder von unsrer eignen Phantasie hervorgebracht worden: wie z. E. ein Maler sich in Gedanken einen Entwurf eines Gemäldes machen, und nach seinem Geschmacke von der Schönheit desselben urtheilen kann.

3. Der gute Geschmack in der Poesie.

Nach dieser allgemeinen Beschreibung und Erklärung des guten Geschmackes überhaupt, wird es leicht fallen, den guten Geschmack in der Poesie zu erklären. Es ist nämlich derselbe eine Fertigkeit, von der Schönheit eines Gedichtes, Gedankens oder Ausdruckes recht zu urtheilen, die man größtentheils nur klar empfunden, aber nach den Regeln selbst nicht geprüfet hat. Ich sage mit Bedacht nicht geprüfet hat: damit man weder diejenige Art der Leser oder Dichter ausschließe, die solches nicht thun kann; noch diejenige, die es wohl zu thun vermag, wenn sie sich Zeit und Mühe dazu nehmen kann, und will. Es geschieht nämlich sehr oft, daß auch diejenigen, die Einsicht genug in die Regeln der Dichtkunst haben, und alle dahin gehörige Stücke gründlich beurtheilen könnten; dennoch in der Geschwindigkeit, nach der bloßen, obwohl bereits geläuterten Empfindung urtheilen: so wie ein Musikverständiger es gleich aus dem Gehöre haben kann, ob ein andrer wider die Regeln der Tonkunst spielet. Ich habe aber diesen Geschmack weder auf die Dichter, noch Leser insbesondre, und mit Ausschließung der andern, eingeschränket. Beyde haben zuweilen nichts mehr, als Geschmack, und wissen die Regeln nicht: beyde aber brauchen auch zuweilen nur denselben, ob sie gleich die Regeln gar wohl wissen, und darnach urtheilen können. Und aus dieser Beschreibung ist es nunmehr leicht zu begreifen, daß ein jeder Poet von rechtswegen damit versehen seyn solle.

4. Der Geschmack als Vermittlung von Natur und Gesellschaft (Erziehung des Geschmacks).

Es lassen sich aber aus dieser Erklärung alle die schweren Fragen beantworten, die von dem Geschmacke schon aufgeworfen worden. Man will erstlich wissen: Ob der Geschmack mit den Menschen gebohren, oder erst allmählich erlanget werde? Ich wollte dabey fragen: Ob der Verstand, Witz und Geist eines Poeten mit ihm gebohren würden? Denn eben das, was man hier antworten wird, das kann auch jenem Zweifel abhelfen. Wir bringen wohl nichts mehr, als die bloße Fähigkeit, mit uns zur Welt. Diese ist nun freylich bey verschiedenen Menschen größer oder kleiner, und thut sich entweder bald oder spät hervor: die Art der Auferziehung aber bringt sie allererst ins Geschick. Sie muß erweckt, angeführt, von Fehlern gesaubert, und auf dem guten Wege so lange erhalten werden, bis sie ihres Thuns gewiß wird. Der Geschmack ist also dem Menschen eben so wohl was natürliches, als seine übrigen Gemüthskräfte. Ein jeder, der nur Sinne und Verstand hat, besitzt auch eine Geschicklichkeit von der Schönheit empfundener Dinge zu urtheilen. Und so lange diese letztern nicht ihre Natur und Eigenschaften verlieren, so lange wird ein jedes vernünftiges Wesen davon sagen können, ob sie ihm wohl oder übel gefallen.*

[...]

---

* Der berühmte Graf Schaftsbury ist hier gleichfalls meiner Meynung, wenn er Misc. Tom. III. p. 64. der Lond. Ausgabe schreibt: Now a Taste or Jugdment, t'is suppos'd, can hardly come ready form'd with us into the World. Whatever Principles or Materials of this Kind we may possibly bring with us; whatever good Facultys, Senses, or anticipating Sensations and Imaginations may be of Natures Growth, and arise properly of themselves, without our Art, Promotion or Assistence: the general Idea, which is form'd of all this Management, and the clear Notion we attain of what is preferable and principal in all these Subjects of Choice and Estimation, will not, as I imagine, by any Person be taken for innate. Use, Practice and Culture must precede Understanding and Wit of such an advanced Size and Growth as this. A legitimate and just Taste, can neither be begotten, made, conceiv'd, or produc'd, without the antecedent Labour and Pains of Criticism. d. i. Nun kann wohl unstreitig ein Geschmack oder Urtheil, schwerlich schon ganz fertig mit uns zur Welt kommen. Wir mögen auch noch solche Grundsätze oder Zubehörungen dieser Art, mit uns bringen: wir mögen noch solche gute Fähigkeiten, Sinne, oder vorläufige Empfindungen und Einbildungen, von der bloßen Natur haben, oder vor sich selbst ohn alle Kunst, Beförderung oder Hülfe wachsen sehen: so wird doch, meiner Meynung nach, der allgemeine Begriff, der aus allen diesen Anstalten entsteht, und die klare Vorstellung, die wir in Sachen, die eine Wahl und Hochachtung verdienen, von dem Vorzuge, und der Vortreff-

Man will ferner wissen: ob gewissen Leuten der gute, andern aber der schlimme Geschmack angebohren sey? Ich antworte eben so, wie vorhin. So wenig einem eine gesunde, dem andern eine verderbte Vernunft angebohren ist; so wenig ist solches auch bey dem Geschmacke zu vermuthen. Die Fähigkeit eines neugebohrnen Kindes ist zu allem gleichgültig. Man kann aus ihm machen, was man will. Man erziehe es unter den Bauern, es wird bäurisch denken und reden; unter den Bürgern, es wird bürgerlich urtheilen; unter Soldaten, es wird kriegerische Dinge im Kopfe haben; unter Gelehrten, es wird nach Art studirter Leute vernünfteln und grübeln; bey Hofe, es wird sich von lauter Lustbarkeiten und Regierungssachen Chimären erdenken. Die Kinder sind auch hier, wie Affen. Wie mans ihnen vormachet, so machen sie es nach. Man lobe in ihrer zarten Jugend etwas: sie werdens bald hoch schätzen lernen. Man verachte etwas: sie werdens bald verwerfen lernen. Ihre ersten Urtheile richten sich nach den Urtheilen derer, mit denen sie immer umgehen. Der Ausspruch ihrer Aeltern oder Wärterinnen ist schon zulänglich, ihnen etwas, als schön oder häßlich einzuprägen: zumal wenn sie merken, daß man dabey seine Gedanken auf sie nicht richtet, sondern für sich davon urtheilet. So gewöhnet sich allmählich ihr Verstand durch die bloße Nachahmung, dieses weiß, und jenes schwarz zu heißen. Und dadurch entsteht auch entweder ein guter oder übler Geschmack; nachdem diejenigen ihn haben, zu deren Schülern sie das Glück gemacht hat, ehe sie noch geschickt waren, dieselben für ihre Lehrer zu erkennen.

5. *Der Gebrauch der gesunden Vernunft (das Vorbild der Griechen).*

Fragt man weiter, welches denn das Mittel sey, den guten Geschmack bey Erwachsenen zu befördern? So sage ich: nichts anders, als der Gebrauch der gesunden Vernunft. Man halte nichts

lichkeit haben, von niemanden für angebohren gehalten werden. Erfahrung, Uebung und Anführung müssen vor dem Verstande und Witze einer so hochgestiegenen Größe und von solchem Werthe vorhergehen. Ein regelmäßiger und richtiger Geschmack kann weder gebohren, gemacht, begriffen, noch hervorgebracht werden, ohne die vorhergehende Arbeit der Kritik, oder Beurtheilungskunst.

für schön oder häßlich, weil man es so nennen gehöret; oder weil alle Leute, die man kennet, es dafür halten: sondern man untersuche es an und für sich, ob es auch so sey? Man muß seine eigne fünf Sinne zu Rathe ziehen: diese werden bald die falsche Schönheit von der wahren, den Firniß vom rechten Marmor, das Flittergold von dem ächten unterscheiden, und allen Betrug entdecken lernen. Durch dieses Mittel hat vorzeiten Griechenland die Regeln der meisten freyen Künste erfunden, und dadurch den guten Geschmack auf etliche hundert Jahre bey sich unwandelbar gemacht. Die Malerey, Architektur, Schnitzkunst, Musik, Poesie und Redekunst sind daselbst erfunden und fast zur Vollkommenheit gebracht worden. Das macht, die Griechen waren die vernünftigsten Leute von der Welt. Alles philosophirte daselbst; alles urtheilte frey, und folgte seinem eigenen Kopfe. Daher entdeckte man nach und nach die wahrhaften Schönheiten der Natur. Man nahm sorgfältig wahr, wo Uebereinstimmung und Ordnung eine Vollkommenheit zuwege brachten; und wo hingegen die Verwirrung widerwärtiger Dinge einen Uebelstand erweckte. Die Tiefsinnigsten unter ihnen brachten, aus genauer Betrachtung wohlgerathener Meisterstücke, die Regeln heraus, aus welchen alle ihre Schönheit den Ursprung hatte. Und wie also dieselben nicht bloße Hirngespinste waren, sondern aus wirklichen Exempeln, die nach dem Urtheile der klügsten Köpfe für schön befunden worden, entworfen waren: also hat man auch zu aller Zeit gesehen, daß die Regeln und Exempel der Griechen, in allen freyen Künsten, die beste Anleitung zum guten Geschmacke gewesen sind.

6. Der Geschmack und die Regeln.

Wie aber? Soll man sich denn immer mit Regeln schleppen, wenn man den guten Geschmack haben will? Das ist eine neue Frage. Nicht alle, die den guten Geschmack haben wollen: sondern nur die, welche ihn wieder herstellen wollen, müssen die Regeln der freyen Künste einsehen, darinnen sie etwas verbessern wollen. Es darf oft nur ein geschickter Kopf kommen, der auf die rechte Spur geräth: so gleich fällt die Schönheit seiner Werke aller Welt in die Augen. Die deutsche Poesie kann uns zum Muster dienen. Alle unsere Versmacher steckten vor hundert und funfzig Jahren in der tiefsten Barbarey. Der einzige *Opitz* hatte aus Griechen und Römern, Holländern und Franzosen, sich die Regeln des guten Geschmackes bekannt gemacht. Er folgte denenselben in seinen Gedichten, und verwarf alles, was seine Vorfahren gestümpelt hatten. Alsbald wachte ganz Deutschland auf. Ein so unvermuthetes Licht fiel sehr stark in die Augen: und da fieng eine Menge von Poeten an zu singen, die nur dem Exempel dieses großen Vorgängers folgeten; die Regeln der Alten aber nicht halb so gut kannten, als er. Sie bekamen also mehrentheils nur aus Lesung seiner Schriften den guten Geschmack, nicht aber aus Regeln; und es wäre zu wünschen, daß ihn nur viele seiner Landesleute, die sich im Lesen der Spanier und Wälschen verderbeten, nicht bald darauf wieder verschlimmert hätten. [...]

Die Regeln nämlich, die auch in freyen Künsten eingeführet worden, kommen nicht auf den bloßen Eigensinn der Menschen an; sondern sie haben ihren Grund in der unveränderten Natur der Dinge selbst; in der Uebereinstimmung des Mannigfaltigen, in der Ordnung und Harmonie. Diese Gesetze nun, die durch langwierige Erfahrung und vieles Nachsinnen untersuchet, entdecket und bestätiget worden, bleiben unverbrüchlich und fest stehen: wenn gleich zuweilen jemand, nach seinem Geschmacke, demjenigen Werke den Vorzug zugestünde, welches mehr oder weniger dawider verstoßen hätte.

7. Das Muster der Natur.

Die Schönheit eines künstlichen Werkes, beruht nicht auf einem leeren Dünkel; sondern sie hat ihren festen und nothwendigen Grund in der Natur der Dinge. Gott hat alles nach Zahl, Maaß und Gewicht geschaffen. Die natürlichen Dinge sind an sich selber schön: und wenn also die Kunst auch was schönes hervorbringen will, so muß sie dem Muster der Natur nachahmen. Das genaue Verhältniß, die Ordnung und das richtige Ebenmaaß aller Theile, daraus ein Ding besteht, ist die Quelle aller Schönheit. Die Nachahmung der vollkommenen Natur, kann also einem künstlichen Werke die Vollkommenheit geben, dadurch es dem Verstande ge-

fällig und angenehm wird: und die Abweichung von ihrem Muster, wird allemal etwas ungestaltes und abgeschmacktes zuwege
bringen.

8. Geschmack und Aufklärung.

Woher der üble Geschmack des großen Haufens komme? das ist
aus dem obigen leicht abzunehmen. Die schlechte Auferziehung
ist sonder Zweifel die allergemeinste Quelle desselben, und dadurch
werden auch die fähigsten Köpfe verwahrloset. Weil die Kinder
durchgehends nur durch die Nachahmung urtheilen lernen: so gefällt ihnen gleich von Jugend auf das, was sie von ihren Aeltern,
oder andern Leuten, denen sie was zutrauen, loben hören. Die
ersten Urtheile werden also unvermerkt eine Richtschnur der übrigen, und nachdem sie durch eine lange Gewohnheit gleichsam tief
eingewurzelt sind, so können sie fast gar nicht mehr ausgerottet
werden. Der Geschmack alter Leute läßt sich also schwerlich bessern. Sie bleiben fest in ihren Meynungen, und schämen sich, dasjenige zu verwerfen, was sie ihr Lebenlang für schön gehalten
haben.
[...]
Junge Leute hingegen können leichter ihren Geschmack ändern,
wenn sie gleich bereits verwöhnet worden. Sie sind in ihrer Meynung noch so sehr nicht verhärtet; sie trauen ihren Urtheilen noch
keine solche Unfehlbarkeit zu, daß sie nicht auch zuweilen falsch
seyn könnten: sie geben also eher der gesunden Vernunft Gehör,
und begreifen die Richtigkeit der Regeln gar leicht. Ja wenn man
ihnen gleich nicht die Gründe des guten Geschmackes und die
Quellen wahrer Schönheiten entdecken und begreiflich machen
kann; weil sie etwa nicht studiret haben, oder sonst die gehörige
Fähigkeit nicht besitzen: so lernen sie doch aus der bloßen Empfindung endlich recht urtheilen.
[...]
Und so hätte ich wohl meines Erachtens in diesem Hauptstücke
meinen Vorsatz ins Werk gerichtet, indem ich nicht nur einen
deutlichen Begriff von dem Geschmacke überhaupt gegeben, sondern auch die Regeln des guten Geschmacks entdecket, und ihn
dadurch von dem übeln unterschieden; ferner dieses gegen die Ein-

würfe vertheidiget, und endlich etliche zweifelhafte Fragen, die bey dieser Materie aufgeworfen worden, nach meinen Grundsätzen entschieden.

§ 3. Johann Jacob Bodmer (1727/1736)

Von der Natur des poetischen Geschmacks

1. Der Geschmack als Scharfsichtigkeit des Verstandes.

Man redet ins gemein von dem guten Geschmack in der Beredtsamkeit als einer machinalischen Krafft / die mit uns gebohren wird: da er aber eigentlich nichts anders ist / als eine scharffsinnige und geübte Fertigkeit das wahre von dem falschen / das angenehme von dem eckelhafften und widrigen durch den Verstand zu unterscheiden: Eben wie der sinnliche Geschmack eine Fertigkeit ist / das süsse / sauere / bittere und andere Qualitäten der Speisen durch die Empfindung zu erkennen / daher man die Metaphorn genommen hat / die Fertigkeit das wahre von dem falschen in den Schrifften zu erkennen mit dem gleichen Worte zu benennen. Und gleichwie der sinnliche Geschmack zwar von Natur allen Menschen gleich gegeben ist / (denn alles was natürlich / ist allgemein /) aber durch die Gewalt der Gewohnheit / durch unnatürliche Speisen / durch derselben unnatürliche Zurüstung / durch die vielfältige Vermischung der Dingen von ungleichem Geschmack verderbt wird: Also ist auch der metaphorische Geschmack oder die Fertigkeit das gute / schöne und wahre in den Gedancken und Schrifften zu erkennen / jedermann gleich von der Natur mitgetheilt; wird aber durch die Unterweisung von ungeschickten Lehrern / welche mehr Sorge für das Gedächtniß / als den Verstand haben / und durch das Lesen abgeschmackter Bücher / verderbet: Wenig Leute haben die Instrumente des sinnlichen Geschmackes unverletzt und in ihrem natürlichen Zustand behalten; wenig haben ihn auf einem hohen Grad rein und scharff: Nicht minder ist der metaphorische Geschmack oder das natürliche Urtheil von dem guten in den Gedanken und Schrifften bey den meisten häßlich verdorben. Da nun dieser Geschmack in der Beredtsamkeit vornemlich in der Scharffsichtigkeit des Verstandes bestehet / welcher den Gebrauch der übrigen Kräfften der Seele bestimmet / und ihm Ziel und Maße setzet / so wird hieraus klar / daß man durch gute Gründe demonstriren müsse / warum man etwas liebet / vor etwas anderm Eckel hat. Die Erkenntniß von dem wahren und falschen muß so deutlich bey uns seyn / als in dem sinnlichen Geschmack die Empfindungen von dem sauern und dem süssen; so fern ist es / daß der gute Geschmack in den Schrifften etwas machinalisches seye / das die einen von der Natur empfangen haben / die andern darüber verkürtzt worden. Also ist kein Wunder / daß bey unsern Poeten der Geschmack so elende ist / da sie die Philosophie / die den Verstand reinigt und erhöhet / verachten / oder versaumt haben: Da sie an statt der Logick die Rhetorischen Blumen und Figurn eingesetzt haben / und die Qualitäten der Sachen von denen sie reden / nicht aus der Natur der Dingen / sondern den Lexicis der Bey-Wörter herholen.

2. Die Betrüglichkeit der Empfindung – der Geschmack vor dem Richterstuhl der Vernunft.

Der figürliche Geschmack ist das Vermögen und die Fertigkeit des Gemüths, vermittelst welcher der Mensch die unterschiedlichen Gattungen und Arten der Wohlredenheit, und aller ihrer Theile mit Vernunft unterscheiden, und sein Urtheil darüber fällen kan. Die Aehnlichkeit, auf welcher die Vergleichung beruhet, ist keine andere, als diese: Gleichwie der sinnliche Geschmack seinen Gegenstand, nemlich die verschiedene Beschaffenheit der Speise, unterscheiden kan, eben also kan der figürliche die verschiedene Eigenschafft der Rede unterscheiden. Diese eintzige Aehnlichkeit ist genugsam die Metaphora gut zu machen, wann gleich keine andere noch dazu kömmt; wer aber an dieser nicht genug hat, und mehrere Aehnlichkeiten zusammen lesen will, worinnen der sinnliche und der Poetische Geschmack überein treffen möchten, dem mag es erlaubt seyn, nur daß er sich hüte, dem Gemüthe etwas zuzuschreiben, oder von demselben etwas zu sagen, was alleine einer Machine, dem Cörper, und der Materie zukömmt.

Ich nenne den poetischen Geschmack ein Vermögen, oder eine Krafft des Gemüthes, weil ich ihn von einem Werckzeug einer mechanischen Einrichtung unterscheide. Das Gemüth erkennet und unterscheidet die Eigenschafften der Rede nicht nach derselben Weise, wie das äusserliche Gliedmaß des Geschmackes den Unterscheid der Gattungen Geschmacks in den Speisen erkennet. Dieser äusserliche Sinn verhält sich gegen seinem Gegenstand nur wie etwas leidendes, das Gemüth hingegen gehet mit den Sachen um, als etwas würckendes. Ich habe hinzu gesetzt, daß dieses Vermögen des Gemüthes die Eigenschafften der Rede mit Vernunft unterscheide, und beurtheile, nemlich anderst als der äusserliche Geschmack die Beschaffenheit der Speisen erkieset, nicht durch eine cörperliche Drückung in dasselbe, sondern seiner eigenen Natur gemässe, nach gewissen Grund-Regeln, so durch die Vernunfft fest gesetzet worden. Ihr verstehet hieraus, daß ein grosser Unterscheid zwischen beyden herrschet; Ihre Gegenstände sind von ungleicher Art, der eine ist cörperlich und materialisch, der andere geistlich und würckend; Ferner ist die Weise, nach welcher jegliches seinen Gegenstand unterscheidet, verschiedlich, jenes unterscheidet durch eine eigentliche Empfindung, die ihm von seinem Gegenstand eingedrücket wird, dieses durch den Verstand, ein jedes nach seiner eigenen Natur. Dieses Vermögen des Gemüthes hatte die Natur allen Menschen ohne partheyliche Verkürtzung, oder Vervortheilung mitgetheilet, und man hat nicht Ursache zu zweifeln, daß alle Menschen einerley Meynung von dem guten und schlimmen haben, und einerley Urtheil darüber fällen würden, wann sie die Grundsätze und die Vorschrifft der reinen Vernunfft zur Richtschnur ihrer Urtheile setzen würden.
[...]
Wenn wir nun setzen, daß der figürliche Geschmack, als ein vermeynter sechster Sinn, dessen Organa dem Menschen verborgen sind, ebenmässig, durch eine blosse mechanische Empfindung das, was in den Wercken der Rede-Kunst gut oder verwerfflich ist, ohne eine vernünftige Untersuchung beurtheilet und unterscheidet; so folget nothwendig, daß die oben angezogenen beyden Axiomata auch von demselben gelten; Similium enim similis est ratio. Auf diese Weise aber wird ein vollkommner Scepticismus in der Rede-Kunst eingeführet. Wirft man diese Empfindung zum Richter auf, so muß sie nothwendig entweder unfehlbar seyn, oder zuweilen irren können. Sagt man, sie könne nicht fehlen, so würde

folgen, daß ein und eben dasselbe Werck zugleich und auf einmahl gut und schlimm seyn, ferner daß mit Verlauf der Zeit eine Schrifft oder eine Stelle, die vor diesem schön gewesen, schlimm werden könte: Angesehen uns die Erfahrung lehret, daß oft ein und eben dasselbe Werck einen auf eine Weise, und einen andern auf eine andere Weise rühret, und also einem gefällt, einem andern mißfällt: wie auch aus eben derselben bekandt ist, daß eine Schrifft, die in einem Seculo das Glück gehabt, jedermanns Beyfall zu erhalten, in dem folgenden fast durchgehends verachtet worden. Erinnert euch nur, wenn es euch beliebet, des Cides, der ersten Tragödie des grossen Corneille, welche die Pariser-Welt eine lange Zeit hartnäckigt bewundert hat, also daß das wohlbedachte Urtheil, so die Frantzösische Academie davon an das Licht gestellt, dagegen nichts vermocht hat. Heut zu Tag hat dieses Trauer-Spiel ein grosses von seinem vorigen hohen Werth verlohren, und man hält es gerad in dem Preise, den es verdienet. Ihr habet auch gehöret, daß des vortreflichen Englischen Poeten Johann Miltons Gedicht von dem Verlust des Paradieses lange im Staube gelegen und unbekandt geblieben ist, biß daß etliche wenige ungemeine Köpfe die Leute von seinem unschätzbaren Werthe unterrichtet, und durch gründliche Schlüsse und Beweise den krancken Geschmack und die verdorbene Empfindung ihrer Nation gestärcket und wieder hergestellet haben; worinne sie so glücklich gewesen, daß dieses Werck anjetzo einen gantz andern Eindruck auf den Geschmack der Leser machet. Wann nun die Empfindung beyde mahle, da man Lust an einer Schrifft, und da man Eckel an eben derselbem hat, nicht irren kan, so müssen ja die ungereimten Sachen, die ich oben angedeutet habe, wann man ihr das Richter-Amt einräumet, nothwendig erfolgen. Fällt man hingegen auf den andern Satz, und gestehet, die Empfindung des Geschmacks könne sich zuweilen in ihrem Urtheile betriegen, so begehre ich, daß man mich lehre, wie dieser Betrug könne entdecket, und vermieden werden. Wolte man antworten; die einhellige Uebereinstimmung der grössern Parthey sey ein Zeichen und Merckmahl, daß die wenigern sich betrogen haben; wie kan man mich dieses glauben machen, da ich sehe, daß der Irrthum nicht selten allgemein, die Wahrheit hergegen von einem kleinen Hauffen verfochten wird. Will man versetzen, der Betrug in der Empfindung müsse durch eine wiederhohlte und nachfolgende wahrgenommen, und ihm gesteuret werden; so verlange ich wiederum, daß man mir Mittel und Wege zeige, wie ich könne sicher seyn, daß diese nachgeholte Empfindung nicht eben so irrig und betrüglich sey, als die vorhergehende gewesen war. Also wird man zuletzt genöthiget seyn zu sagen, der Irrthum der Empfindung des Geschmacks müsse durch die Vernunft und Untersuchung entdekket und ausgebessert werden; alsdann habe ich, was ich suche, die Empfindung wird damit ihrer richterlichen Gewalt entsetzet, und vor den Richterstuhl der Vernunft gefordert.

3. Der Geschmack als geübtes Urteil der (verständigen) Empfindung.

In dem sinnlichen Geschmacke läßt sich wahrnehmen, daß je empfindlicher desselben Werckzeuge oder Gliedmassen sind, und je stärcker sie gerühret werden, desto fertiger und sicherer das Urtheil mit seinem Ausspruch ist; In dem figürlichen Geschmack hingegen verhält es sich gantz umgekehrt. Je besser der Verstand von den Grundsätzen der Wohlredenheit überführet, und das Urtheil geübet ist, desto stärcker ist auch die Empfindung. Wie viele Schönheiten, wie viele Fehler bleiben den meisten Menschen in musicalischen und Mahler-Stücken verborgen, und wie vielen Ergetzens müssen sie deswegen beraubet leben; nur darum, weil ihnen die Grundsätze dieser Wissenschafften unbekandt sind! Wie unsicher wird eben dadurch das Urtheil gemachet, das solche unverständige und ungeübete Köpfe über die Wercke der Musick und der Mahlerey fällen dörffen! Wie es aber mit diesen Künsten bewandt ist, eben also stehet es um die Wohlredenheit, als die nicht weniger als sie eine Nachahmung der Natur ist. Und dieses Beyspiel kan uns auf die Spur helffen, zu erkennen, wie ferne die Empfindung in dem Systema, dem ich das Wort rede, Statt und Platz habe.
[...]
    Die Rede-Kunst würcket nicht alleine auf den Willen, indem sie die Gemüths-Neigungen und Begierden in Bewegung bringet, und sie mit ihrer Schmeicheley hintergehet, sondern arbeitet auch für den Verstand, da sie Beschreibungen aller Dinge in der Natur, Character der Menschen, Geister, Völcker; Gleichnisse, Allegorien, und dergleichen hervorbringet. Nun sind das alles Sachen, die ihren Grund in der Aehnlichkeit und dem wohleingetheilten Ebenmasse haben: Zumahlen das Ergetzen vollkommener wird, je mehr Voll-

kommenheit in der Proportion stecket. Demnach lieget der Grund des Ergetzens, das wir von den erzehlten Stücken der Wohlredenheit empfangen, in der Natur selbst, und dem Verhalt ähnlicher Dinge gegen einander. Diese erwähnten Theile der Rede-Kunst, die Beschreibungen, die Character, die Gleichnisse, und so fort, lassen das Urtheil die meiste Zeit frey und unumfangen; die Begierden werden davon nicht aufgerühret; je genauer indessen einer die Natur ähnlicher Dinge erkennet hat, desto geschickter ist er auch von diesen Theilen der Rede zu urtheilen, desto sicherer ist der Ausspruch, den er davon fället, und desto grösser ist das Ergetzen, das er von denselben erhält.

§ 4. Johann Jacob Breitinger (1740)

Von den Gleichnissen

1. Gemessene Schönheit: der gute Geschmack als harmonierende Ordnung.

Quintilianus hat im achten Buch seines Unterrichtes von der Rede-Kunst, in dem Capitel, wo er von dem Schmuck und dem Zierrath der Rede handelt, eine nützliche Anmerckung gemachet. Er sagt: Vitium est ubique quod nimium est; »Der Überfluß und die Verschwendung ist allemahl straffwürdig.« Dieses will uns auch die weise Natur durch ihr angesehnes Exempel anbefehlen; In der Zeit da sie in der mannigfaltigen Veränderung ihrer Wercke auf eine verwundersame Weise einen unerschöpflichen Reichthum an den Tag leget, sehen wir sie dennoch in allen Stücken eine gewisse Zahl, Gewicht und Maß beobachten. Nach dem Urtheil der Weltweisen besteht eben in dieser wohl-geordneten Harmonie und Übereinstimmung des Mannigfaltigen, in seinem geschickten Zusammenhang, die Vollkommenheit der Dinge, und eine tiefe Einsicht und genaue Beobachtung dieser Vollkommenheit machet dasjenige aus, was wir in den Künsten und Wissenschaften den guten Geschmack zu nennen pflegen. So bald diese harmonierende Ordnung, dieses natürliche Gleichgewicht in dem gantzen oder nur in den kleinsten Theilen, durch Mangel oder durch Überfluß verstöhret wird, so wird zugleich die Vollkommenheit des gantzen vermindert, das Ergetzen, welches nothwendig damit verbunden ist, wird geringer, und der gute Geschmack wird verderbet. Wenn in der Sing-Kunst eine sanfte und Hertz-rührende Symphonie durch harte Mißthöne unterbrochen wird, so wird das Gehör verletzet, und das Ergetzen, das aus einer vollkommenen Harmonie entspringt, wird gehindert.

[...]

Es ist nicht genung, daß die Figuren, die Bilder, die Gleichnisse, und der übrige Putz der Rede am rechten Orte angebracht werden, wenn dieses nicht auch in gewisser Zahl, Maß und Ordnung geschiehet. Wo diese nicht sind, wird die Harmonie, woraus die Vollkommenheit und der gute Geschmack in der Wohlredenheit entstehet, vergeblich gesucht. Die Figuren, die Bilder und Gleichnisse, sind was das Licht und die Farben in einem Gemählde; dieselben müssen nicht nur am rechten Orte aufgetragen, sondern auch in gewissem Maasse ausgespendet werden. Denn gleichwie durch den allzustarcken Glantz und übermässige Höhe der Farben die Kunst und Harmonie eines Gemähldes nur verderbt, und die Aehnlichkeit mit dem Urbild verdunckelt wird, so leidet gleichergestalt die Deutlichkeit der Begriffe durch dergleichen weitgesuchten Schmuck Abbruch, dafern er sonder Maasse verschwendet wird. Dieser ungeheure Reichthum von geborgtem Zierrath erstrecket und betäubet die Sinne, anstatt daß er sie ergetzen sollte, er stöhret die Aufmercksamkeit, womit der Leser oder Zuhörer vor die Haupt-Materie eingenommen ist, indem die Gedancken dadurch auf anderwärtige Begriffe hingezogen und zerstreuet werden.

[...]

Was hat jene berühmten Geister des Alterthums über den gemeinen Hauffen der Scribenten so hoch erhoben, als diese glückliche Verbindung eines feuerreichen Witzes und einer scharffen Urtheils-Kraft, welche so selten in einem Gemüthe einkehren? Wann man ihre Schriften mit Nachsinnen durchgehet, so muß man die unerschöpfliche Fruchtbarkeit ihres Geistes bewundern, aber man erstaunet über die unvergleichliche Klugheit, womit sie in dem rechten Masse Licht und Schmuck in ihre Schriften zu streuen gewußt haben. Die Figuren und der übrige Zierrath der Rede sind da durchgehends mit einer so bescheidenen Freygebigkeit ausgetheilet, daß man nichts hinein schieben, noch was heraus nehmen kan, ohne der gemessenen Schönheit und Harmonie Abbruch zu thun. Zudem sind die Menschen von Natur zur Pracht und Unmässigkeit geneigt, sie wollen immer gerne hervorstechen, und was die äusserlichen Sinne füllet, das nimmt gemeiniglich auch das Hertz ein; haben sie nichts eigenes, womit sie sich groß machen und aufbrüsten können, so schmüken sie sich mit fremden Federn aus. Diese Neigung ist so ungebunden, daß sie sich bald durch keine Gesetze in Schrancken fassen läßt, wie die Erfahrung dieses insonderheit in Ansehnung der Kleider-Pracht bezeuget. Und darum ist es auch um so viel nothwendiger, daß man die Scribenten vor Verschwendung und Überfluß warne, und an sich zu halten anweise, angesehen sie mehr geneigt sind, durch Überfluß als Mangel der Figuren, Gleichnisse und Bilder, wider den natürlichen Character der Rede anzustossen.

2. Der Geschmack als wählendes Urteil.

Nun war aber die Absicht des Schöpfers, den Menschen eine vernünftige und stets reitzende Lust empfinden zu lassen, und darum hat er in unsren Empfindungen eine so regelmässige Abänderung und ergezliche Harmonie eingeführet, die kein menschlicher Verstand genug zu ergründen, noch einige Kunst nachzuahmen tauget. Es beruhet aber diese Harmonie der Empfindungen eben so wohl auf gewissen Grund-Gesetzen als die ergetzende Vermischung der Thöne in der Musick; und wie in einer guten Composition jeder absonderliche Thon die ergetzende Kraft erst aus der künstlichen Verbindung mit andern Thönen erhält, eine jede Verbindung aber ihren gewissen Grund, theils in der Natur der Thöne, theils in der Absicht des Virtuosen haben muß, also sind auch die Dinge, von welchen die Harmonie der Empfindungen herrühret, so wohl in der Welt der würcklichen Dinge, als in einem guten Gedichte, welches uns das Systema einer möglichen Welt vorstellet, der Zeit und des Ortes halber so künstlich zusammengeordnet, daß je eines in dem andern gegründet, und ein jedes von seinem eigenen ihm angewiesenen Stande die gehörige Kraft erhält, mit welcher es auf das Gemüthe würcket.

Wie nun die Bestimmung und Einrichtung der Absichten, also ist auch die Wahl und Verbindung der Umstände, durch welche alleine diese Absichten erhalten werden können, eben so wohl ein Werck des guten Geschmackes oder eines richtigen Urtheiles, und einer feinen Wahl. Da nun die besondern Absichten eines verständigen Scribenten unendlich verschieden seyn können, indem er seinen Haupt-Zweck durch die Verbindung so unendlich vieler und verschiedener Eindrücke zu befördern suchen muß, so sind auch die Gesetze und Regeln, nach welchen sich das Urtheil in der Wahl der Umstände richten muß, eben so unzehlbar und unendlich verschieden, als die besondern Absichten sind, so diese Wahl bestimmen.

[...]

Darum ist es auch unmöglich, daß der gute Geschmack durch Regeln, die ein vollständiges Systema der Kunst ausmachen, gelehret und vorgetragen werde, weil seine Urtheile sich auf besondere Stellen beziehen, die nach ihren besondern Absichten, und nach der Beschaffenheit besonderer Dinge beurtheilet werden müssen. Wenn wir aber dieses Urtheil, welches nach einer gantz bekannten verblümten Redens-Art der gute Geschmack genannt wird, überhaupt beschreiben und erklären wollen, so können wir sagen, daß es eine Kraft des Verstandes sey, welche uns einestheils in der Wahl besonderer Dinge und Umstände also leitet, daß wir alles dasjenige vermeiden und auslassen, was der vorgenommenen Materie und unsren besondern Absichten nachtheilig und widrig seyn mögte, hingegen alles aufsuchen und zusammentragen, was dieselben nur einigermassen befödern kan; eine Kraft, die uns anderntheils auch in der Verbindung der ausgelesenen Dinge und Umstände statt eines Compasses dienet, vermittelst dessen wir denen zwo Klippen, dem Gemeinen und dem Unglaublichen, zwischen denen das poetische Schöne lieget, und an welche es ziemlich nahe gräntzet, glücklich entgehen können.

Dieses wehlende Urtheil lehret uns demnach das Wunderbare und Wahrscheinliche künstlich mit einander verbinden, ihm hat man es zu dancken, daß man die Natur und den Wohlstand niemahls aus den Augen setzet, es hinterhält die Einbildung vor Ausschweiffungen, es macht, daß die Kürtze nicht dunckel, das Zierliche nicht schülerhaft, das Reiche nicht übermässig, das Prächtige nicht schwülstig, wird; daß eine Vorstellung sinnreich ohne Spitzfündigkeit, bescheiden ohne Niedrigkeit, erhaben ohne Aufgeblasenheit, herauskömmt.

II. IDEE EINER LOGIK DER PHANTASIE.
GESCHMACK UND EINBILDUNGSKRAFT.

§ 5. JOHANN JACOB BODMER (1727)

Von dem Einfluss und Gebrauche
der Einbildungs-Krafft

Der oberste Schöpffer hat das weitläufftige Gebäude der Welt
mit tausenderley Arten Geschöpffen angefüllet / und zuletzt den
Menschen darein gesetzet; damit er alle erschaffene Dinge stu-
dierte / und dardurch den ersten Grund zu der Erkäntniß seiner
unendlichen Natur legete. Die Welt ist eine Academie / und der
Mensch ein Schüler / welcher bey dem ersten Eintritte in dieselbe
von aller Wissenschafft entblösset ist / und allein darin von todten
Wercken der Natur sich unterscheidet / daß er Instrumente besitzet / welche ihn tüchtig machen etwas zu fassen und zu erlernen /
nemlich die fünff Sinnen: Und eine aufmercksame Wundergie-
rigkeit / neben einer Liebe zu allem was ihm neu ist / reitzet
ihn an / diese Werck-Zeuge des Wissens zu gebrauchen. Wenn
er die Sinnen im Anfange noch unkundig auf die Gegenstände
wirffet / so werden sie auf einmal von hunderterley Dingen so
gewaltsam gerührt / und gleichsam betretten und erstecket / daß
er darüber in eine tumme Entzückung geräthet / welche desto
schwerer auf ihm lieget / weil er seines Verstandes und Urtheiles
noch nicht mächtig ist. Mitdem lehret ihn seine Wissens-Begierde
sich besser in acht nehmen: Er ziehet nun die Gedancken von
dem mannigfaltigen / welches alle Gegenstände zusammen vermi-
schet und verwirret / ab / und betrachtet je ein Ding nach dem
andern absonderlich; in welcher Bemühung er so lang anhält /
bis daß er von jeglichem Dinge einen klaren Begrieff erhält /
und eines von dem andern unterscheiden kan.

Die Sinnen sind demnach unsere ersten Lehr-Meister / und bringen uns die vordersten Begrieffe von den Dingen bey. Durch ihre
Anleitung erlernen wir / wie die Dinge unter mannigfaltigen Gestalten / Formen und Eigenschafften neben einander liegen / und
sich gegen einander verhalten. Der Sinn des Gefühles reichet uns

Begrieffe von dem sanfften / glatten / ebenen / linden; von dem rauhen / harten / holperichten und scharffen: andere Sinnen entdecken uns die subtilsten Gattungen des Geschmackes / die reinsten Dünste / so aus den Gegenständen ausdämpffen / und selbst die dünnesten Bewegungen der Lufft: aber alle die andern übertrifft der Sinn des Gesichtes / welcher uns am meisten Absätze in den Dingen weiset / wordurch die Begrieffe desto mehr Deutlichkeit erlangen.

Alle diese Begrieffe und Empfindungen / welche wir durch die Gutthat der Sinnen von gegenwärtigen Dingen empfangen / rühren das Gemüthe streng und nachdrücklich: aber auch nicht länger; als so lang ein Gegenstand anwesend und zugegen ist. So bald als derselbe von uns hingerücket wird / und einem andern Gegenstand weichet / so verschwindet in uns zugleich der Begrieff desselben / und machet dem Begrieffe derjenigen Sache platz / welche uns gegenwärtig in die Sinnen fällt. Die Sinnen allein stellen uns auf einmal nicht mehr als das Ding vor / das zu dieser Zeit wircklich vor uns gegenwärtig ist; von solchen Dingen aber / die wir zuvor erkant haben / können sie uns die Begrieffe nicht mehr erwecken / es seye dann / daß dieselben Dinge wiederum gegenwärtig für uns kommen: aber so offt sie wieder aus den Sinnen rücken / rücken auch die Begrieffe und Empfindungen / so sie gestifftet / zugleich hinweg.

Wie enge würde demnach unsere Erkäntniß eingeschrancket seyn / wenn wir keine andere haben könten; als durch die Instrumente der Sinnen / welche uns allein Begrieffe von solchen Dingen geben / die wircklich vor uns zugegen sind? Das Gesicht ist der vornehmste Sinn / welcher das Gemüthe nicht nur mit der grösten Menge von Dingen anfüllet; sondern sie auch ferner ablanget / am schnellsten zu ihnen fortgehet / und am längsten in seiner Arbeit anhaltet / ohne daß er müde oder matt werde. Da wir nun die Helffte des Lebens in der Dunckelheit der Nacht zubringen / und das Licht entbehren müssen / durch welches doch allein die Gegenstände sichtbar gemacht werden / und gleichsam zu uns heran nähern / so wären dieselbe gantze Zeit über die Begrieffe / welche der vornehmste unter den Sinnen das Gesicht erwecket / für uns wieder verlohren / und aus dem Gemüthe ausgestrichen. Wir legten alle Abende mit dem Untergange des Lichts das beste Theil unserer Erkäntniß ab; und blieben desselben beraubet / biß die Wiederkunfft der Sonne / uns wieder erlaubte /

mit dem neuen Gebrauche unsers Gesichtes die Begrieffe von den gegenwärtigen Dingen wieder zu suchen.

Es hat dem gütigen Schöpffer der Menschen gefallen das Ergötzen in die Welt zu bringen / die Eitelkeit unserer Tagen damit zu besseren und zu versüssen. Aber wie viel Ergötzen würden wir minder haben / wenn die Empfindungen des Lustigen nicht länger dauerten / als so lange die Gegenstände / welche sie verursachen / vor uns zugegen wären.

Der Vatter der Menschen hat denselben einen höhern Zweck gesetzet / und ihnen ein vortrefflicher Geschick gemachet / als daß ihre Erkäntniß so unterbrochen / unbeständig; ihre Begrieffe und Empfindungen in so enge Schrancken eingeschlossen seyn könten. Darum hat er die Seele mit einer besonderen Krafft begabet / daß sie die Begrieffe und die Empfindungen / so sie einmal von den Sinnen empfangen hat / auch in der Abwesenheit und entferntesten Abgelegenheit der Gegenstänen nach eigenem Belieben wieder annehmen / hervor holen und aufwecken kan: Diese Krafft der Seelen heissen wir die Einbildungs-Krafft / und es ist derselben Gutthat / daß die vergangne und aus unsern Sinnen hingerückte Dinge annoch anwesend vor uns stehen / und uns nicht minder starck rühren / als sie ehemahls gethan hatten. Der Fortgang in der Erkäntniß der Dingen wird nun ungehemmt fortgesetzet / und wir häuffen stets unsere Begrieffe mit neuen Zusätzen an. Hast du das Königliche Schau-Gerichte der Bau-Kunst vor diesem gesehen / welches man zu Rom in St. Peters Kirche antrifft / wann man unter dem Dome stehet? Eben denselben Prospect läßt dich die Einbildungs-Krafft annoch in Teutschland geniessen / und die Bestürtzung / die dich damahlen überfallen hatte / als du mit den Augen den geraumen Umfange des Gewölbes bestrichen / und auf beyden Seiten zwey andere Gewölber hattest / wird dich auch hier wieder ergreiffen. Das Entsetzen / das Abscheuen / der Schmertzen / die Furcht / die Freude und die Sorge / welche auf einmal in der Brust der Merope aufgewallet / als sie ihren Sohn den Telphonte in dem Augenblicke erkennet hatte / da sie die Hand schon ausgestrecket ihn zu erstechen; kan die Einbildungs-Krafft nach überstandener Gefahr / als ihr Sohn jetzt den Tyranne Poliphonte erwürgt hatte / und den Vätterlichen Thron in tieffer Ruhe besasse / in ihrem Gemüthe wieder aufwachen und würcken lassen. Ja durch ihr Mittel kan ein Mensch in einer unterirdischen Höle / da die Sonne mit keinen Strahlen hinein zudringen vermag / sich mit den prächtigsten Schau-Gerüsten und Jagd-Gefilden / als er immer vor der Zeit gesehen / unterhalten. Sie thut es / daß das Ergötzen / welches er einmal genossen / stets in seiner Gewalt bleibet / daß er es so offt er will / verneuern und gleichsam verewigen kan. Indessen müsset ihr die Einbildungs-Krafft nicht mit dem Gedächtnisse vermengen / welches bey allen diesen Wirckungen der Einbildungs-Krafft nichts anders thut / als uns versichert / daß wir einen Begrieff oder eine Empfindung schon zuvor gehabt haben.

Ich muß zwar gestehen / daß insgemein die Vorstellungen der Einbildung nicht so deutlich seyen / als der Empfindung: Wenn jedoch die Einbildungs-Krafft für sich alleine wircket / und von den Sinnen nicht gestöret wird / so bekommen ihre Begrieffe einen grossen Zusatz von Klarheit; dermassen daß wir fast in einen Zweiffel gerathen / ob wir die Dinge nicht vor Augen sehen: Wenn nemlich der Mensch durch eine feuerige Regung entzündet wird / einem Gegenstand nachzuhängen; wenn die Aufmercksamkeit seine Gedancken so fest darauf anheftet / daß die Sinne darüber gleichsam einschläffen / und alle Empfindungen verlieren / so scheinet es nicht anderst als ob er ausser sich selbst gerathen und seiner Sinnen looß wäre; wie dem Archimedes geschehen: Dieser tieffsinnige Kopff ware gleich mit einer mathematischen Ausmessung beschäfftiget / als die Stadt Syracusa von den Römern mit stürmender Hand eingenommen ward / und zoge seine Linien und Zirckel mit so tieffem Nachsinnen / daß er des Lermens / der schon alle Gassen angefüllet hatte / nicht gewahr ward / sondern den Soldat / der ungestümm in das Zimmer zu ihm hinein drange / für einen Freund oder Haußgenossen nahme / und daher allein zu ihm sagte: Hola! verrücke mir meine Zirckel nicht. Von der gleichen Klarheit sind die Wirckungen der Einbildungs-Krafft in den Träumen.

Ferner ist zu wissen / daß sich die Einbildungs-Krafft durch die Aufmercksamkeit und die Übung trefflich erweitern und bereichern läßt; Wenn man nemlich seine Sinnen in der Betrachtung der Wercken der Natur und der Kunst so fleißig und sorgfältig unterhält / daß man sich den Gegenständen / als viel immer möglich ist / nähert; Wenn man sie von allen Seiten mit steten Augen anschauet / und die Gedancken so lange darbey aufhält / biß man eine Deutlichkeit in den Begrieffen wahrnimmt. Diese Deutlichkeit trägt zu der Erweiterung der Einbildungs-Krafft verwundersam viel bey.

Es ist nun unstreitig / daß einem jeden Verfasser / der mit seiner Wolredenheit belustigen und die Regungen eines gescheuten Lesers nach seinem Belieben regieren will; (denn die Rede ist hier nicht von solchen / welche in einer systematischen Ordnung Lehr-Bücher zum blossen Unterrichte verfertigen) bevorab aber allen Poeten / so sich über den gemeinen Pöbel der Meister-Sänger empor heben wollen / eine gute und reiche Einbildungs-Krafft vor allen Dingen nöthig ist. Solche müssen nicht minder befließen seyn / ihre Einbildung auszuschmücken; als ein Welt-weiser seines Verstandes zu pflegen. Sie müssen sich einen versuchten Geschmack in den Wercken der Natur erwerben / und eine vollkommene Kundschafft derer mannigfaltigen Schau-Gerichten haben / welche uns das Land-Leben aufstellet: Wann sie denn einen guten Vorrath von Gefilden und Wald-Scenen gesammelt haben / so müssen sie sich ferner bekannt machen / was die Städte und Höfe prächtiges und pompreiches haben: daferne sie über die Schäffer- und andere Gedichte von der untersten Gattung der Poeterey hinauf steigen wollen; Sie solten von allem dem / was die Kunst herrliches und stattliches hervor gebracht hat / wol berichtet seyn; es erfinde sich solches in der Schilderey oder Bilderey / in der künstlichen Mechanick / oder den grossen Wercken der Bau-Kunst.
[...]

Wenn die Einbildungs-Krafft so reichlich angefüllt ist / so muß sie nothwendig einen herrlichen Einfluß über eine Schrifft haben / indem sie dieselbe mit lebhafften Bildnissen und Gemählden belebet / welche den Leser gleichsam bezaubern; Er vergißt darüber / daß er nur die Beschreibungen der Sachen lieset / und fällt auf den Wahn / er sehe die Dinge selber vor sich / und wohne den erzehlten Begebenheiten persönlich bey. Von ihr hat Homer die Bildnisse der grossen Dingen / Virgilius der Schönen / Ovidius der Seltenen und Frembden / welche in ihren Gedichten regieren / und den Leser / so wunderbar einnehmen.

Von den Gleichnissen

1. Idee einer Logik der Phantasie.

Der richtigste Weg zu einer gründlichen Erkänntniß der Wahrheit
zu gelangen, bestehet darinn, daß man von dem Einfachern zu
dem Mannigfaltigern mit gemessenen Schritten fortgehet, und nirgend einen Sprung macht. Diejenigen, die es in Wissenschaften
auf das höchste gebracht, haben in diesen Weg eingeschlagen, und
wer einen andern nehmen wollte, würde keine Gewißheit von der
Wahrheit bekommen können. Diesemnach muß ein Mensch, der
nach Wissenschaft trachtet, sich vor allen Dingen befleißigen, daß
er den Verstand mit einem Vorrath von Begriffen, die sich gedencken lassen, anfülle. Solches geschicht, wenn er die äusserliche
Fläche der Dinge, als die betrüglich ist, fahren läßt, und beflissen
ist, auf den Grund der Dinge durchzudringen; also daß er ein
jegliches Ding vor sich und absonderlich betrachtet, und sich nicht
zufrieden giebt, biß er die Möglichkeit desselben eingesehen hat.
Wenn er denn den Verstand in dieser ersten Schule abgewartet
und ihn genugsam vorbereitet hat, so ist es Zeit, daß er weiter
fortgehe. Er muß jetzo die Begriffe nicht mehr Stückweise, sondern nach ihrer Verbindung und ihrem Verhältniß gegen einander
betrachten. Und dieses giebt ihm den Stof zu den Sätzen und ersten Grund-Wahrheiten, aus welchen er ferner durch richtige Folgen neue Wahrheiten und Schlüsse herausleitet, die so wohl als
die Grund-Wahrheiten in den Denck-Bildern des Verstandes als
in ihrem Saamen eingewickelt lagen.

In diesen Stücken bestehet das Amt der Logik oder Vernunft-
Lehre. Sie muß uns unterrichten, wie wir einen Schatz von Begriffen sammeln; wie wir aus der Verbindung derselben Sätze formie-
ren; wie wir aus verschiedenen Sätzen einen Schluß herausleiten;
und zuletzt aus der Verknüpfung etlicher Schlüsse einen gantzen
Erweiß zusammen ordnen müssen. Dadurch wird die Logik eine
Lehrerin des Verstandes, indem sie zu einer deutlichen Einsicht
des Wahren und des Falschen behülflich ist.

Es ist mir manchmahl in den Sinn gekommen, daß die Einbildungs-Kraft eben so wohl als der Verstand einer gewissen Logik

vonnöthen habe. Wer eine Erkänntniß des Wahrscheinlichen, mit welchem die Phantasie umgeht, erlangen will, muß eben also, wie in der Vernunft-Lehre geschicht, vom Einfachen zum Vielfachern fortgehen. Er muß für das erste die Einbildungs-Kraft mit einem reichen Vorrath von sinnlichen Bildern versehen; was für Urbilder die erste Künstlerin die Natur, und ihre Nachahmerin die Kunst den Sinnen darstellen, dadurch das Gemüthe auf unendlich verschiedene Weise gerühret wird, muß die Phantasie beflissen seyn, von einem jeden ein Bildniß abzunehmen. Von diesen Bildnissen ist hier wahrzunehmen, daß sie von denjenigen, die der Verstand einnimmt, gantz verschieden sind, ob sie gleich von einerley Gegenstand genommen werden. Die Phantasie bekümmert sich um den innerlichen Grund und das wahre Wesen der Dinge gar nicht; sie überläßt dem Verstand die Möglichkeit der Dinge durch seine Bilder vorzustellen; sie selbst steht bey der äusserlichen Fläche stille, und siehet die Sachen nicht tiefer ein, als die cörperlichen Sinne gehen. Wie die Gestalt und Beschaffenheit der Sachen von denselben eingenommen, und dem Gemüthe vorgestellet wird, mahlet sie solche nach ihrer Grösse, Figur, Farbe, Bewegung, Lage, und so fort, in so geschickten und lebhaften Bildern, daß man schier gläubete, die Dinge, von denen uns so natürlich-geschilderte Bilder vorgeleget werden, wären würcklich vorhanden. Also führen die Bilder der Phantasie diesen Nahmen nicht uneigentlich, weil sie sich derselben unter einem cörperlichen Bild vorstellen; hingegen geschicht es aus Armuth der Sprache, wenn man denselben Nahmen auch denen Begriffen beyleget, die sich nur gedenkken lassen, und von denen kein cörperliches Bildniß zu haben ist. Mithin wäre sehr gut, wenn wir für jede Art derselben ein eigenes Wort haben könnten, massen sie in ihrem Wesen von einander unterschieden sind. Übrigens haben die Phantasie-Bilder an ihrem Ort einen so weitläuftigen Umfang, als die Bilder des reinen Verstandes auf ihrer Seite. Wie diese die Quelle aller Erkänntniß und Wahrheit sind, so sind die Bildnisse der Phantasie die ersten Elemente der Poesie und Wohlredenheit, als in welchen das Wahrscheinliche die Stelle der Wahrheit einnimmt. Meine critische Abhandlung von der poetischen Schilderey ist meistens über solchen Phantasie-Bildern bemühet gewesen, denn die Beschreibungen sind nichts anders, als mit geschickten Ausdrücken vorgestellete Phantasie-Bilder; und wiewohl in den Beschreibungen viele verschiedene Stücke vorkommen, so sind sie doch zu den ersten und einfachen

Bildern der Phantasie zu zehlen, weil ein jedes davon von uns in seiner ersten und einfachen Natur betrachtet wird.

Wenn nun die Phantasie mit dergleichen Bildern wohl versehen ist, und der Scribent es in Ausdrücken derselben mittelst fleißiger Übung zu einer gewissen Fertigkeit gebracht hat, so muß seine nächstfolgende Bemühung darauf gerichtet seyn, daß er diese Sinnen-Bilder, als welche unter sich an Art überaus verschieden sind, gegen einander halte, vergleiche, und was übereinstimmendes zwischen einem und dem andern sich befindet, genau heraus lese. Wenn die zusammenstimmenden mit einander verbunden werden, so entstehen in der Logik der Phantasie die Gleichniß-Bilder, wie in der Vernunft-Lehre aus der Verknüpfung der Begriffe, die sich gedencken lassen, die Sätze hervorwachsen.

2. Die Erkenntniskraft der Gleichnis-Bilder.

Die Aehnlichkeiten und Verwandtschaften der Dinge, samt ihrem besondern Verhältniß gegen einander, werden vermittelst eines Vermögens des Verstandes wahrgenommen. Dasselbe wird der Witz oder Geist, Lateinisch *Ingenium,* und Französisch *Esprit* genannt. Demnach sind die Gleichniß-Bilder die erste Würckung des Witzes oder Geistes. Jedoch entstehet diese Würckung nicht von dem Verstande gantz alleine; die Phantasie vereinigt sich mit ihm in der Hervorbringung desselben. Sie stellet dem Verstande gerade zu und ohne Mittel eine Menge Bildnisse und Gemählde vor; er schauet sie mit einer sorgfältigen Aufmercksamkeit an, und erwehlet unter einem gantzen Haufen diejenigen, welche mit der Sache, wozu er ein ähnliches Bild vonnöthen hat, am nächsten übereintreffen. Es däucht öfters dem Verstande, er durchlaufe mit den Gedancken die Welt von einem Ende zum andern, wiewohl er nicht von Hause kömmt, sondern sich nur in dem Bilder-Saale umsiehet, welchen die Phantasie zu seinem Gebrauche eröfnet hat.

Diese Gleichniß-Bilder haben alle Wahrscheinlichkeit, so man verlangen kan, sie sind viel aufrichtiger als alle andere symbolische Figuren, massen sie den Grund, worauf die Aehnlichkeit und Verwandtschaft der Dinge beruhet, sorgfältig anzeigen. Nichtsdestoweniger giebt es gewisse strenge und einigermassen trockene Köpfe, welche an dergleichen ähnlichen Bildern keinen Geschmack finden, sondern davor halten, die Gleichnisse seyen niemahls bequem einen Gedancken zu erleuchten, oder in einen hellern Tag zu setzen, weil sie allezeit sehr unvollkommen seyn, zumahl in der gantzen Natur nicht zwey einander vollkommen ähnliche Dinge anzutreffen seyn, und auch in den ähnlichsten sich nicht wenige Stücke von einander unterscheiden lassen. Und hieraus schliessen sie auch, daß man weit besser thue, wenn man sich befleißiget, die Sache, wovon man redet, wohl abzuschildern, als seine Zuflucht zu unvollkommenen Gleichnissen zu nehmen, welche die Sachen nur verstellen und vermischen. Alleine wenn man diese Meinung genau und mit Bedacht untersuchet, so zeigt sich eines Theils, daß sie auf schwachen Gründen beruhet, und andern Theils, daß die philosophischen Köpfe, welchen sie gefällt, hierinnfalls, wie in andern Stücken, mehr auf die Vollkommenheit, als auf die Möglichkeit und die Kraft der menschlichen Wohlredenheit gesehen haben. Denn ob es gleich Grund hat, daß in der Natur nicht zwey Dinge anzutreffen sind, die einander vollkommen ähnlich seyn, und welche nicht in etlichen absonderlichen Stücken etwas unterschiedenes und eigenes haben, so hindert dieses doch nicht, daß zwischen zweyen Dingen nicht in einem, zweyen, oder mehr besondern Stücken und Umständen eine vollkommene Aehnlichkeit herrschen sollte; in so weit, daß der Begriff von einem dienen könne, den Begriff des andern deutlich und mit Nachdruck abzubilden; inmassen eben nicht erfordert wird, daß die Dinge, die in Vergleich kommen, in allen oder den meisten besondern Stücken mit einander übereinstimmen. Daneben gehöret auch mehr Witz dazu, einige Aehnlichkeit zwischen gantz verschiedenen und dem Schein nach überall ungleichen Dingen zu entdecken, welches auch der Phantasie mehr Vergnügen bringet. Alleine gesetzt, daß das Aehnliche in den Vergleichungen nicht allezeit so genau, vollkommen und eintreffend wäre, gesetzt, daß ein philosophischer Geist zuweilen einige Ungleichheit wenigst in den Graden der ähnlichen Würckung oder Leidenschaft wahrnehmen könnte, so sind dennoch die Gleichnisse darum nicht zu verwerfen, weil eine ziemliche Verwandtschaft ohne dergleichen genaue Ubereinstimmung schon zulänglich seyn kan, unsere undeutlichen und ungewissen Begriffe klar zu machen, wie denn die Wohlredenheit und Poesie daran nicht genug haben, daß sie die Dinge bloß in ihrem eigentlichen und natürlichen Masse vorstellen, sondern aus Furcht, daß sie sich nicht deutlich und kräfftig genug ausdrücken, und daß sie also in die prosaische Mattigkeit verfallen, allezeit beflissen sind, dem wahren Masse des Begriffes einen Zusatz von Licht und Nachdruck zuzulegen; sie überlassen die wahren Begriffe in ihrer nackenden Gestalt den Weltweisen, und lassen sich an den wahrscheinlichen begnügen. Derowegen haben auch wohlerlesene und wahrscheinliche Gleichnisse in allen Gattungen oratorischer und poetischer Schriften Platz, und bringen der Rede allemahl viel Licht, Glantz und Zierde. Was endlich den vermeinten Vorzug lebhafter Beschreibungen und Schildereyen anbelanget, so will ich zwar denselben nicht streitig machen, nur will ich dieses dabey erinnern, daß eine Menge Begriffe sich unmöglich anderst als durch ähnliche Bilder und Gleichnisse erklären und ausdrücken läßt, und dieses macht sie in einer Schilderey der Dinge, die vollkommen seyn soll, lediglich nothwendig. [...]

Gleich die erste Absicht der Gleichnisse, von der ich in diesem ersten Abschnitte zu handeln habe, bestehet darinnen, daß sie einen Gedancken in ein volles Licht setzen, damit der Leser von demjenigen was man vorstellig machet, einen deutlichern und lebhaftern Eindruck bekomme, so fern ist es, daß ein Redner oder Poet derselben entbähren könne. Es giebt eine Menge Dinge, von welchen niemand andere als dunckele Begriffe haben kan, und welche sich nicht beschreiben lassen, weil keine Merckmahle in denselben vorhanden sind, die man von einander unterscheiden könne. Da ist kein anderer Weg, diese dunckele Begriffe andern beyzubringen, als daß man ihnen die Sachen selbst in ihrer Natur, oder wenigst in einem ähnlichen Bilde, vor Augen leget.

§ 7. Immanuel Jakob Pyra (1743)

Wahrheit und Wahrscheinlichkeit.
(Der Streit um Milton)

Die Gottschedianer sagen: Er (Bodmer) hätte den Ausdruck die mit Strömen und Wirbelwinden vom Feuer überschwemmt lagen, schlecht verteidiget. Aber warum ist es dann so schlecht? Sie sagen: man könte sich in der Hölle nimmermehr Ströme und Wirbelwind, stürmisch Feuer und Überschwemmen vorstellen. Warum? Sie sagen es, und mehr thun sie nichts, als sagen. Aber, sie haben ja als eine mögliche Bedingung bey dieser vermeinten unmöglichen

Vorstellung zugelassen, daß man sich von der Hölle phantastische Vorstellungen machen könne; Warum geht es denn nicht an? Sie mögen dis Wort nehmen wie sie wollen, so betrügen sie sich. Legen sie es aufs schlimste aus, so daß es wiedersinnisch heissen soll, so wiedersprechen sie sich selbst. Denn ihrer Meinung nach ist ja das wiedersinnisch. Ich bitte sie aber zu überlegen; ob dis nicht, damit ich kein härter Wort brauche, ungemein unbedachtsam ist, zu sagen; Daß es phantastisch sey, die Hölle, als einem Meerbusen oder einen Pfuhl voll Feuer vorzustellen? Wissen sie dann nicht, daß die Schrift eben solche Vorstellungen und Ausdrücke braucht? Ja ihr nachfolgendes Urteil berechtigte mich zu einem weit härtern Ausspruche. Soll es aber so viel heissen als phantasiereich, oder Vorstellungen der Phantasie, so verrathen sie deutlich, daß sie weder die Dichtkunst noch Philosophie recht verstehen, und in der einen vielleicht so grosse Helden sind, als in der andern. Es ist ein Unglück, daß heute zu tage jeder ein Kunstrichter seyn will, so bald er in seinem finstern Gehirne nur ein wenig Licht spüret. Kaum hat er Gottscheds Anfangsgründe und seine critische Dichtkunst zum ersten mal gehöret, und sich in vertrauten Gesellschaften ein wenig geübt; so gläubet er, daß nun über sein critisches Gerichte nichts mehr erhoben wäre. Er beurteilet; aber alles nach einen Leisten, oder verwirrt durch einander. Er hat etwa ein paar Regeln von logicalischen Erklärungen und Beschreibungen mit dem Gedächtnüsse aufgeschnappt; darnach richtet er nun alle poetische Vorstellungen, und ein paar Gesetze des Erweises; darnach urteilet er alle Reden. Weil die meisten aber doch zum Unglücke es nur halb gefasset; so machen sie Erklärungen, die oft schlechter als poetische Beschreibungen aussehn, und Demonstrationes, wie Erfindungen; oder daß ich mit dem sinnreichen Hr. Liscow rede: Sie demonstriren in ihren Reimen und dichten in ihren Demonstrationen. Eben so vernünftig gehen sie mit andern um; Aber lehrt das die Vernunftlehre? Muß ich denn nicht die Vorwürfe unterscheiden? Ist es nicht höchst unvernünftig, von den Würkungen der Einbildungskraft und des Witzes, wie von den Würkungen der Vernunft zu urteilen? Hat denn nicht jedes seine besondre Rechte? Es ist wahr, der Vernunft ihr Richteramt erstreckt sich auch über die Würkungen der Einbildungskraft und des Witzes. Da aber die unmöglich anders, als nach den ewigen Gesetzen ihrer Natur erfolgen können; so ist es ihre Schuldigkeit, sie dagegen zu halten, und nach dem Verhältnüsse mit denselben ihr Urteil abzufassen. Sie darf also eine Erfindung nicht, wie eine philosophische Demonstration, oder einen sinnreichen Gedanken und Ausdruck, wie einen philosophischen Satz richten. Das philosophische muß allemal wahr seyn; das poetische nur wahrscheinlich. Die Einbildungskraft also bildet ihre Vorstellungen nur nach dem Glauben und dem wahrscheinlichmöglichen. Es ist genung, wenn es nur Hypothetisch wahr ist, und das verwandelt sie ins würckliche. Dis bedeutet das gewönliche Wort, Schöpfungskraft, womit man sie beehret. Ihre Vorstellungen dürfen nur klar seyn. Da nun einmal die Schrift von einem brennenden Höllenpfule redet; so hat der Poet ohnstreitig Recht, auf diesen Ausspruch andre wahrscheinliche Erfindungen zu gründen. Er kan also demselben Ströme oder Fluten, Feuerwürbel und überschwemmen zuschreiben, und dis nach dem Rechte des Witzes, oder der Aehnlichkeit: Weil sich dis auf Seen findet. Man wird zwar einwerfen: Der allerheiligste Lehrer habe dis nur im verblümten Verstande genommen. Aber muß man nicht zugestehen, daß er diese Ausdrucke nicht umsonst gebraucht; sondern damit allerdings eine Absicht gehabt? Was kan das vor eine andre gewesen seyn, als eine solche, die denselben gemäß ist? Was ist den Allegorischen Vorstellungen aber für eine andre gerecht, als auf die Einbildungs-Kraft und dadurch aufs Hertz zu würken; und zwar hier dieselbe zu schrekken. Eben das hat unser Dichter mit dieser Stelle bewundernswürdig gethan. Was kan erschrecklicher seyn; als wann man diese unseelige Geschöpfe nicht nur in einem Feuermeere liegen, sondern gar von wütenden Fluten, die von Wirbeln eines stürmenden Feuers toben, überschwemmet siehet? Aber, wird man sagen: Das könnten nur die niederträchtigsten Gemüter mit Vergnügen lesen. Laßt uns sehn, was das heist eine Schrifft mit Vergnügen lesen? Nicht wahr? Es geschieht dann, wann ich die Vollkommenheit derselben erkenne? Diese aber muß ich nach der Natur ihrer Art beurteilen. Da nun ein Gedichte dann vollkommen ist wann es viel phantasierische Vorstellungen hat; so frage ich, ob der nicht ein völliger Thor ist, der in einer solchen Schrift was anders suchet, und stat des sinnlichen Vergnügens der klaren Vorstellung und der wahrscheinlichen Möglichkeiten, das philosophische Vergnügen, und die Lust der Wahrheit fordert.

Die Grenzen der Einbildungskraft und die ästhetischen Konsequenzen: Von der Unähnlichkeit in der Nachahmung

Ich unterstehe mich also, zu behaupten, daß man zuweilen die Nachahmung der Sache, der man nachahmet, unähnlich machen soll. Ist es denn also möglich, daß in einer Sache Aehnlichkeit und Unähnlichkeit beysammen seyn sollen? So ist die Nachahmung nicht ein Werk, welches man bloß darum unternimmt, daß man ein Bild hervorbringen möge, welches seinem Vorbilde ähnlich ist? nicht ein Werk, welches desto vollkommener ist, je mehr Eigenschaften die nachgeahmte Sache von der wahrhaften an sich nimmt; welches desto mehr vergnügt, je näher es ihr kömmt, und welches desto weniger gefällt, je mehr es sich von ihr entfernet, ja, welches uns sogar Misvergnügen machet, wenn wir Unähnlichkeiten daran wahrnehmen? Ich gestehe dieses alles zu, und wenn man noch etwas von mir verlangt, welches aus eben diesen Gründen fließt, so will ich auch das zugestehen.

[...]

Ich will mit meinen Lesern aufrichtig umgehen. Ich will mir alle Ausflüchte verschließen, welche hernach meinem Satze einen andern Verstand geben könnten, als es anfangs geschienen hat. Dieses ist nicht das einzige, was ich verlange, sondern ich bin überzeugt, daß man die Umstände seines Vorbildes zuweilen anders vorstellen muß, als sie wirklich sind; daß man öfters nur wenige Züge von derjenigen Sache, die man abschildert, behalten darf; kurz, daß man oft, wenn man nachahmet, die ganze Sache, der man nachahmet, so zu sagen, verwandeln muß. Denn aus welchen Ursachen ahmet man nach? Thut man es, damit man bloß nachgeahmet haben möge? oder unternimmt man eine so künstliche Sache nicht um ihrer selbst, sondern vielmehr um eines entferntern Endzweckes willen? Ist das erstere die wahre Ursache; so ist derjenige im Nachahmen der allervollkommenste, welcher sein Vorbild nicht abschildert, sondern von neuem erschafft; welcher, wenn er einen Garten zum Gegenstande seiner Nachahmung wählen soll, denen, die er dadurch ergötzen will, nicht ein Bild eines Gartens zeigt, sondern einen wirklichen Garten hinbauet; und welcher nicht durch einen verführerischen Betrug, sondern durch die Wahrheit selbst, die andern überredet, daß sie diejenige Sache finden, welche nachgeahmet worden ist. So hoch ich auch die Nachahmung schätze, so kann ich sie doch nicht unter die hohen und würdigen Dinge rechnen, die man, wie die Tugend, bloß um ihrer selbst willen, unternehmen muß.

Ich will von meinen Lesern zuerst nur wenig fordern. Man wird mir wenigstens so viel zugeben, daß man die Nachahmung deswegen unternimmt, damit andere die Aehnlichkeit derselben wahrnehmen mögen. Dieses ist der letzte Endzweck des Nachahmens noch nicht. Aber er ist derjenige, durch welchen die übrigen erhalten werden. Eine Nachahmung ist todt, welche von niemanden beobachtet wird, und belohnet demjenigen seine Mühe schlecht, dem sie ihren Ursprung zu danken hat. Ist es aber wahr, daß wir nachahmen, damit andere die Aehnlichkeit unserer Bilder mit ihren Vorbildern bemerken; so müssen wir so nachahmen, daß unser Bild mit dem Begriffe, welchen andere von dem Vorbilde haben, übereinkömmt. Denn nach ihren Begriffen werden sie uns richten, und unsere Bilder entweder als ähnlich loben, oder als unähnlich tadeln und verachten. Wovon hat man aber Begriffe, die mit der Sache selbst genau übereinkommen? Zur Noth von demjenigen, was zu unsern Zeiten geschieht, und auch von diesem nicht allezeit.

Ahmet man aber wohl dem am meisten nach, was zu unsern Zeiten geschieht? Wo bleiben denn die Helden des Alterthumes, die man auf unsern Schaubühnen lebendig machet? Kann sich unter uns, die wir uns der Gelehrsamkeit widmen, ich will nicht sagen, unter dem Volke, jemand rühmen, daß er den wahren Agamemnon, den wahren Achilles, den wahren Brutus kennet? Die Zeit, die den Ruhm der Menschen, wenn er gering ist, noch mehr verringert, wenn er aber groß ist, vermehret und höher hebt, hat diese Helden in unsern Gedanken weit über ihr gewöhnliches Maaß vergrößert. Ihr Menschliches ist an ihnen gestorben, und ihr Göttliches lebet allein noch in unserem Angedenken, und es lebet nicht nur, sondern es hat auch von der Zeit, die sonst nichts unverzehrt läßt, seinen Zusatz erhalten. Entfernte Dinge verkleinern sich vor unsern Augen, aber entfernte Helden sehen in unsern Gedanken allezeit größer aus. Ja, wie wollen wir sagen, daß wir nicht falsche Begriffe von den Helden der vergangenen Zeiten haben; da wir überhaupt von den gekrönten Häuptern selten richtig denken? Es ist billig, daß uns die Ehrfurcht hindert, an den Göttern dieser Welt den Menschen wahrzunehmen. Die Pflicht billiget sogar die falschen Begriffe von unsern Beherrschern, weil sie unsern Gehorsam befördern; und unsere Vorurtheile von den Großen der Welt sind glücklich; weil wir uns unglücklicher achten würden, wenn wir diejenigen, die über uns sind, uns gleich schätzeten. Kurz, wir haben von einem großen Theile der Dinge, denen wir nachahmen, falsche Begriffe. Saget man, daß nur der Pöbel sich durch den Schein blenden lasse, und die Helden sich größer vorstelle, als sie es verdienen; so werden sehr wenige seyn, die in diesem Falle nicht zum Pöbel gehören. Gesetzt, man bestreitet seine Vorurtheile, und findet ein Mittel, die Großen zu betrachten, ohne von ihrem Glanze geblendet zu werden; wie lange können wir wohl dieses Glas, welches ihnen die Stralen benimmt, vor den Augen behalten? Unser Verstand dringt auf einige Minuten in ihre Cabinette. Er sieht darinn eben sowohl, als in den Zimmern der Niedrigen, hier einen Tartüffe, dort einen George Dandin, dort einen Sganarell. Aber kaum wird unsere Einbildungskraft rege gemacht; so messen wir dem Rufe wieder Glauben bey, den wir vorher Lügen gestraft, und wir können die Bilder nicht verlöschen, die wir uns aus der allgemeinen Meynung der Leute gemacht haben.

Ich brauche die Großen und die Helden in der Welt, zum Exempel, nicht aus einem Mangel der Ehrfurcht gegen sie, sondern, weil sie die vornehmsten Gegenstände der Nachahmung sind. Ich will an ihnen zeigen, wie falsch die Bilder sind, welche unsre Einbildungskraft von den Dingen hat, die wir insgemein nachahmen. Wenn wir die Beschaffenheit der Begriffe der Menschen untersuchen, so werden wir sie in noch mehrern Dingen falsch befinden. Auch sogar da, wo wir mit dem Verstande zur Wahrheit durchgedrungen sind, wird unsere Einbildungskraft unserm Verstande noch widersprechen. Wir werden anders urtheilen, wenn wir die wahre Beschaffenheit der Sache untersuchen; und anders, wenn wir Vorbild und Bild in unsern Gedanken gegen einander halten. Wir wissen, wie oft es Große gegeben, die sich von der gewöhnlichen Pracht ihres Standes losgerissen. Wer kann sich aber enthalten, daß er sich einen Helden nicht insgemein mit einer ganzen Last von Kostbarkeiten, mit Gold und Edelsteinen bedeckt, vorstellet? Wenn also unsere Begriffe öfters falsch sind, und wenn wir dennoch die Bilder, die wir durch die Nachahmung hervorbringen, den Begriffen der Menschen ähnlich machen müssen; so folgt nothwendig, daß diese Bilder der Sache, die wir nachahmen, nicht nur zuweilen, sondern so oft unähnlich seyn müssen, als die Begriffe, nach denen die Menschen unsere Bilder beurtheilen werden, den Sachen selbst unähnlich sind.

Warum will man aber, daß andre Leute die Aehnlichkeit unserer Nachahmung bemerken? Ich glaube darum, damit sie sich daran vergnügen. Je mehr Vergnügen unsere Nachahmung erweckt, desto schöner ist sie. Also ist es nicht ein Fehler, sondern ein Kunststück, Unähnlichkeit in die Nachahmung zu bringen, wenn mehreres Vergnügen dadurch erhalten wird, wofern nur derjenige, dem zu gefallen wir nachahmen, noch immer Aehnlichkeit zu bemerken glaubt, und das Mittel seines Vergnügens, durch unsere Begierde zu vergnügen, nicht umgestoßen wird. So oft wir einen Geizigen, einen Heuchler, eine Widersprecherinn abschildern; so oft pflegen wir gleichsam einen Herkules zu bilden, in welchen wir, wie die Griechen diesem die Thaten aller Herkulen beylegten, die Thaten aller Geizigen, aller Heuchler, aller Widersprecherinnen zusammenbringen, und auf den wir alles, was nur jemals Lächerliches auf solche Personen gefallen ist, zusammenhäufen. Denn niemals hat die Natur weder die Fehler noch die Tugenden der Menschen so vollkommen hervorgebracht, als die Nachahmung; niemals ist eine so schöne Venus gewesen, als der Stein des Bildhauers, der die Schönheiten der Frauenzimmer einer ganzen Stadt in ein einziges Bild zusammen brachte. Aber, so wird man mir vielleicht einwerfen, wie kann man sagen, daß etwas einer Sache ähnlich ist, dessen Vorbild nirgends gefunden wird, niemals gewesen ist, und zu keinen Zeiten seyn wird? Wie kann man aber, antworte ich, diese Unähnlichkeit tadeln, welche darum von wenigen wahrgenommen wird, weil sich alle solche Thaten zu mindesten an sich selbst als möglich, einbilden können, obgleich die Menge und Zusammenhäufung derselben allzuvielerley Ursachen voraussetzt, als daß wir sie jemals in dem ganzen Zusammenhange der Welt für möglich halten sollten? Wie kann man diese Unähnlichkeit tadeln; da sie allein fähig ist, uns die Neugierigkeit zu belohnen, derentwegen wir eine Satire lesen, oder den Schauplatz besuchen, da wir, wenn entweder die Komödie dem gemeinen Leben, oder das gemeine Leben der Komödie vollkommen ähnlich seyn sollte, entweder in der Komödie einschlafen, oder im gemeinen Leben uns beständig aus dem Athem lachen müßten; kurz, da wir das Vergnügen, das wir daraus schöpfen, nicht genießen könnten, wenn der Komödienschreiber von dem Wahren nicht ein wenig abgewichen wäre?

Ist es aber wohlgethan, Unähnlichkeiten in die Nachahmung zu bringen, wenn man dadurch ein größres Vergnügen erhalten kann; so ist man schuldig, es zu thun, wenn das Vergnügen, das wir suchen, wieder durch die Aehnlichkeit unterbrochen würde. Obgleich alle Empfindung der Aehnlichkeit Vergnügen erwecken muß, so kann doch dieses Vergnügen nicht bey allen Dingen kräftig und lebendig in uns werden. Der Abscheu vor der Sache, die uns vorgestellt wird, tödtet öfters die Lust; die wir aus der Aehnlichkeit derselben empfinden wollen, und gebiert statt derselben in uns Widerwillen und Ekel. Sollten uns Raserey, Ohnmacht, und Tod so schrecklich abgebildet vor Augen stehen, als sie in der That sind; so würde öfters das Vergnügen, das uns die Nachahmung derselben gewähren sollte, in Entsetzen verkehrt werden. Das Röcheln und Zücken eines Sterbenden würde die Beherztesten aus ihrem Vergnügen reißen, und die Erinnerung, daß es nur ein Betrug sey, würde zu schwach seyn, unser Gemüth, welches einmal von traurigen Empfindungen voll wäre, wieder aufzuheitern. Soll man diese Vorstellungen aber gar unterdrücken? Wenn man sie, ohne Misvergnügen zu erwecken, nicht völlig nachahmen kann; so kann man sie auch nicht hinweglassen, ohne den Menschen die lebhaftesten Vorstellungen zu rauben. Es ist kein andres Mittel übrig, als daß wir diese Bilder den Vorbildern unähnlich machen. Ich verlange nicht, daß man unter dem Weinen und Geschreye der Umstehenden, wenn alle seufzen und ausrufen: Ach er wird blaß! ach er erstarrt! ach er stirbt! einen armen Sterbenden, welcher jetzt die Augen zuthun sollte, mit seinen schwachen Füßen bemühen und vom Schauplatze abtreten lassen solle, damit er nicht vor den Augen der Zuschauer sterbe. Aber man wird wenigstens dasjenige, was bey dem schrecklichen Augenblicke des Todes noch sanftes und süßes wahrgenommen werden kann; ganz gelinde Bewegungen; ein Hauptneigen, welches mehr einen schläfrigen Menschen, als einen, der mit dem Tode kämpft, anzuzeigen scheint; eine Stimme, welche zwar unterbrochen wird, aber nicht röchelt, zu der Vorstellung des Todes brauchen können; kurz, man wird selber eine Art des Todes schaffen müssen, die sich jedermann wünschen möchte, und keiner erhält.

[...]

Aber habe ich etwa dadurch der Unähnlichkeit zu einer zügellosen Herrschaft verholfen? Habe ich dadurch vielleicht ein Feld geöffnet, wo man ohne Regel herumirren, und seine Hirngespinste für Nachahmungen verkaufen wird? Nichts weniger, als dieses. Das Verbrechen dererjenigen, die ohne Ursache ihren Nachahmungen Unähnlichkeiten einmischen, würde desto wichtiger seyn, da man so wichtige Ursachen haben muß, zu dergleichen Unähnlichkeiten berechtigt zu seyn. Desto eifriger muß man sich bemühen, seinem Vorbilde nahe zu kommen, wo es die Regel nicht verbietet, damit man durch die übrigen Aehnlichkeiten die regelmäßige Unähnlichkeit des Bildes überdecken und verbergen möge. Denn es macht allezeit Misvergnügen, wenn man die Unähnlichkeit bemerket. Man entschuldiget dieselbe, wo sie der Zwang verursacht, und wo sie einem wichtigern Misvergnügen abhilft. Aber man lobt sie alsdann erst, wenn man sie nicht wahrnimmt, und wenn die Unähnlichkeit selbst Aehnlichkeit zu seyn scheint. Kurz, es ist kein Verbrechen, die Aehnlichkeit zu übertreten; aber es ist schon ein Fehler, sich merken zu lassen, daß man sie übertreten hat, und die Unähnlichkeit in seinen Nachahmungen den Sinnen seiner Richter empfindlich zu machen.

III. PLÖTZLICHE AUFKLÄRUNGEN – GESCHMACK UND GENIE

§ 9. JUSTUS MÖSER (1747)

Die unerschöpfliche Tiefe der Naturregeln

Ein Redner, ein Maler, ein Dichter, ein Frauenzimmer und, damit ich es kurz fasse, alles, was Geschmack haben will, soll der Natur folgen und diese allein zum Urbilde erwählen, sagt, schreibt und denkt ein jeder Richter des Geschmacks. Dennoch aber ist niemand, der mir einige Anleitungen geben kann, auf was Art ich die Natur erkennen und meinen Geschmack darnach einrichten soll. Denn außer, daß die Kunst sich immer mit dem Äußerlichen der Natur schminken will: so habe ich aus der Erfahrung gelernet, daß hundert Personen in einem nämlichen Stücke die Natur geschildert und getroffen zu haben vorgaben, die doch alle verschiedene Abbildungen davon darlieferten. Wem soll ich nun trauen? Ein jeder sagt: Meines ist die durch den Pinsel vervielfältigte Natur. Meine Empfindung aber ist ihnen zuwider. Woher weiß ich aber, daß meine Empfindung die richtigste ist? Vielleicht gehöre ich mit zu den Hunderten, die ihre Empfindungen der Natur leihen und sich in dem Geschmacke irren?
[...]
  Ich gestehe, diese große Ungewißheit macht mich oft irre. Indessen, wenn man die Wahrheit nicht haben kann, muß man das Wahrscheinliche wählen. Wahrscheinlich ist es, daß dasjenige, was vielen und lange gefallen, der Natur gemäß und schön sei. Diesen Vorzug haben verschiedene unter den Alten und Neuern: wer also an solchen Mustern *aus eigner und lebhafter Empfindung* Geschmack findet, der kann mit Wahrscheinlichkeit schließen, daß seine Empfindung glücklich und gut sei. Nichts ist gewisser, als daß eine gesetzte Empfindung das Ähnliche überall wahrnehme. Und weil überhaupt das Herz den Verstand selten betrogen hat, wenn es auf den Geschmack angekommen: so kann man mit großem Scheine seiner Empfindung, wenn sie allgemein ist, nachfolgen.

Die Natur handelt sowohl nach Regeln als die Kunst, nur mit dem Unterscheide, daß diese endlich, jene aber unendlich sind. So sehr also eine Sache, die unendliche Mannigfaltigkeiten nach unzähligen Regeln in einer Übereinstimmung darbietet, andre übertrifft, wo nur eine gewisse Zahl von Dingen nach einigen gegebenen Regeln zusammen geordnet sind, so sehr übertrifft auch die Natur die Kunst. Ein abscheulicher Fels, ein Kolossus, eine fürchterliche Grotte, ein himmelstürmender Berg scheinen oftmals dem kleinen Künstler unförmliche Mißgeburten der Natur zu sein. Sobald er aber, durch die Schranken seiner Begriffe nicht gehindert, alle diese Dinge in ihrem wahren Gesichtspunkt betrachten kann: so erstaunet er über die wundernswürdig schöne Verhältnis aller dieser Dinge. Er findet, daß der unförmliche Kolossus in einer seinem Auge gemäßen Entfernung die Stärke mit der Zierde nach dem Urteil Popens und aller guten Empfindungen vereinige und daß dasjenige, was anfangs ein glücklicher Eigensinn der Natur geschienen, die unerschöpfliche Tiefe ihrer Regeln sei.

Alle diese Regeln lassen sich durch endliche Begriffe in kein System bringen. Daher rät man oft einem Dichter oder Maler, den gar sehr betretenen Weg der Kunst und ihrer bekannten Regeln zu verlassen und nach dem Vorgange der Natur auf eine scheinbar verwegene Art auszuschweifen. Er tut es und gefällt. Man meint und sagt, er sei von den Regeln abgewichen. In der Tat aber hat er nur die bekannten verlassen, und unsre Empfindung merket mit ihren nebelhaften Blicken das Schöne in seinem exzentrischen Schwunge; allein, sie kann von solchen Sachen wegen ihrer Kurzsichtigkeit noch keine allgemeine Regeln abziehen. Sie erkennet die glückliche Würkung dieser scheinbaren Verwegenheit oder vielmehr gar zu hohen Vollkommenheit und erstaunet.

Daher kömmt es, daß man oft urteilet, dieser oder jener Dichter würde schön geschrieben haben, wenn er mehr Fehler gemacht und weniger regelmäßig geschrieben hätte. Man erhebt einen andern, der mit einem glücklichen Schwunge sich erhoben, sich und die Natur verlassen, die höchsten Klippen befahren und bei jedem Flug einen Sturz in den tiefsten Abgrund fürchten lassen. Eine solche Beurteilung scheinet lächerlich zu sein. Alles, was wider die Regeln ist, kann ohnmöglich gefallen, alle würkliche Verwegenheit ist durchgängig tadelnswert. Allein, man sollte eine solche Beurteilung näher ausdrücken. Eine fürchterliche Grotte scheinet alle bekannten Regeln zu verletzen. Alles scheinet verkehrt angebracht und unserm Auge wider die gewohnte Verhältnis zu sein. Eben dieses scheinet uns bei denen sogenannten glücklichen Ausschweifungen der Dichter Platz zu haben. Allein, man sollte von beiden sagen: die gewohnten Verhältnisse, die kleinen und bekannten Regeln wären von der innerlichen Größe anderer verschlungen. Sie wären zu nichts geworden. Die Größe der Natur verlangete dieses Opfer der Kunst. Der Dichter hätte die Regeln verlassen müssen, weil die Unendlichkeit des Großen es erfordert hätte, so wie der Schöpfer dieser Welt oftmals scheinbare Unvollkommenheiten unsern kurzen Augen zurücklassen müssen, um sich in dem Ganzen desto vollkommner zu zeigen. Eine kleine Regel höret auf, eine solche zu sein, wenn eine größere unser Absicht gemäß ist. Sie wird alsdenn zu einem Fehler. Es ist eine kleine Regel, seine Kinder erhalten. Allein, es würde ein Fehler werden, wenn die Wohlfahrt der ganzen Welt durch deren Tod erhalten werden könnte.

Es ist also nur ein Wortspiel, wenn man sagt, ein Dichter hätte den Fehler, daß er keine Fehler hätte. Er sündiget bei seinen ungewohnten Entzündungen, wenn sie das Glück haben, überall und lange zu gefallen, gegen keine Regel, weil er zu Erhaltung seiner Absicht nur einer größern gefolgt, wodurch die kleinere aufgehoben worden, so wie der Maler einer Waldung die Züge von jedem Blatte unausgedrucket lässet und nur dem in die Augen fallenden Ganzen Verhältnis, Größe, Licht, Tiefe und Ausdruck giebt. Denn große Schönheiten haben das zum voraus, daß sie uns auf einmal erfüllen und uns keinen Augenblick Zeit lassen, die vermeinte Verabsäumung kleiner Regeln zu bemerken. An einem großen Dichter nimmet man so wenig einen harten Reim als an einem sterbenden Cato die Falten seiner Manschetten wahr.

Man sagt oft, eine Sache sei gar zu schön und mit Zieraten überhäufet; urteilet von meiner Nachbarin, sie sei mit so vielen Schleifgen, Bändgen, Rösgen, Pflästergen, Blümgen und Schnörkeln gezieret, daß sie dadurch häßlich würde. Allein, eine Schönheit an sich kann niemals zu groß sein. Der Fehler liegt aber darin, daß ihre Begriffe keinen rechten Umfang und ihre Regeln keine rechte Größe haben. Er liegt in der übergroßen Anbringung verschiedener kurzen Regeln, die sich oftmals wundern, wie sie bei einer Person zusammenkommen. Nach diesen heftet man einige einzelne Schönheiten zusammen, ohne daß sie jemals ein Ganzes ausmachen oder eine Verhältnis zur nötigen Größe erlangen, denn

eine jede Sache muß in sich ein Ganzes ausmachen und aus wohl-
füglichen Teilen bestehen. Sie muß eine Größe haben, zu welcher
sich in einem gesetzten Ebenmaße alle Teile verhalten. Die Art
der Zusammenfügung muß nach derjenigen Baukunst geschehen
sein, welche die Natur in ihren Meisterstücken beobachtet. Wenn
dieses nicht ist, so wird eine Sache anfangs verwirret und gar
bald lächerlich. Meine Nachbarin wird also lächerlich, da sie ihren
Körper aus unfüglichen, unschicklichen, in gar keiner Verhältnis
stehenden Schönheiten bauet und dadurch zu einer Elementssuppe
wird, worin alle einzelne Sachen schön sind und dennoch keine
gute Suppe ausmachen.

Es sind dieses lauter Umstände, nach welchen man zwar wohl
einige wahrscheinliche Empfindungen, aber keine Gewißheit von
dem guten Geschmack und der Naturfolge erhalten kann. Allein,
man wird doch bekennen müssen, daß wir durch den Verstand
unsre Empfindung zwar urteilen lassen. Allein, wer von der Natur
die rechte Lage eines dazu gehörigen Gemütes nicht erhalten, der
wird schwerlich das Natürliche empfinden und kennen. Ein jeder
siehet dasjenige, was seiner Lieblingsneigung gefällt, als das Beste
an; mithin wird er die Natur allemal in der Gestalt zu sehen
glauben, worin diese es wünschet, und nach dieser Hirngestalt
wird er diese schildern.

Glücklich ist derjenige, der von Natur eine so vollkommene
Empfindung erhalten, daß er sogleich das Schöne empfinden kann.
Denn es lässet sich durch unsre kurze Regeln nicht mit Gewißheit
bestimmen, was natürlich und was schön sei; daher sagt Pope,
es sei wie das Feine in der Musik, welches nur von einem Meister
empfunden werden kann.

§ 10. Georg Friedrich Meier (1748)

»Ein proportionirt Vergnügen.«
Von der anschauenden Erkenntnis

Weil der Geschmack, die Vollkommenheiten und Unvollkommenheiten der Dinge, nur sinnlich und undeutlich erkennt, so ist
es unnöthig und kan nicht einmal gefodert werden, daß man ihm
die Vollkommenheiten und Unvollkommenheiten der Dinge, die
er beurtheilen soll, deutlich und philosophisch vorstelle, und daß

man die Gründe der Urtheile, die man durch den Geschmack fällt, deutlich anführe. Es ist demnach ungereimt, wenn man alle Beurtheilungen der Kunstrichter, von denen sie keinen Beweis angeben, unter dem Namen der willkürlichen Machtsprüche verwirft. Unterdessen ist es eine Verwegenheit eines Kunstrichters, wenn er nicht einmal einen Grund angeben kan, warum er seinen Geschmack für richtig hält, und demohnerachtet sich auf die Urtheile desselben verläst. Der Geschmack ist kein willkürlicher Gesetzgeber und ob man gleich nicht die einzeln Urtheile des Geschmacks beweisen kan, so muß man doch einen zureichenden Grund, von der Richtigkeit des Geschmacks überhaupt, anzugeben im Stande seyn.

[...]

Der anschauenden Erkenntniß ist die symbolische entgegengesetzt, wenn wir uns eine Sache unter Zeichen vorstellen, und zwar so, daß wir auf die Zeichen mehr Achtung geben, als auf die Sachen. Da nun alle symbolische Erkenntniß matt und todt ist, so verursacht dieselbe allezeit einen Fehler der Beurtheilungskraft, und man muß sich daher bey der Ausbesserung des Geschmacks hüten, daß man sich nicht gar zu ausschweifend auf die sygmbolische Erkenntniß befleißige. Daher komts, daß die Philologie dem guten Geschmacke gar zu nachtheilig ist, wenn man sie allein gar zu stark treibt. Ein blosser Philologus liest den *Homer* und *Virgil*. Er declinirt und conjugirt alle darin vorkommende Hauptwörter, und kennt die Schönheiten der Gedanken nicht einmal. Vergleichungsweise sind die Philologi die grösten Pedanten, und sie nähren ihren Geschmack mit blossen Kleinigkeiten, Buchstaben, Sylben und Worten. So ofte man also, bey der Beurtheilung eines Gedichts und dergleichen Werke des Geistes, entweder allein oder zuerst und vornemlich auf die Worte sieht, so ofte verräth man einen sehr kleinen und schlechten Geschmack. Diejenigen, die so sorgfältig an den Worten künsteln, übersehen mehrentheils die wichtigern Schönheiten und Häßlichkeiten.

Man muß, über die Schönheiten und Häßlichkeiten, ein proportionirt Vergnügen und einen proportionirten Verdruß empfinden. Sehr schöne Dinge müssen uns sehr gefallen, und je schöner sie sind, desto mehr müssen sie uns gefallen. Sehr häßliche Sachen müssen uns sehr mißfallen, und je häßlicher sie sind, desto mehr müssen sie uns mißfallen. Es ist jederzeit ein kindischer Fehler des Geschmacks, wenn uns kleinere Schönheiten mehr vergnügen, als grössere, und kleinere Häßlichkeiten stärker mißfallen als grössere. Mancher Kunstrichter liest ein mittelmäßiges Gedicht mit Entzückung, wenn nur die Worte recht fliessen und klappen, er kan aber vor Verdruß sich nicht überwinden ein hallerisches oder ein anderes göttliches Gedicht zu lesen, weil etwa die Schreibart ein wenig holperich ist, und seinen weisianischen Ohren wehe thut. Das heißt Mücken saugen, und Camele verschlucken.

Es ist unmöglich, die Vollkommenheit oder Unvollkommenheit, die Schönheit oder Häßlichkeit einer Sache zu erkennen, wenn und in so ferne uns die Sache selbst unbekant ist. Wer demnach eine unbekante Sache, oder eine Sache, in so ferne sie ihm unbekant ist, beurtheilt, der übereilt sich und urtheilt auf ein Gerathewohl. Es ist ein blosses Glück, wenn er richtig urtheilt. Ehe wir also eine Sache nach dem Geschmacke beurtheilen, müssen wir sie hinlänglich kennen lernen. Gleichwie ein vernünftiger Richter nicht eher das Urtheil spricht, ehe er sich nicht aus der Species facti hinlänglich unterrichtet hat.

Wenn es nöthig ist, gegen eine Sache, in Absicht auf diese oder jene Schönheit und Häßlichkeit derselben, gleichgültig zu bleiben, und weder Vergnügen noch Verdruß darüber zu empfinden; so muß man von diesen Schöheiten und Häßlichkeiten, nach den Regeln des dritten Abschnitts, abstrahiren. Nun aber ist es unmöglich, es ist auch moralisch unmöglich, über alle Schönheiten und Häßlichkeiten aller Dinge, die wir uns vorstellen, ein Vergnügen oder Mißvergnügen zu empfinden, folglich haben wir ofte nöthig diese Regel in Uebung zu bringen.

§ 11. Friedrich Nicolai (1755)

Das Genie und die unpoetische Welt

Vielleicht scheinet es Ihnen eine paradoxe Frage, warum die Deutschen in so vielen Stükken mittelmäßig geblieben sind? Vielleicht würden sie mir gar nicht einmahl Beifall geben, wann ich Ihnen sagen wolte, in wie vielen Stükken wir uns, meines Erachtens, noch nicht über das Mittelmäßige erhoben haben: Die Liebe zu seinem Vaterlande ist zuweilen sehr verführerisch, aber Sie müssen dieser Liebe ohnerachtet, eine grosse Menge elender Schriftsteller

bei uns bemerket haben, und die Ausschweifungen der beiden Par-
theien, die noch immer ein Recht auf die Herrschaft über den
deutschen Wiz zu haben glauben, können Ihnen nicht unbekannt
sein; Sie werden mir also wenigstens Recht geben, wann ich behaupte: daß wir in den meisten Theilen der schönen Wissenschaften, noch nicht zu der Höhe gestiegen sind, darauf wir unsere
Nachbarn sehen: Die Natur der Deutschen selbst kan hieran nicht
Schuld sein, da unser Vaterland Geister gezeiget hat, die sich mit
den Ausländern messen dürfen; Es müssen also Ursachen da sein,
warum der gemeine Haufen unserer Schriftsteller zu unsern grossen Schriftstellern nicht die Verhältniß hat, die der gemeine Haufen der ausländischen Schriftsteller zu der Grösse der berühmten
Ausländer hat. Ich dürfte keinen dürftigen Poeten fragen: Woher
es rühre, daß die schönen Wissenschaften in Deutschland nicht empor kommen können? »Hinc illae lacrumae, würde er sagen: Lieber Herr! es fehlen die Mäcenaten. Man sehe wie die Franzosen
und Engländer ihre wizzige Köpfe besolden, und wie viel Ehre
diese ihren Nationen dafür machen. Wie elend gehet es nicht hingegen einem Deutschen! Die Nahrungssorgen, mit denen er sich
quälen muß, verscheuchen die Musen. Man mache uns so reich,
als einen *Boileau, Pope* und *Voltaire,* wir werden bald *Boileaus,*
Popen und *Voltairen* unter uns aufstehen sehen!« Diese Klage
könnten, ausser meinem Poeten, auch vielleicht Leute von mehrerer Einsicht führen, auf deren Urtheil man glauben solte, sich verlassen zu können; Ich muß aber gestehen, daß ich demselben nicht
völlig Beifall geben kann. Ich habe von den besoldeten Poeten,
und von den Poeten, die nichts, als Poeten sind, meine besondere
Gedanken: Die Malerei, die Bildhauerkunst, die Musik, sind Künste, deren Ausübung so vielen Schwierigkeiten unterworfen ist,
daß, wer darinnen etwas leisten will, sich ihnen ganz widmen
muß; Hingegen die Regeln, und sonderlich die Ausübung der
Dichtkunst, ist so leicht, daß ein gutes Genie, ohne Mühe, sich
darinn eine Kenntniß erwirbt. Ausser dieser leichten Ausübung
der Dichtkunst, ist der Poet, nur in so wenig Stunden ein Poet,
daß, wie mich dünkt, die Republik gar wohl fodern kann, daß
er die übrigen Stunden ihrem Dienste widmen solle: Es ist wahr,
es ist leicht möglich, daß sich der poetische Enthusiasmus und die
Amtsgeschäfte des Poeten, zu gleicher Zeit, einfinden; Aber ein
Poet muß sich hierein zu schikken wissen, er muß bedenken, daß,
wann er auch kein Amt gehabt hätte, seine poetische Hizze doch

öfters hätte gestöret werden können, wann sich ein unbescheidener Gläubiger gemeldet, oder ein Verleger seine Schriften zurük geschikkt hätte. Ein Poet hat ausserdem, so verschiedene Arten von Kenntnissen nöthig, daß er, wann er nichts als ein Poet ist, grosse Gefahr läuft, viele Sachen mit alzu poetischen Augen anzusehen, und es ist daher, wie mich dünkt, ein besonderer Vortheil für ihn, wann er sich in Verbindungen befindet, die ihn öfters aus seiner poetischen Sphäre reissen, und ihn erinnern, daß er in einer sehr unpoetischen Welt lebe. Ich will hiermit gar nicht läugnen, daß es nicht vortreflich ist, wann grosse Schriftsteller belohnet werden, und wann sonderlich denjenigen, die sich mit den grössern Werken der Dichtkunst beschäftigen, die Musse gegeben wird, ohne die sie nichts Vortrefliches leisten können. Aber ich glaube nicht, daß es einem Lande schimpflich sei, wann diese Belohnungen nicht so häufig sind; Besoldungen werden allein keine grosse Geister hervorbringen: Wie viel dunkle Namen finden wir nicht, unter den wohlbesoldeten Mitgliedern der Französischen Akademie? Waren *König* und *Besser* darum weniger mittelmäßig, weil sie Hofpoeten waren? Machen sie, oder ein *Haller, Hagedorn, Rabener, Gleim, Uz,* die alle in unpoetischen Aemtern stehen, unserer Nation mehr Ehre? Ein guter Kopf, der durch beschwehrliche Arbeiten, die er seines Unterhalts wegen unternehmen muß, sein Genie unterdrükket siehet, ist allerdings zu bedauern; Wann ich aber nicht irre, so würden die Reichthümer und die Besoldungen, die unsern Dichtern so nothwendig scheinen, sie vielleicht schläfriger machen, als alle Nahrungssorgen; Ein Deutscher, der so reich wäre, als der Hr. v. *Voltaire,* würde seine Interessen in Ruhe verzehren, und sich wohl hüten, seinen Ruhm durch Trauerspiele, Universalhistorien, und Gedächtnißverse, darüber auf das Spiel zu setzen. Wir dürfen es uns also nicht leid sein lassen, wann unsere schöne Geister ihre meiste Tage mit Beschäftigungen zubringen, über die die Musen nicht präsidiren. Vielleicht müssen wir es den deutschen Fürsten gar Dank wissen, daß sie, durch an schlechte Köpfe ertheilte Pensionen, dem verderbten Geschmakke nicht noch mehr Nahrung gegeben haben. Wir haben davon in allen Nationen Beispiele, und es wäre ein Wunder, wann bloß unter den Deutschen die Belohnungen nur auf die Würdigen solten gefallen sein. Wir können uns also über den Mangel der Belohnungen leicht trösten, und wir würden uns noch leichter trösten können, wann unsere Dichter alle die Gabe hätten, durch die man vorzügliche Belohnungen verdienet; Mich dünkt aber, es fehlet den meisten unter ihnen etwas, das sie durch keine Besoldungen, und durch nichts in der Welt erlangen können, nemlich: *Genie*. Bei vielen Schriftstellern, die unsere Nachbarn für mittelmäßig halten, trift man wenigstens Genie an, ob es gleich ein rohes, unausgebildetes und mangelhaftes Genie ist. Das ist die Ursache, warum viele Schriftsteller, die die Ausländer schlecht nennen, über unsere schlechte Schriften so unendlich erhaben sind; Unsre Buchläden wimmeln von Schriften, denen man die Mühe ansiehet, die sich ihr Verfasser gegeben hat, um einige Blätter *á tout prix* anzufüllen; Könnten Leute, die nur einen Funken des göttlichen Feuers haben, das in einem Dichter lodern soll, so viel matte und prosengleiche Reime, und so viel kalte und nichts bedeutende Prose herfür bringen, als wir von allen Seiten her um uns sehen? Das Genie, die *vivida vis animi*, ist die einzige Thür zu dem Vortreflichen in den schönen Wissenschaften, die Gelehrsamkeit und die Arbeitsamkeit, mit denen unsere schlechten Schriftsteller dasselbe ersezzen wollen, dienen nur den Mangel desselben noch mehr zu verrathen. Eine küzzelnde Begierde, Reime oder sechs Füsse, zu sechs Füssen zu paaren, und die natürliche Fähigkeit, schön zu denken, und feine Wendungen von platten Gedanken zu unterscheiden, muß man ja nicht vermengen; Ein öder Kopf, der sich einfallen läßt, einen schönen Geist vorzustellen, bleibt ewig steif und unnatürlich, wann er sich auch noch so sehr anstrenget; Seine Gedanken tragen beständig die Kennzeichen der Mühsamkeit an sich, mit der sie zusammen gesezt sind: Er haschet das Schimmernde; Der Weg der Natur, der einzigen Quelle aller Schönheiten, bleibt ihm unbekannt, und wann er ihn finden könnte, so sind ihm Kunst und Spielwerke lieber. Ein *Chaulieu*, ein *Caniz* denkt richtig, ohne daß er es selbst weiß, er bestreut jeden Weg mit Blumen, und wann er verführet wird, so sind seine Vergehungen so angenehm, daß wir uns leicht überreden lassen, sie ihm zu vergeben. Das Genie ist der wahre Probierstein eines schönen Geistes, nicht Regeln und eine übel angebrachte Gelehrsamkeit. Ein *Caniz*, eine *Sevigne*, ein *Opiz* werden leben, wann hundert Pedanten ihrer Zeit werden vergessen sein; Es ist wahr, daß das Genie für sich nicht hinlänglich ist, und daß es weiter bearbeitet werden muß: Ich behaupte aber auch, daß es unsern angehenden Schriftstellern, die noch Genie haben, an einem vornehmen Mittel fehlet, dasselbe mehr zu excoliren, nämlich an

Kenntniß und an Umgang mit der grossen Welt: Hiervon rühren ohne Zweifel die meisten Ausschweifungen unserer jungen Dichter her; Sie kennen nichts als ihr Cabinet, ihr Collegium, ihre Universität, auf der sie schreiben: Die Welt, für die sie schreiben, ist ihnen unbekannt. Jungen Leuten, die etwas von der Buchstabenrechnung und den Anfangsgründen der Metaphysik gelernet haben, scheinen diese Sachen viel zu artig, als daß sie sie nicht bey Gelegenheit anzubringen suchen solten; Weil ihnen die philosophische Sprache erhaben deucht, so ist es kein Wunder, daß sie sie in ihren Versen reden, und weil sie ganz genau gerechnet, in dem Vortrag ihrer Lehrer doch auch manches nicht verstehen, so fodern sie von ihren Lesern auch nicht, daß sie alle Verse verstehen sollen, ja sie nehmen sich deswegen selbst nicht die Mühe, sie zu verstehen: Das Tändeln stehet diesen Herren noch weniger an, sie zeigen zu sehr, daß sie nicht in der rechten Schule gewesen sind, ihre zärtliche Zeilen sind mit der auserlesensten Pedanterei begleitet; Sie stellen sich ihre Leser so vor, wie sich: zum Unglük sind sie nicht so. Wann unsere Dichter in vernünftigen Gesellschaften, ein munteres und ungezwungenes Wesen annehmen lernten, so würde die Steife und Pedanterei nicht alle ihre Zeilen verstellen, und sie würden sich vor tausend Unanständigkeiten in acht nehmen lernen, die sie nicht bemerken, die aber der Welt sogleich in die Augen fallen. Die freie Erziehung eines Franzosen unterhält sein Genie, er lernt sich ausdrükken, er lernet, was Wiz und feiner Scherz ist, er wird ein Poet, indem er die Sprache des Herzens oder des Wizzes redet. Der Engländer hat zwar nicht das Geselschaftliche eines Franzosen, sein ernsthaftes Nachdenken aber, und die fleißige Lesung der Alten, schaffen die männlichen Schönheiten, die dieser Nation eigen sind. Ein Deutscher fängt von der Schule an, ein Dichter sein zu wollen, weil er von seinen Lehrern, die vielleicht noch weniger Geschmakk haben, als er, wegen einer unglükklichen Fertigkeit, Verse zu machen, gelobet wird, so glaubt er, das Wesen der Dichtkunst bestehe darinn, weil seine Gedichte niemahls gehörig sind getadelt worden, so glaubt er berechtigt zu sein, sich höher zu schwingen, und das zu thun, was grosse Dichter gethan haben. Haben wir nicht diesem Mangel der Erkenntniß des wahren Wesens der Dichtkunst, die Menge unglükklicher Nachahmer grosser Dichter zu danken, mit denen Deutschland so überschwemmt ist? Ein kleiner Geist will philosophisch schreiben, wie *Haller*; und er schreibt pedantisch und dunkel: Er höret, daß *Kloppstok* ein grosser Dichter ist, und glaubet es, weil er ihn nicht verstehet, er nimmt sich vor, *Kloppstokisch* zu schreiben, und bringt, GOtt weiß! wie abscheuliche und unsinnige Geburten herfür; Ein scherzhafter *Gleim* und *Leßing* scheinen ihm Muster zu sein, die sich sehr leicht erreichen lassen, und er fängt seine Dichterarbeiten, mit matten und abgeschmakkten Tändeleien an, über die ieder, ausser dem Verfasser selbst, einschlafen muß. Wann die wahre Critik, die Kenntniß der Schönheiten der Alten und Neuern, und richtige Bestimmung dieser Schönheiten, ich will nicht sagen, unter unsern iungen Dichtern, sondern nur, unter unsern seinwollenden Kunstrichtern, algemeiner wäre, so würden wir so unsinnige, und sogar unbegreiflich schlechte Geburten bei uns nicht finden. In Paris, in London, ist der Richterstuhl des Wizzes in dem ganzen Lande, man beurtheilet daselbst den Werth der Gedichte, nach dem Beifall, den sie in den Geselschaften, in den Coffeehäusern, in den Cabinettern der Personen von Geschmakk, erhalten. Deutschland ist viel zu weitläuftig, und wird von zu verschiedenen Herren beherrschet, als daß der Geschmakk einer Stadt, den Geschmakk der übrigen solte bilden können, und unsere grosse Geselschaften pflegen sich so wenig mit den schönen Wissenschaften zu beschäftigen: Ein grosser Theil des deutschen Publici ist auch viel zu bequem, als daß er die Gedichte lesen solte, die er beurtheilet, dahero ist es selten zu erwarten, daß man in freundschaftlichen Geselschaften, Gedichte vorlesen und den Werth derselben richtig bestimmen werde. Die gewöhnlichste Art, den Werth der deutschen Werke des Wizzes zu bestimmen, sind die gedrukkten Beurtheilungen, und diese sind es eben, durch die der Geschmakk ihres Landes zuweilen mehr verderbet, als gebessert wird; Die wichtigste Besorgniß, die ein angehender französischer oder engländischer Dichter haben kann, ist, daß die Cabale eines ältern Poeten, ihn nicht, ohnerachtet der Verdienste, die er haben könnte, unterdrücken möge: Dasienige aber, wofür sich ein angehender deutscher Dichter am meisten fürchten solte, ist, meines Erachtens, daß eine Cabale guter Freunde ihm nicht durch unzeitige und unverdiente Lobeserhebungen, die gute Meinung von sich selbst beibringe, die ein ieder sich so leicht gefallen läßt, und die der wahren Volkommenheit, so sehr hinderlich ist; Es ist in Deutschland nichts leichter, als gelobet zu werden, aber eben diese Verschwendung des Lobes, macht, daß wir nicht einsehen lernen, in wie vielen Fällen, wir kein Lob verdienen.

[...]

Gewisse Leute nehmen eine sehr verächtliche Mine an, wann man sich verlauten läßt, daß hier eine Stelle unpoetisch und matt sei, daß dort eine Menge prächtiger Worte nichts sage, daß dort ein weit hergeholter Gedanke, platt und unnatürlich sei; Saget Ihnen vollends ein Wort von dem Wohlklange der Schreibart, von der Richtigkeit der Wortfügung, von der Deutlichkeit und Genauigkeit des Ausdruks, so werdet ihr in ihren Augen die verächtlichste Creatur sein, und ihr möget froh sein, wann sie euch nicht allen Geschmakk und gesunde Vernunft absprechen.

[...]

Die Dichtkunst ist von der leichten Kunst, Reime und Verse zu machen, sehr unterschieden; Lasset uns ihre innersten Gründe untersuchen, und lasset uns die Critik, die alle grosse Geister gebildet hat, nicht scheuen, so werden wir nicht Gefahr laufen, ohne Verdienst zu loben und ungegründet zu tadeln, und wann wir die wahren Quellen des Schönen untersuchen werden, so wird die Partheilichkeit unsern Beifall nicht mehr bestimmen. Die Klagen über das Verderben des Geschmakks, die die eine Parthei anstimmt, so bald die andere sich empor zu heben anfängt, bedeuten nicht mehr, als wann eine Coquette von der andern übels redet. Lasset uns bei unsern Dichtern Genie voraussezzen, so werden wir keine *Aesopische Fabeln,* keinen *Hermann,* keine *Versuche von Trauerspielen,* von ihnen zu befürchten haben. Und wann sie Gelegenheit haben, mit der grossen Welt bekannt zu werden, und zu lernen, wie weit dieselbe von dem Cabinet eines Dichters, oder von einem Hörsaal unterschieden ist, wo wird ihnen auch der Geschmakk der Welt zu bekannt werden, als daß sie nicht befürchten solten, mit *matten Hexametern, unausgearbeiteten Ideen, seraphischen Tändeleien* und *altväterischen Wortfügungen,* ausgepfiffen zu werden. Ich bin etc...

Versuch über das Genie

1.   Die Berufung auf das Gefühl als eine ›unsichere Mystik‹.

Genie haben, oder ein Genie seyn, das sind Ehrentitel, die einen
Künstler, Dichter oder Schriftsteller über den gemeinen Haufen
seiner Zunftgenossen erheben, und ihm einen so vorzüglichen Rang
zuerkennen, der seiner Ehrbegierde sehr schmeichelhaft seyn muß.
Zeigen aber ihre Werke kein Genie; so haben sie auch kein Recht
auf unsre Bewunderung, keinen Anspruch auf die Ewigkeit, und
den Verfasser läßt man, wenn man mitleidig ist, unter den mittelmäßigen stehen.

Diese Ehrentitel müssen doch wohl von ehrwürdiger Bedeutung
seyn, weil sie in der gelehrten Welt einen so hohen Preis des
Ruhms ertheilen, und es muß also einem jeden, der in dieser
Sphäre nach Ruhm begierig ist, ungemein viel daran gelegen seyn,
diese seltene Eigenschaft des Menschen zu kennen, und bey sich
selbst aufzusuchen. Darf ich es gestehen, daß dieses eine mächtige
Triebfeder für mich gewesen ist, mich nach einer richtigen Natur-
geschichte dieses Genies, wenn ich so sagen darf, umzusehen, und
einen Lehrmeister ausfindig zu machen, der mich mit diesem
Ruhm des menschlichen Verstandes näher bekannt machte? Meine
Lehrbegierde aber hat keine hinlängliche Befriedigung gefunden.
[...]

Die göttliche Flamme, das Feuer, das den Busen aufschwellt;
die Muse, die Hypokrene, der Hauch des Apoll, die heilige Wut,
die schöpfende Kraft, und andre prächtige Bilder und Namen,
wodurch man dieses göttliche Vorrecht des Menschen schildern
will, sind zwar schöne poetische Vorstellungen, welche die Vermuthung bey uns erregen, daß das Original davon, ich meyne
das Genie, etwas erhabenes seyn müsse; was es aber eigentlich sey,
wird uns dadurch nicht mehr aufgeklärt. Die Dichter selbst, welche von dem Genie begeistert sind, berufen sich auf ihr Gefühl,
sie empfinden ein Feuer, eine Begeisterung, ein ich weiß nicht was,
in der Zeit, daß sie noch nie gebohrne Gedanken zum Daseyn
bringen, oder bekannte in neue Pracht, Leben und Anmuth einkleiden.

Ich läugne zwar nicht, daß es vielleicht durch eine allgemeine Erfahrung bestätiget wird, die Werke des Genies ließen

sich von einem Kenner und aufmerksamen Geiste jederzeit durch das Gefühl unterscheiden; und wenn es mir erlaubt ist, mich auf meine eigene Erfahrung zu berufen, so habe ich immer in meinem Gesichtskreise die Entscheidung eines Gefühls durch den Ausspruch der Kenner unterstützt gefunden. Wird uns aber dieses Gefühl auf die Natur des Genies führen? Und wer wird Schiedsrichter seyn, wenn der Thor und der verdorbene Kopf eben so wohl als der kluge berechtiget ist, sich auf sein Gefühl zu berufen? Wird denn die Mehrheit der Stimmen nicht immer elende Geburten als erhabene Werke des Genies anpreisen, und der kleine Haufen der Kenner gegen den Schwarm der Blödsinnigen den kürzern ziehen? Wir müssen also diese unsichere Mystik fahren lassen, und uns nach deutlichern Merkmahlen umsehen.

2. Genie und anschauende Erkenntnis.

Wir fühlen, daß in einem Werke Genie sey: was heißt das? Wir fühlen es, daß ein Werk ohne Genie verfertiget sey: was will das sagen? Bey dem Lesen, Anhören oder Anschauen des einen wird uns ein richtiges und lebhaftes Bild von dem Gegenstande, den der Verfasser bearbeitet hat, in die Seele geprägt; wir sehen es selbst in aller der Schönheit, Stärke und Wahrheit, die es seiner Natur nach hat; wir erkennen es für das, was es ist, anschauend; und es erregt alle die Empfindungen in unserer Seele, die das Anschauen des Urbildes selbst von der Seite betrachtet, als es der Verfasser uns zeigt, in uns in Bewegung bringen müßte. Bey dem andern Werke aber bleiben wir kalt und todt.
[...]
Man muß aber durch anschauende Erkenntniß nicht bloß eine sinnliche, oder durch die Sinne erlangte Erkenntniß verstehen, sondern eine jede Erkenntniß, die uns die Sache selbst darstellt, welche durch die Worte bezeichnet wird; eine solche, welche nicht bey den Worten der Definition stehen bleibt, sondern ein inneres Bild in der Seele von dem Gegenstande enthält, wie derselbe in seinen Verhältnissen und Verbindungen beschaffen ist, darinn er sich seiner Natur nach befinden kann: oder, wenn ich mich philosophisch ausdrücken soll; es ist diejenige Erkenntniß, vermöge welcher wir die Sache in concreto erblicken, mit ihren Wirkungen, Zufälligkeiten und Veränderungen, die in derselben aus dem Ver-

hältniß mit andern zu entstehen pflegen. In je mehreren Verhältnissen man also eine Sache erblicken kann, desto größer und reicher muß auch die anschauende Erkenntniß davon seyn.

Wenn dieses wahr ist, so würde folgen, daß ein Mensch, der
die Anfangsgründe der Mathematik nicht fassen kann, aus der
Ursache dumm oder ohne Genie sey, weil er keiner anschauenden
Erkenntniß, die doch darinn so leicht zu erlangen ist, fähig ist;
daß einem überhaupt etwas leicht oder schwer zu begreifen sey,
je nachdem er den anschauenden Begrif der Sache gleich oder erst
nach langem Suchen erreiche; daß dieses endlich entweder von
dem Objekt, oder von dem Subjekt herrühren müsse; von dem
Objekt, wenn der Begrif so abstrakt ist, daß er in concreto schwer
aufgesucht werden kann; oder wenn die Sache nicht ihrer Natur
nach anschauend erkannt werden kann; oder endlich, wenn die
willkürlichen Zeichen des Begrifs kein Hülfsmittel mit sich führen,
die Sache in concreto vorzustellen und die anschauende Erkenntniß derselben zu befördern: von dem Subjekt aber rührte es her,
wenn die Person keine oder wenig anschauende Erkenntniß besitzt; oder wenig Fähigkeit dazu hat; oder nicht Fähigkeit genug
hat, die Sache in concreto ausfindig zu machen. Und hieraus ließe
sich dieser Schluß ziehen:

Wer viel anschauende Erkenntniß, oder viel Fähigkeit dazu hat,
der kann eine Sache leicht fassen; wer eine Sache leicht fassen
kann, der hat Genie; Genie haben, heißt also: anschauende Erkenntniß von Sachen besitzen, oder eine Fähigkeit zu solcher Erkenntniß haben.

3. Anschauende Erkenntnis und Aufklärung.

Wenn es wahr ist, daß die anschauende Erkenntniß einen so wichtigen Theil des Genies ausmacht, so wird man es gar nicht unnöthig
finden, daß wir uns noch mit ihrer nähern Untersuchung beschäftigen, und die Natur derselben etwas deutlicher kennen zu lernen
trachten. Hierzu soll gegenwärtiger Abschnitt gewidmet seyn.

Ich kann mich nie genug wundern, daß diese Erkenntniß von
den Weltweisen so flüchtig übersehen, und nur so ganz obenhin
behandelt worden ist. Man sollte meinen, daß ein Principium der
menschlichen Seele, welches den Menschen allein zu sittlichen
Handlungen Leben und Thätigkeit giebt, ihrer Betrachtung höchst

würdig gewesen wäre. Denn was hilft es uns, daß sie uns unsre Pflichten und die Bewegungsgründe dazu bekannt machen, wenn sie uns nicht zugleich Anleitung geben, diese Bewegungsgründe anschauend zu erkennen, wenn sie uns nicht oft zu Gemüthe führen, daß wir ohne diese Erkenntniß derselben keine Pflicht in Ausübung bringen können; und wenn sie uns nicht allein selbst die Bewegungsgründe dazu anschauend vortragen, sondern auch anweisen, wie wir in jedem Fall die Bewegungsgründe vor oder wider eine Handlung anschauend aufsuchen sollen? So lange eine Sittenlehre diesen Mangel hat, so fehlt ihr das erste und beste Triebwerk, den Menschen zur Ausübung der angepriesenen Tugend zu vermögen; so kann sie für seinen Verstand, aber nicht für sein Herz geschrieben seyn.

Und verhält es sich nicht eben so mit den schönen Künsten und Wissenschaften? Die anschauende Erkenntniß ist die Seele derselben; alles erhabene, große, rührende im Denken und Erfinden, wird durch sie hervorgebracht; sie giebt der Seele Klarheit und Leben; ja auch nur durch sie wird der Ausdruck des Schönen und die Zusammensetzung desselben richtig und wohlgewählt werden. Ich weiß wohl, daß man diese Art der Erkenntniß die sinnliche zu nennen pflegt; aber ausserdem, daß der Ausdruck nicht wohl bestimmt ist, und viele Nebenbegriffe mit sich führt, die Irrthümer in sich fassen, welche nicht anders als durch gehäufte Ausnahmen und Erläuterungen hinweggeräumt werden können; so ist auch nicht eine jede Art der anschauenden Erkenntniß eine strikte sinnliche, das ist, eine undeutliche Erkenntniß. Die anschauende Erkenntniß kann höchst deutlich seyn, wie es an dem vollkommensten Urbilde derselben unwidersprechlich ist, denn Gott muß alles und in allen Dingen anschauend sehen. Der Begriff der anschauenden Erkenntniß würde auch viel fruchtbarer seyn, eine Theorie der schönen Wissenschaften darauf zu bauen, als die wankenden Begriffe des sinnlichen und ästhetischen jemals seyn können; wenigstens würde er mehr Licht und Evidenz in ein solches System bringen, als wir noch bisher darinn anzutreffen glücklich gewesen sind.

[...]

Die Frage, welche einem am natürlichsten einfallen muß, ist wohl diese: Welche Fähigkeiten der Seele sind zu Hervorbringung anschauender Erkenntniß erforderlich, oder vermöge welcher können wir anschauende Erkenntniß erlangen? Wissen wir das, so wissen wir auch, welche Fähigkeiten der Seele das Genie ausmachen, oder worinn es zu setzen sey. Man wird vielleicht durch die gewöhnliche Eintheilung der Weltweisen verführt, mit der Antwort fertig seyn, die untere Erkenntnißvermögen der menschlichen Seele seyn die einzigen Werkzeuge anschauender Erkenntniß. Aber man erlaube mir dieses in Zweifel zu ziehen, oder diesen Satz wenigstens gehörig einzuschränken. Die Eintheilung in sinnliche und vernünftig-deutliche Erkenntniß hat gleichsam die Lehre von der anschauenden Erkenntniß aus unsern philosophischen Lehrgebäuden weggestrichen; oder, wenn man sich ja derselben erinnert, so wird sie mit in den Wirkungskreis der sinnlichen Erkenntnißvermögen verwiesen, unter das Sinnliche gemischt, und dadurch eines Theils ihrer Würde entsetzet. Wer hat den Verstand und die Vernunft von diesem edlen Geschäfte ausschließen; wer hat es wohl aus der Natur der Seele beweisen können, daß diese höhern Fähigkeiten sich nur mit dem allgemeinen, nur mit der sogenannten intensiven Deutlichkeit beschäftigen müßten? Wer hat wohl einen größern Verstand? Derjenige, der eine allgemeine Wahrheit deutlich faßt, oder der, der sie in tausend Verbindungen, in tausend verschiedenen Individuis eben so deutlich erblickt, und sie gleichsam lebendig und wirksam sieht? Ist die Vernunft, welche allgemeine Wahrheiten in Verbindung setzt, vortreflicher, als diejenige, welche die Verbindung dieser Wahrheiten wirklich in der Natur aufsuchen, finden und sehen, welche gleichsam ihre gegenseitige anziehende Kraft mitten in der Operation antreffen kann? Erblickt nicht der Verstand und die Vernunft des höchsten Wesens alles anschauend; und nähert man sich nicht der erhabenen Gottheit; trägt unsre Vernunft nicht ihr Bild, wenn sie nach aller der Kraft, die ihr verliehen ist, Wahrheit und Uebereinstimmung in vielen einzelnen Verhältnissen anzuschauen vermögend ist? In Wahrheit, in je mehrern Fällen, Verhältnissen und Verbindungen, in je mehrern Gegenständen, und auf je mehrern Seiten der Mensch eine Wahrheit, und ihre Uebereinstimmung und Einfluß, sehen und deutlich erkennen kann, desto mehr Aehnlichkeit erlangt seine Vernunft mit der Gottheit, desto größer und erhabener ist sie; anderer Vorzüge und Vortheile anitzt nicht zu gedenken.

[...]

Wenn diese Anmerkungen die Klasse derjenigen Systemerbauer verurtheilen, welche ihren größten Ruhm darinn zu setzen scheinen, eine bloß symbolische Erkenntniß in unserm Vaterlande aus-

zubreiten, und alles Genie sorgfältig bey ihren Anhängern zu unterdrücken; und wenn dadurch das Urtheil der Nachwelt über
sie gleichsam anticipirt wird, und sie von der Höhe des Genies
herabgesetzet werden, worauf sie sich geschwungen zu haben glauben: so erlaube man mir zu sagen, daß dieses Urtheil noch sehr
glimpflich, und das mäßigste sey, das ein Patriot, dem die Ehre
und der Verstand seiner Mitbürger am Herzen liegt, fällen kann.
Denn wer kann es ohne Mitleiden und Betrübniß ansehen, daß
wortreiche Bände mit dem Titel hoher Weisheit prangen, worinn
zwar eine Menge neuscheinender Begriffe, die nach einer metho-
dischen Kunst zusammen geflochten sind, vorkommen; die aber
weder in der Natur gesucht worden, noch auch darinn vorhanden
sind; und welche durch unendliche Tabellen, Eintheilungen und
Untereintheilungen mit großem Gepränge vervielfältiget, dem
Verstande nichts als leere Worte, oder doch unnütze und un-
brauchbare, wo nicht gar bloß in dem Gehirn des Verfassers vor-
handene Geschlechte von Begriffen darstellen? des barbarischen
und alles Anschauen ermordenden Ausdrucks nicht zu gedenken.
Je mehr diese unsers Tadels und Spotts würdig sind, desto mehr
Ruhm verdienen diejenigen wahren Weltweisen, welche es sich an-
gelegen seyn lassen, Wahrheiten, die vor und an sich abstrakt sind,
der Deutlichkeit und Richtigkeit unbeschadet, wenn ich mich so
ausdrücken darf, für die Empfindung ihrer Mitbürger zu bringen;
und den Leser entweder von der Beobachtung der Natur auf die
abstraktesten Wahrheiten, oder von diesen wieder auf die Natur
und auf das wirkliche Daseyn dieser Wahrheiten in der Natur
zurück zu führen; oder wenn ich mich anders vielleicht deutlicher
ausdrücke: welche aus der anschauenden Erkenntniß abstrakte
Wahrheiten sammlen, und diese wiederum anschauend zu machen
wissen. Denn je abstrakter ein Begrif ist, desto schwerer ist er
in der Natur aufzusuchen, desto schwerer ist es, zumal ohne einige
Hülfe der Bezeichnungskunst, ihn anschauend zu machen, oder
in der Natur wieder darzustellen; desto mehr Fähigkeit und
Reichthum der anschauenden Erkenntniß ist zu diesem Unternehmen erforderlich, und desto mehr Genie beweist es also an demjenigen, der es glücklich hinausführt.

4. Hinweise zur Erlangung von anschauender Erkenntnis.
(Hinweise zur Geschmacksbildung.)

Die anschauende Erkenntniß eines Gegenstandes ist die Erkenntniß desselben in seinen individuellen Verbindungen und Verhältnissen; er muß also entweder vor die Sinne gebracht, oder durch
die Einbildungskraft ausgemalt werden, wenn man zum Anschauen desselben gelangen soll. Denn ob ich gleich behauptet habe,
daß auch die übrigen Fähigkeiten des Menschen dabey geschäftig
seyn können, so kann doch dieses nicht eher geschehen, als bis
die Sinne oder die Einbildungskraft gleichsam den Stoff des Anschauens erst zubereitet haben. Beyde sind nothwendige Hülfsmittel oder Werkzeuge der übrigen Fähigkeiten zum Anschauen. Jene
entwickeln die Theile oder Bestimmungen des Gegenstandes; diese
vergleichen sie unter sich oder mit allgemeinen Begriffen; erkennen sie für das, was sie sind, oder nicht sind; und sehen ihre Aehnlichkeiten oder ihren Kontrast.

Wer also anschauende Erkenntniß erlangen, und seine ganze
Seele, wenn ich so sagen darf, zum Anschauen erhöhen will, der
muß alle Gegenstände, so viel es immer möglich ist, in einzelnen
Fällen vor seine Sinne und Einbildungskraft zu bringen suchen;
je mehr er durch diese die Gegenstände kennen lernt; je mehr
er den Stoff seiner Erkenntniß vermittelst derselben bereitet; desto
mehr gelanget seine ganze Seele zum Anschauen. Eigene Beobachtungen, Versuche, fremde Erfahrungen, wenn sie richtig angestellt
sind, und die Geschichte in ihrem ganzen Umfange, oder in dem
Felde, worinn man sich beschäftiget, sind die großen und einzigen
Quellen des Anschauens. Jene führen unsere Sinne, diese unsere Einbildungskraft zur anschauenden Erkenntniß, wovon die sinnliche
wahr, und die durch die Einbildungskraft gebildete nur wahrscheinlich ist, aber dieses seyn muß, wenn sie vernunftmäßig und
brauchbar seyn soll. Man sieht also, welchen Weg man bey Unterweisung des Menschen einzuschlagen hat, wenn man ihn zum
höchst nöthigen, und sein Genie, ja seine ganze Seele bildenden
Anschauen der Dinge bereiten und erheben will; ein Weg, der
schon mit hinlänglichen Gründen von einem neuern Schriftsteller
in den Briefen über die neueste Litteratur angepriesen worden seyn
soll; wohin ich den Leser verweisen kann, weil ich zu der besten
Vermuthung davon ein Recht habe.

Es geht aber nicht an, alle Gegenstände unserer Erkenntniß für die Sinne und Einbildungskraft zu bringen; wir können unsere Seele und andere geistige Wesen, wir können Gott und seine Eigenschaften, wir können die Wesen der Dinge, ihren innern Stoff und ihre Zusammensetzung nicht sehen. Ist uns also das Anschauen solcher Gegenstände möglich oder nicht? Ich antworte, ja, es ist möglich, nur nicht in der Vollkommenheit, Deutlichkeit und Gewißheit, dazu wir in Absicht sinnlicher Gegenstände gelangen können.

[...]

Wer also Genie in seinem Werke beweisen will, der muß den Gegenstand seiner Arbeit mit eignen Augen anschauen, und diesem Anschauen gemäß bearbeiten; wer das nicht thut, beweist kein Genie. Je mehr Anschauen jemand hat, je deutlicher und reicher dasselbe ist; je größer, mannigfaltiger und verwickelter der Gegenstand seines Anschauens ist; je mehr sich sein anschauendes Bild dieser Proportion nähert; desto größer ist sein Genie. Je mehr er dieses sein Anschauen in seiner Arbeit kenntlich und fühlbar macht, und mit Hülfe der Talente fühlbar machen kann; desto mehr zeigt sich sein Genie in seinem Werke. Und umgekehrt: Je weniger Anschauen zu seinem Werke gehört; je kleiner und einfacher die Gegenstände desselben sind; desto geringer ist auch sein darinn arbeitendes Genie.

Muster, Beobachtungen, Versuche und die Geschichte führen uns zur anschauenden Erkenntniß; diese bilden auch das Genie. Wer ein Genie ausbilden soll, schöpft also hieraus die Methode; wer sich selbst bilden will, muß eben diesen Weg gehen. Der Mangel dieser Methode im Unterricht und in der Anführung tödtet das Genie. Jeder, dem an der Ehre etwas gelegen ist, zu den Genies zu gehören, muß nach allem seinem Vermögen um anschauende Erkenntniß in seinem Felde besorgt seyn. Währen wir bey der Erziehung der Jugend mehr darauf bedacht, ihren Verstand mit Sachen und nicht mit Wörtern allein anzufüllen, und sie gleich früh in das reizende Feld der Beobachtungen zu führen, so würden wir mehr Genies von aller Gattung haben. Ihr Mangel ist keine Kargheit der Natur, sondern Unverstand und Sorglosigkeit an uns: Versuche werden diese Wahrheit bestätigen.

> »Das sichere Gefühl der Proportion« – vom
> Vergnügen der Anschauung

Noch einmal würde er[1] also anfangen zu reden. »Die Musen,
Fremder, die ich so oft angeführet, sind wol nichts anders, als
die verhältnißmäßige Stärke der Seelenkräfte zur geschwinden
Erwerbung der anschauenden Erkenntniß. Dieser Musen erstge-
bohrnes Kind, der gute Geschmack, was kann er anders seyn, als
das sichre Gefühl der richtigen Proportion in unsrer Erkenntniß?
Nun sprich, glaubst du im Ernste, daß wir bey den strengern Wissenschaften, dieses Gefühles entbehren können; ja daß es möglich
sey, dieselben recht zu fassen, wenn wir nicht das ganze Verhältnis der Theile gegeneinander übersehen, sie in Ordnung bringen,
und auf diese Art Ebenmaaß hinein legen? Unmöglich!* Sollte
ein Herz, das für das Schöne gefühllos ist, mit einem Verstande
sich vertragen, der das Wahre deutlich und anschauend erkennen,
und mit einer Vernunft, die die Verbindungen deutlich und anschauend einsehen soll? Kann wohl in einer Wissenschaft Licht
und Ordnung für dich seyn, wenn du jenes nicht empfindest und
diese nicht fühlest? Laß dich hier durch das Mechanische der Gelehrsamkeit nicht verwirren. Auch im Gebiete der Wissenschaften
ist der Fluch ausgesprochen worden: Im Schweisse deines Ange-
sichtes sollst du das Brod deines gelehrten Handwerkes essen; und
aus Kollektaneen mit Schmerzen deine Pedantereyen gebähren!
Wenn nun das erstere richtig ist: wodurch denkst du wohl, daß
dieses sichre Gefühl erhalten werde? durch welches Mittel das
Schöne auch zum Deutlichen sich geselle? Nimm eine Seele, die

---

[1] Abbt führt in seine Abhandlung einen enthusiastischen Unbekannten
  ein, der nicht von ungefähr an Shaftesbury erinnert. Abbt arbeitete
  1761/62 an einer Übersetzung der sämtlichen Werke von Shaftesbury.
  Vgl. F. Nicolai, Ehrengedächtnis Herrn Thomas Abbt, Berlin und
  Stettin 1767, S. 16. Zugleich wird so auf Platon als Vorbild verwiesen.

* Die Briefe über die Empfindungen und die Abhandlung vom Genie
  werden hier genützet; die erstern vielleicht gar aus dem Grundsatze:
  amicis omnia communia; die andre nach einer Regel des natürlichen
  Rechts: in medio posita. – Ob der Mangel der Verdauung zu bemerken sey, bliebe also nur noch zu beurtheilen.

aus der Hand des Schöpfers, mit dem Siegel des Genies bezeichnet, gekommen ist. Alle verschiedene Bestimmungen ihrer Kraft stehen in dem richtigsten Verhältnisse; auch die Organen sind zu leichten Bewegungen und zum starken Eindrucke zubereitet. Weil dasjenige, dessen Theile gleichfalls im Ebenmaaße stehen, die Kraft der Seele auf eine leicht abwechselnde Art berühret: so muß aus einer solchen Bewegung Vergnügen für sie entstehen. Dieses Vergnügen treibt sie an, ähnliche Gegenstände aufzusuchen, die in der gehofften Wirkung nicht fehl schlagen. Dadurch wird dieses Gefühl bald die nöthige Sicherheit erhalten, damit es auch da uns nicht verlasse, wo betrügerische Zeichen uns vom Anschauen der Sache selbst ableiten könnten.* Doch das ruhige Schöne gefällt nicht allein, und nicht allzulange. Die Neigung muß zum Begehren, die Einbildungskraft in Aufruhr, die Ueberlegungskraft eine Zeitlang unters Joch gebracht werden. Die Bilder in der Seele müssen das Sinnliche von Aussen anziehen; und dadurch die Herrschaft über den Körper eben so stark beweisen, als ob sie würklich von aussen gekommen wären. Nur muß unter diesen verschiedenen bald stärkern bald schwächern Schlägen Melodie angetroffen werden.«

»Auf diese Art wird der wahre Ton, die richtige Spannung, der abgemessene Grad aller Seelenkräfte unverändert erhalten. Je nachdem ein Gegenstand den höhern Grad einer Erkenntnißkraft fordert, werden sich auch die übrigen Kräfte bald darnach stimmen; und die erworbene Fertigkeit, ein Ganzes in seiner Ordnung zu erblicken, wird sich auch da geschäftig erweisen, wo nicht bloß der Reiz in Bildern entzücket. Auch das so oft genossene und immer neue Vergnügen der Anschauung wird allenthalben ein Antrieb werden: die blos trockenen Zeichen zu verachten, und durch sie auf die Sache selbst, das ist, auf das Vollkommene, wenn die Erkenntniß anders Wahrheit hat, zu dringen.«

»Die Fertigkeit bey Einem Ganzen Ordnung und Ebenmaaß der Theile zu finden, wird auch bey mehrern Ganzen dieses versuchen. Dieß schaffet nicht nur die Verknüpfung aller Wissenschaften; sondern auch die Verknüpfung jeder erlangten Kenntniß

---

* Hieraus läßt sich vielleicht am besten erklären, wie sich der Geschmack verschlimmern kann. Daß aber einige Leute entweder gar keinen, oder einen natürlich verderbten Geschmack haben: ist aus der Beschaffenheit ihrer Seele, auch wol ihrer Organen, begreiflich.

bey einem einzelnen Menschen. Jede schmiegt sich an die verwandte an, nach einer so abgemessenen Vertheilung des Lichtes und der Dunkelheit, daß sie sich in der Lebhaftigkeit nicht hinderlich fallen, und sich doch auch entweder vergleichen oder kontrastiren lassen, welches das Werk des Witzes ist. Freylich bleibt die Beschäftigung des Genies, wann es wirklich zu einer Ausarbeitung sich anschicket, ein Geheimniß; und ein Originalwerk wird immer im Verborgenen gemacht und im Dunkeln zubereitet.«

»Nun nenne mir eine Wissenschaft, welche diesen Namen verdienet, wo dieses Schöne nicht sollte können angetroffen werden, und wo folglich das Gefühl desselben überflüssig wäre? Dringe selbst, doch ohne die Zirkel zu stören, in das abgelegene Zimmer des Mathematikers: belausche ihn, wenn du willst, so gar bey seiner Arbeit. Zwar wachsen auf seinem Sande keine Blumen, und es würde auch thöricht seyn, sie von einem solchen Erdreiche zu erwarten. Haben denn nur diese, und nicht eben sowol Figuren, ihre Schönheit? Auch sein Gang ist beschwerlich, und sein Weg ermüdend. Aber sobald er die Folge seiner Gedanken ausgewickelt vor sich sieht, so bald er den ebenen, sichern und nun vollendeten Lauf seiner Schlüsse erblicket: so erhohlet er sich nicht bloß, er genießt Wonne. Doch dieß sind, wie ein Genie* sie nennt, die selbstbelohnenden Wollüste der Empfängniß. Diese will ich nicht einmal zu meinem Vortheil anführen. Laß nur erst die gefundenen Wahrheiten zum Anschauen, in die Verbindung mit andern, bringen: dann füllen sich Lücken aus; dann ordnen sich neue Reihen an; das Genie erhält neuen Stoff, und der für diese Kenntnisse bestimmte Geschmack neue Beschäfftigung.«

§ 14. Christian Garve (1769)

Versuch über die Prüfung der Fähigkeiten

1. *›Plötzliche Aufklärungen‹ – die glücklichen Sprünge der Einbildungskraft.*

Man kennt gemeiniglich nur eine einzige Art von Einbildungskraft, die, welche sinnliche Bilder vereinigt, um neue Bilder her-

---

* Lessing in der Vorrede zu seinen Fabeln.

vorzubringen, die aus den Theilen der Körper neue Körper, aus Thatsachen Thatsachen, und aus einzelnen Erscheinungen in der Natur und beym Menschen eine ähnliche Welt und ähnliche Menschen zusammensezt. Hier geben die Sinnen zuerst den Stoff, und ihnen wird auch zulezt das Werk, wann es vollendet ist, vorgestellt. Aber es giebt auch eine Einbildungskraft für den Philosophen, oder wenigstens für den Erfinder der Philosophie. Um zu einer neuen Wahrheit zu kommen, wenn sie nicht eine unmittelbare Folge einer schon bekannten ist, ist es unmöglich, die Art von deutlich gedachten Schlüssen zu brauchen, durch welche man diese Wahrheit, wenn sie erfunden ist, beweist. Wie will man den Weg zu einem Ziele abzeichnen, welches man noch nicht kennt? Also Schluß vor Schluß von der bekannten Wahrheit zur unbekannten fortzugehen, und sich die ganze Reihe von Begriffen, durch welche beide zusammenhängen, gleich mit Deutlichkeit und richtiger Unterscheidung zu denken, das ist unmöglich. Hier muß der schnelle Flug des Genies erst das unbekannte Land ausspähen, erst die fremde Gegend durchschaut haben, ehe der langsam fortschreitende Verstand seinen Weg antreten kann. Die Seele muß das Vermögen haben, die ganze Reihe mit Einem Blick und einer Art von unmittelbarem Anschauen zu übersehen. Ideen, die entwickelt eine ganze Wissenschaft ausmachen, müssen sich zusammendrängen, ein Ganzes ausmachen, und sich gleichsam in ein Bild vereinigen. So wie es eine gewisse Ahndung giebt, durch die man künftige Begebenheiten voraussieht, ohne sich alle die Ursachen erklären zu können, aus denen man sie folgert: so giebt es eine gewisse Kunst glücklich zu rathen, durch die man weit hinaus liegende Ideen und entfernte Folgerungen der Wahrheiten voraussieht, ohne sich aller der Schlüsse bewußt zu seyn, durch die man auf sie gekommen ist.

Würde wohl in einem andern Kopfe, als in Newtons seinem, der Fall eines Apfels die Idee eines neuen Weltsystems haben erregen können? Mit welcher Geschwindigkeit des Blitzes mußte seine Seele die unendliche Reihe von Begriffen durchlaufen und erleuchten, die von der Idee der Schwere auf alle Körper angewendet veranlasset wurden.

Unerklärlich scheint es in der That zu seyn, allgemeine Ideen, zu denen kein Bild in der Imagination gehört, auf gewisse Weise sinnlich klar zu denken; und doch ist diese Fähigkeit gewiß in der menschlichen Seele. In einem geringern Grade finden wir sie schon bey der Erlernung und Wiederholung der Wissenschaften. Man wird oft gewahr, daß, ehe man sich aller Theile eines allgemeinen Beweises, oder mit einem Worte alles dessen, was man von einer Sache weiß, einzeln erinnert, man schon zum voraus auf gewisse Art empfindet, wie der Gang des ganzen Nachdenkens seyn wird. Und eben *diese Vorausempfindung,* wann wir sie haben, macht uns alsdann die Aufklärung der einzelnen Theile leichter. Es giebt gewisse Augenblicke, wo es scheint, als wenn in einen dunkeln Theil unsrer Seele auf einmal ein Licht gebracht würde; die ganzen Ideen, die hier verborgen liegen, zeigen sich mit einem male, obgleich Zeit und Folge dazu gehört, um sie einzeln nach und nach herauszuheben, und zum Bewußtseyn zu bringen.

Wo also diese schnellen plötzlichen Aufklärungen öfter geschehen; wann der Geist des Schülers den Beweisen seines Lehrers zuvorkömmt, und das Ende der Schlußfolge schon zum voraus fühlt, ehe ihn noch die Reihe der Schlüsse dahin geführt hat; bey wem einzelne Winke viel Gedanken veranlassen; wessen Verstand nicht immer durch alle Wendungen und Umschweife lauter unmittelbarer Folgerungen fortschleicht, sondern zuweilen glückliche Sprünge thut: bey dem hat die Natur die Anlage zu dem großen Lehrer oder dem Erfinder der Wissenschaften gemacht.

Die dichterische Einbildungskraft hat Merkmale, die auch schon in einem zarten Alter statt finden. Das erste ist, wenn es wohlgemachte Erdichtungen mit Vergnügen und einer Art von Theilnehmung hört; wenn es schnell ihre Anlage und ihren Entwurf faßt, und wenn es sie bald von abgeschmackten, ungeheuern oder unnatürlichen unterscheidet. Eine lebhafte Einbildungskraft wird leicht Bilder, die ihm von einer Meisterhand vorgemalt sind, nachmalen. Die Personen und Begebenheiten werden anfangen ihr gegenwärtig zu werden; und sie wird also alle die Wirkung thun, die die Empfindung bey dem wirklichen Daseyn der Gegenstände haben würde. Eine richtige Einbildungskraft wird die Aehnlichkeit mit der Natur leicht gewahr werden, und wenn sie einmal den Reiz derselben empfunden hat, sie in allen denen Werken vermissen, die ungetreue oder mit Fleiß verstellte Kopien von ihr sind. Wer einmal eine richtige menschliche Bildung kennt, wird Riesen und Zwerge leicht unterscheiden. Also, wenn die Fabel oder Geschichte Mitleiden, Liebe, Haß, Bewunderung, kurz alle Arten von Leidenschaften in der Seele rege macht, so ist die Einbildungskraft gut.

Die Entstehung dieser Leidenschaften hängt immer von einer gewissen idealen Gegenwart der Gegenstände ab, und diese wird von der Einbildungskraft gewirkt. Eine rührende Begebenheit also mit Kaltsinn anhören; bey der Erzählung einer vortreflichen That gleichgültig seyn; an dem Schicksale der Tugendhaften keinen Antheil nehmen; sich für keine Person oder für keine Art von menschlichen Vollkommenheiten interessiren, zeigt nicht bloß ein unempfindliches Herz, sondern auch einen schwachen Kopf an. Die Seele muß ganz unfähig seyn, sicl diese Art von Bildern nur vorzustellen, wenn sie von ihnen gar keine Wirkung empfindet.

Weiter! Wenn man bey gewissen Kindern zuweilen eine plötzliche Freude, eine Furcht, eine Niedergeschlagenheit sieht, die sich aus ihren gegenwärtigen Empfindungen nicht erklären läßt; so kann man daraus auf eine geheime Geschäftigkeit der Einbildungskraft schließen, die ihre Wirkungen äußert, ohne uns die Mittel dazu zu entdecken. Diejenigen, deren Ideen bloß von der gegenwärtigen Empfindung bestimmt werden, haben auch niemals andere Leidenschaften, als die aus ihrer wirklichen Verfassung und ihren Umständen entstehen. Wem aber die gütige Natur, außer der einen Welt, die sie seinem Sinne vorgestellt hat, die Gabe verleiht, noch viele andere in sich selbst zu bauen, der verliert sich oft von den Dingen, die ihn umgeben, mit seinen Begierden eben so wohl als mit seinen Gedanken, und seine Vergnügungen und seine Schmerzen entstehen nicht bloß aus der Lage, die er in dieser Welt hat, sondern auch aus der, welche er in der von ihm erdichteten annimmt.

In einem höhern Alter hat man so viele Mühe nicht nöthig, diese Kraft gleichsam auf der That zu ertappen und sie bey ihrer geheimen Wirksamkeit zu überraschen; man kann sie alsdann dazu auffordern, und ihr selbst die Arbeiten vorschreiben, nach denen man sie beurtheilen will. Die natürlichsten Proben, die man machen kann, sind die Erzählung und die Erdichtung selbst. Es zeigt schon einen hohen Grad von Einbildungskraft an, wenn wir wirkliche Begebenheiten oder die Erdichtungen andrer gut beschreiben können; einen höhern, wenn wir selbst diese Begebenheiten erfinden. Ohne Einbildungskraft werden wir Personen, Sitten und Handlungen, wenn sie uns auch vor Augen sind, niemals in ein vollständiges und ähnliches Bild fassen, das diese Gegenstände andern wieder kenntlich machte. Aber ohne einen weit höhern Grad werden wir uns nicht neue Personen und Begebenheiten zusammensetzen, die in der Zeichnung richtig und der Natur ähnlich, und doch ohne Original wären.

2. Vom witzigen Geschmack – das philosophische Genie.

Es giebt ferner in der Philosophie, im Erklären und im Beweisen eben so wohl einen gewissen Geschmack, als in den Künsten und in den Werken des schönen Geistes; ein dunkles Gefühl von der Stärke oder der Schwäche der Gründe selbst, ehe man sie noch genau geprüft hat; ein vorläufiges Urtheil von der Wahrheit oder der Brauchbarkeit seiner Ideen vor der Untersuchung. Dieser Geschmack nun wird von dem Witze, von dem wir reden, und den die Lateiner Sagacität nennen, hervorgebracht. Er weiset dem Nachdenken die Punkte an, auf die es sich zu richten hat. Bey der Erlernung der Wissenschaften bringt er eine schnelle Begreifung und eine richtige Anwendung der vorgetragnen Wahrheiten hervor; bey einem höhern Fortgange äußert er sich durch eine gewisse Erfindsamkeit, die Seite des Dinges zuerst zu finden, von der sie sich am besten angreifen läßt, und den Begriff von ihm zu fassen, der am leichtesten und am fruchtbarsten bearbeitet werden kann. So zeigt er sich z. B. in der Mathematik durch die Wahl der Beweise, durch die Abkürzung des Weges, und durch eine gewisse feinere Verwickelung und eine unvermuthete Auflösung der Aufgaben.
[...]
Jetzo sind wir im Stande, uns den Begriff von einem Genie zu machen. – Wir haben gesehen, daß einige Fähigkeiten in gewisser Maaße einander entgegen stehn, und daß man sie deswegen ordentlicher Weise nur unter verschiedenen Menschen vertheilt findet. – Aber wenn dieselben in einem bestimmten Falle diesen Streit aufheben; wenn sie in einer gewissen Seele zusammenkommen, und sich einander das Gegengewicht halten; wenn sie sich endlich alle zusammen auf einen gewissen Gegenstand vereinigen: alsdann bringen sie ein Genie hervor. – Ueberhaupt heißt Genie entweder alles, was in unsern Fähigkeiten von der Natur herrührt, und wird dem Erlernten oder der Gelehrsamkeit entgegengesetzt; oder es zeigt eine höhere Klasse von Geist an, und in diesem Verstande nehmen wir es jezt. – Es giebt also so viel Genies, als es Gegenstände für besondere Fähigkeiten giebt. Wir wollen zum

Beyspiel das dichterische Genie nehmen. Es ist klar, daß seine herr-schende Eigenschaft die Einbildungskraft seyn muß, die von rich-tigen, starken und feinen Empfindungen geleitet, von einer ein-sichtvollen, aber praktischen Vernunft ausgebildet, und durch den Witz ausgeschmückt wird. Aber wenn die nachdenkende oder die philosophirende Vernunft dieser nicht zur Seite gienge, so würden sich diese Bilder und diese Begriffe nicht ausdrücken lassen; denn alle Worte sind Zeichen für abgezogne Begriffe. Diese Ueberein-stimmung und Vereinigung also von Empfindungskraft und Ver-nunft, wovon die eine die Bilder, die nachgemacht werden sollen, vorstellt; die andre sie ordnet und die Farben herbeyschafft, mit denen sie entworfen werden: dieses macht das Eigenthümliche und das Seltne von diesem Genie. Fähigkeiten, die sich in gewissem Grade aufheben, müssen sich bey ihm vereinigen; die Erinnerungs-kraft, die die Ideen durch ihre Folge und Verbindung aufweckt, muß mit dem Gedächtnisse, das ganze Reihen von Begebenheiten wieder darstellen kann, verbunden seyn; die Empfindungen müs-sen so ungestört bleiben, als wenn die Seele sich bloß mit dem Gegenstande selbst beschäftigte, und doch muß die Seele zugleich einen geheimen Blick auf sich selbst thun, um diese Empfindungen gewahr zu werden, und sie in den gehörigen Schranken zu halten. Empfinden und Denken zugleich, das ist die große Kunst des Dichters.

§ 15. Johann Gottfried Herder (1773)

Gemessene Schönheit – Geschmack als Ordnung im Gebrauch der Geniekräfte

Wie sich auch Geschmack und Genie feiner brechen (unterschei-den) mögen: so weiß jeder, daß Genie im Allgemeinen eine Menge in- oder extensiv strebender Seelenkräfte sei; Geschmack ist Ord-nung in dieser Menge, Proportion, und also schöne Qualität jener strebenden Größen. Mithin sind beide sich nimmer an sich einan-der entgegen; durch die simple Natur können sie sich einander nie verderben. Die Betrachtung ist des Anblicks werth, denn sie ist Grundlage aller künftigen historischen Phänomene.

a. Genie ist eine Sammlung von Naturkräften: es kommt also

auch aus den Händen der Natur und muß vorausgehen, ehe Geschmack werden kann. Der Orient, das Vaterland aller menschlicher Bildung, war lange das Land des rohen, starken, erhabnen Genies, ehe Griechenland kam und die Schönheit weckte. In Griechenland selbst gingen viele rohe Namen, ungeheure Versuche, alle Fälle und Würfe übertreibender und hinsinkender Kräfte voraus, ehe sich diese Kräfte in Ordnung brachten, und sich der Geschmack erzeugte. Ein Kind unterliegt zuerst dem tausendgestaltigen, tiefen, unermeßlichen Weltall, ehe sich ihm die Bilder vom Auge rücken, sich von einander sondern und Ideen werden: Erst durch viel Ungeschicklichkeiten rohangewandter Kräfte lernt der Ringer mit Gleichmaas kämpfen und überwinden.

Wir sehn also: Bei einem Volke, das noch roh ist, muß man nicht vom Verfall des Geschmacks, sondern von langsamer Bildung zum Geschmack, zur Wohlgestalt reden. Habe es immer hie und da glücklich oder scheinbar nachgeäffet: gebe es sich auch selbst die größesten Lobsprüche, »wie sehr es Geschmack habe?« Niemand ruft mehr, als ein probendes Kind: »kann ich nicht schon? kann ich nicht schon?« und wenn es könnte, würde es nicht also ruffen. Hier muß man also weder stören, noch niederschlagen, sondern weisen und aufmuntern. Alle zu früh aufgedrungne Regelmaasse, ehe man selbst die Regel als unentbehrlich ansehen lernt und gleichsam von selbst darauf kommt, sind schädlich, und bleiben auf immer schädlich, wie man an dem fixirten, seyn sollenden Geschmack in Ägypten und Sina siehet.[1] Der Schöpfer selbst ließ ja erst das Chaos ausgähren, und entwickelte die Welt nur durch innere Naturgesetze zur Harmonie, Ordnung und Schönheit. Eine Fliege, die aus ihrem Winterschlaf gewaltsam und widernatürlich erweckt wird, lebt auf Minuten auf, um auf immer zu sterben.

b. Kann also der Geschmack nur durch Genies, d. i. durch rasch und lebend geübte Naturkräfte entstehen; so muß er in ihnen auch nur bestehen wollen; sonst ist er ein Schall in der Luft, eine nichtige Echo. Reichthum an Bäumen, an Pflanzen und Fluren, macht einen Garten; und ist erst der Garten da, so kann sich an ihm Ordnung, Geschmack und Gartenkunst erzeugen. Ohne Garten bauet man in die Luft. Gemeiniglich macht man Unterschiede zwi-

---

[1] Die Erstfassung setzt noch hinzu: Wäre an beiden Orten nicht so bald ein seynsollender Geschmack fixirt, die Nationen wären beide nicht in einer so viel- aber leerversprechenden langen Kindheit blieben.

schen Genie und Geschmack; »als ob jenes des Geschmacks nicht bedürfe, als ob es sich selbst denselben ersetze und mehr sei als derselbe, nur der Genielose Kopf müße sich mit Geschmack trösten u. dgl.« Ohne alle Spekulation aber, ist der Geschmack für Genies in weitläufigstem Verstande, nicht da: so weiß ich nicht, für wen er da seyn soll? Das Nichts, der Dummkopf kann ihn weder brauchen, noch faßen: denn Geschmack ist nur Ordnung im Gebrauch der Geniekräfte, und ist also ohne Genie ein Unding. Im Gegentheil, je mehr Kräfte ein Genie hat, je rascher die Kräfte würken, desto mehr ist ein Mentor des guten Geschmacks nöthig, damit sich die Kräfte nicht selbst einander überwältigen, zerrütten, und im Falle der Übermacht auch andre gute Kräfte zertrümmern.

Wo also auch in einem Zeitalter der Üppigkeit und des allgemeinen Verderbens sich schon die Kräfte des Genies verzehrten: man sieht, wie elend es sodann mit dem nachjammernden Geschmack stehe. Ist er noch mehr als Geschmack, kann er durch That helfen, lehren, und zurückziehen, wohlan, so thue ers freudig, und seine That wird würken. Denn die wahre Bildung und Zurückbildung kann nur immer in der Gestalt von Exempeln geschehen; die Lehre muß Geist und Kraft angenommen haben, sie muß Übung und Tugend geworden seyn: so wird sie anerkannt, so wird sie gefühlt, versucht und befolget werden; ist sie das aber nicht, so kann der bloße Zuruf nicht helfen. Ist eine Schule so verfallen, daß weder im Lehrer, noch in den Schülern Kraft, Lust, Vorbild, Nacheiferung ist: so hilft die beste Schulordnung nichts. Und ist ein lebendiger Körper im Sterben, so kann ihm die beste Diät oder Promenade nicht helfen. Das zeigen alle einzelne Stimmen in den Jahrhunderten der Barbarei und des verfallenden Geschmacks. Waren sie blos Stimmen, so würkten sie nichts; geselleten sie sich aber mit Kräften, belebten sie das Genie, und weckten andre Genies auf: so ward eine beßere Zeit. Die Eine Schwalbe, die der Frühlingshauch geweckt hatte, prophezeite mehrere, und sie blieben nicht aus. Geschmack in Einer Kunst weckte den Geschmack in allen Künsten: es war gleichsam ein harmonischer Äther da, in welchen die ähnlichen Saiten aller verschiedenen Instrumente auf Einen Druck bebten und klangen.

Nur also Genies können und müßen Genies bilden und zurückbilden zur Ordnung, zur Schönheit, zum Gleichmaaß ihrer erkennenden oder fühlenden Kräfte: denn auch hier würkt Wahrheit und Schönheit nur durch Gleichgefühl (Sympathie) und durch Nachahmung. Je gleichartiger die Saiten, desto mehr tönen sie einander nach: Bild aber und Schall in Regeln an die Wand gemahlt, kann nie eine verstimmte Saite stimmen, oder in ihr einen reinen Klang bilden. Es würken, wie Plato im Gleichniß von den Magneten und Korybanten sagt, die Kräfte am tieffsten durch unmittelbaren Einfluß, wie durch ein halbes Wunder auf einander. Genies, die also gebildet sind und weiter bilden, sind Ebenbilder der Gottheit an Ordnung, Schöne und unsichtbaren Schöpferskräften; sie sind Kräfte ihres Zeitalters, und gleichsam Sterne im Dunkeln, die durch ihr Wesen erleuchten und scheinen, so viel es die Finsterniß aufnimmt.

§ 16. Christoph Martin Wieland (1778)

Was ist Wahrheit?
Das Recht des inneren Gefühls

Die Wahrheit ist, wie alles Gute, etwas *verhältnißmäßiges*. Es kann vieles für *die menschliche Gattung* wahr seyn, was es für höhere oder niedrigere Wesen nicht ist; und eben so kann etwas von dem einen Menschen mit innigster Überzeugung als wahr empfunden und erkannt werden, was ein andrer mit gleich starker Überzeugung für Irrthum und Blendwerk hält.

Die *Übereinstimmung* eines Gefühls oder einer Vorstellung mit den allgemein anerkannten Grundwahrheiten der Vernunft ist eben so wenig als der *Zusammenhang* einer Vorstellung mit allen übrigen, welche die gegenwärtige innere Verfassung eines Menschen ausmachen, ein sicheres Merkmahl der Wahrheit. *Jene* läßt uns weiter nichts als die Möglichkeit der Sache erkennen: und *dieser* kann eben sowohl bey der wahresten Vorstellung fehlen, als bey der täuschendsten zugegen seyn. Geschiehet nicht öfters was jedermann für unmöglich hielt? Und wie oft betrügt die höchste Wahrscheinlichkeit? Erweitert sich nicht der Kreis der Möglichkeiten mit unsrer Kenntniß der Natur und mit dem Anwachs unsrer Erfahrungen?
[...]
Man hat sich schon so lange über die Leute aufgehalten, die ein unerklärbares *inneres Licht* zum Leitstern ihres Glaubens und

Lebens machen; man hat sie in Schimpf und Ernste bestritten, zu Boden gespottet und zu Boden räsoniert: und dennoch haben unläugbar alle Menschen etwas das die Stelle eines solchen innern Lichts vertritt, und das ist – *das innige Bewußtseyn dessen was wir fühlen.* Unter allen Kennzeichen der Wahrheit ist dieß unläugbar das *sicherste;* vorausgesetzt, daß ein Mensch überhaupt gesund und des Unterschieds seiner Empfindungen und Einbildungen sich bewußt ist. Beweiset einem Menschen, seine Vernunft sey eine Zauberin die ihn alle Augenblicke täusche und irre führe – das wird ihn noch nicht verwirren: beweiset ihm, daß er seinen Sinnen, seinem innern Gefühle nicht trauen dürfe – *das* verwirrt ihn! Und wenn es möglich wäre, daß euer Beweis seine volle Wirkung auf diesen Menschen thäte; so bliebe nichts übrig, als ihn stehendes Fußes ins Tollhaus zu führen.

[...]

Aber, sagt man, wie häufig sind die Fälle, wo ein Mensch durch seine Sinne oder durch sein *inneres Gefühl* betrogen wird? wo er, ohne darum ganz wahnsinnig zu seyn, für *Empfindung* hält was bloße *Einbildung* ist? wo er einen Gegenstand in dem verfälschenden Lichte der Leidenschaft oder des Vorurtheils sieht? u. s. w.

Unstreitig sind diese Fälle häufig. Und eben so häufig geschieht es, daß von *zweyen*, die einander durch ihr *Gefühl* widerlegen, *beide* betrogen werden; daß, während der eine *Jupiter* ist und die sündige Welt mit Feuer zu zerstören droht – der andre uns dagegen seines gnädigen Schutzes versichert, weil er *Neptunus* ist, der durch seine Gewässer den Brand gar leicht wieder löschen kann. – Aber alle diese Fälle vermögen gleichwohl nichts gegen die Grundfeste des allgemeinen Menschensinnes; und der Glaube, den ein jeder an sein eignes Gefühl hat, bleibt nichts desto minder in seiner vollen Kraft. Ich kann von *der Natur*, von *unsichtbaren Mächten*, kurz von *Ursachen, die ich nicht kenne,* getäuschet werden: aber so lange ich mir bewußt bin daß ich etwas gefühlt, beschaut, betastet habe – so *glaube ich meinem Gefühl* mehr als einer ganzen Welt die dagegen zeugte, und als allen Filosofen, die mir *a priori* beweisen wollten ich träume oder rase.

[...]

In metafysischen und ästhetischen Dingen, das ist, in Sachen wo das meiste auf Einbildung und Sinnesart ankommt, wäre das billigste, einen jeden im Besitz und Genuß dessen, was er für

Wahrheit hält, ruhig und ungekränkt zu lassen, so lange er andre in Ruhe läßt.

[...]

Die *Wahrheit* (wenn wir noch einen Augenblick mit dem Gleichniß spielen dürfen) flieht vor der keichenden Verfolgung ihrer feurigsten Liebhaber, um in die Arme dessen zu laufen der sie weder erwartete noch suchte. Der einfältigste Menschensinn findet sie am ersten, und genießt ihrer, wie der Luft die er athmet, ohne daran zu denken. Der Grübler, der sie überall sucht, findet sie nirgends, just darum, weil er sich nicht einbilden kann daß sie ihm so nahe sey. Und so bald ihrer zwey sich über ihren ausschließenden Besitz in die Haare gerathen, so darf man sicher rechnen, daß sie es ihnen macht, wie *Angelika* den beiden Rittern im *Ariost:* während die tapfern Männer sich bey den Köpfen haben, geht die Dame davon, und lacht über beide.

Ist dieß Bild zu komisch? – Nun, so ist hier ein andres das eben so gut zur Sache paßt. Die *Wahrheit* ist weder hier noch da – Sie ist, wie die Gottheit und das Licht worin sie wohnt, *allenthalben: ihr Tempel ist die Natur,* und wer nur fühlen, und seine Gefühle zu *Gedanken* erhöhen, und seine Gedanken *in ein Ganzes zusammen fassen* und *ertönen* lassen kann, ist ihr *Priester,* ihr *Zeuge,* ihr *Organ.* Keinem offenbart sie sich ganz; jeder sieht sie nur *stückweise,* nur von *hinten,* oder nur den *Saum ihres Gewandes* – aus einem andern Punkt, in einem andern Lichte; jeder vernimmt nur *einige* Laute ihres Göttermundes, keiner die *nehmlichen* –

Und was haben wir also zu thun?

Anstatt mit einander zu hadern, *wo die Wahrheit sey? wer* sie besize? wer sie in ihrem schönsten Lichte gesehen? die meisten und deutlichsten Laute von ihr vernommen habe? – lasset uns in Frieden zusammen gehen, oder, wenn wir des Gehens genug haben, unter den nächsten Baum uns hinsetzen, und einander offenherzig und unbefangen erzählen, was jeder von ihr gesehen und gehört hat, oder gesehen zu haben glaubt; und ja nicht böse darüber werden, wenn sichs von ungefähr entdeckt, daß wir falsch gesehen oder gehört, oder gar (wie es brünstigen Liebhabern, die ihr zu nahe kommen wollen, öfters begegnet) *eine Wolke für die Göttin* umarmt haben.

IV. VERWANDTSCHAFT DES SCHÖNEN UND GUTEN – DIE MORALISCHE WENDUNG

§ 17. Georg Friedrich Meier (1746)

Von einigen Ursachen des verdorbenen Geschmacks. (Vorurteile der Aufklärung)

Es gibt einige Vorurtheile, welche in Deutschland herrschen, wodurch der Geschmack ungemein verdorben wird. Meine Leser, die von der Herrschaft dieser Vorurtheile keine historische Nachrichten haben, müssen es auf mein Wort glauben, daß die meisten Dichter in Deutschland durch diese Vorurtheile regiert werden, und daß sie daher nichts, als lauter höchstens mittelmäßige Gedichte und Reden liefern, und dadurch die Verbesserung des Geschmacks hindern. Ich rechne hieher folgende Vorurtheile. 1) Die Dichtkunst sey für den gemeinen Mann erfunden. Man sucht dieses Vorurtheil, ohngefehr auf folgende Art, auszuschmücken. Gelehrte und scharfsinnige Köpfe müsten die Wahrheit durch eine Wissenschaft lernen, und wenn man sie überzeugen wolle, müsse man den Verstand durch die Vernunftlehre angreiffen. Allein der gemeine Mann habe nicht viel Verstand, und könne ein logisches Bombardement nicht aushalten, folglich sey die Dichtkunst erfunden worden, demselben die Wahrheiten begreiflich und faßlich zu machen. Daher müsse ein jedes Gedicht, von dem gemeinen Manne, verstanden werden können. Ich gebe allerdings zu, daß der gemeine Mann einen Anspruch auf die Dichtkunst machen könne, und daß einige Arten der Gedichte, durch eine Herablassung, die Wahrheit demselben begreiflich machen, als wohin ich die aesopischen Fabeln rechne. Allein es gereicht zum äussersten Verderben des Geschmacks, wenn man die gantze Dichtkunst dergestalt erniedrigen will. Der gemeine Mann besitzt so wenige Kräfte, Geschmack und Einsicht, daß er kaum vermögend ist, die Schönheiten der mittelmäßigen poetischen Gedancken zu schmekken. Wer also nach diesem Vorurtheile denckt, der wird kaum ein mittelmäßiger Dichter seyn. Ich behaupte, daß ein Gedicht von der höchsten Art, von dem gemeinen Manne, gar nicht müsse verstanden werden können, weil es über den Horizont desselben weit erhaben ist. Wer ein grosser Dichter seyn will, muß ein grosser Geist seyn, und kein mittelmäßiger, folglich auch kein kleiner Geist ist vermögend, die höchste Poesie zu schmecken.

> neque te ut miretur turba labores,
> Contentus paucis lectoribus. An tua demens
> Vilibus in lutis dictari carmina malis?[1]

Alle diejenigen Kunstrichter, welche zu gleicher Zeit Dichter und Beförderer des guten Geschmacks seyn wollen, solten sich schämen, dieses Vorurtheil zu unterstützen, indem sie dadurch die Dichtkunst im höchsten Grade prostituiren. 2) Das zweyte Vorurtheil ist, von dem vorhergehenden, wenig unterschieden. Es bestehet darin, daß man glaubt, ein ieder, der gesunden Verstand hat, müsse vermögend seyn ein Gedicht zu verstehen. Es können überaus mittelmäßige Geister, dennoch einen gesunden Verstand haben. Die höchste Poesie ist eine Sprache der Götter, und schwinget sich so hoch über die gewöhnlichen Begriffe, daß sie über den Horizont der meisten Leute geht. Sie bringt so viel Licht in die Gedichte, daß mittelmäßige Geister dadurch verblendet werden, und dasselbe nicht ertragen können. Sie treibt das erhabene zu einer solchen Höhe, daß mittelmäßige Geister schwindlicht werden und fallen, wenn sie diese Höhe ersteigen wollen. Wer für Leute dichtet, die überhaupt gesunden Menschenverstand besitzen, der muß sehr mittelmäßig dencken. 3) Das dritte Vorurtheil, welches den Geschmack verdirbt, besteht darin, wenn man glaubt, daß ein Gedicht, ohne Mühe Nachdencken und Kopfbrechen, müsse können verstanden werden. Unsere meisten deutschen Kunstrichter schreyen über Dunckelheit, so oft sie den Kopf bey Durchlesung eines Gedichtes angreiffen sollen. Haller wird daher getadelt, und man will, daß die Gedichte so mittelmäßig seyn sollen, daß man sie verstehen könne, wenn man sie nur einmal gantz flüchtig durchließt. Wer den Homer und Horatz verstehen will, muß sie gantz gewiß sehr ofte, mit dem schärfsten Nachdencken, durchlesen, und man verwandelt die Poesie in eine matte Prose, wenn

---

[1] Horaz, Satiren I, 10, vv. 73–75 (lutis = ludis). In der Übersetzung von Wieland (verb. Ausg. 1804): »Und, mit wenig Lesern zufrieden, (mußt du) nicht der Menge zu Gefallen schreiben! Wie? Schwachkopf! wolltest du in Winkelschulen den Knaben lieber dich dictieren lassen?«

man den Kopf dabey nicht angreiffen will. Viele deutsche Dichter sind gar zu bequem. Wenn sie ein Gedicht lesen wollen, lassen sie sich einen Coffee kochen, zünden eine Pfeife Toback an, und wollen vom Dencken ausruhn. Indem sie nun ein vortreffliches Gedicht in diesem Zustande lesen wollen, so müsten sie, wenn sie es verstehen wolten, ihren Coffee erkalten, und ihre Pfeiffen ausgehen lassen. Da sie aber ihr Geld nicht umsonst wollen ausgegeben haben, so verachten sie dergleichen Gedichte, und opfern die Kützelung ihres geistlichen Geschmacks dem Gefühle des körperlichen auf, und vergnügen sich bloß an schlechten und mittelmäßigen Gedancken, die sie einsehen können, ohne daß es ihnen Mühe kostet.

§ 18. GOTTHOLD EPHRAIM LESSING (1751)

Der Geschmack – eine unschuldige Stütze der Gesellschaft?
Die Rousseau-Rezension

Dem Neuesten aus dem Reiche des Witzes soll dieses monatliche Blatt gewidmet sein. Ein Reich, welches viele auf ihrer Karte nicht finden. Wenigstens diejenigen Gelehrten nicht, es verdrießt uns, daß wir sie so nennen sollen, welche die Wissenschaften längst in ein Handwerk verwandelt hätten, wenn nicht ihr Stolz dafür bäte. Aufs höchste haben sie es in die äußerste Ecke derselben verwiesen und »unbekannte Länder« darauf geschrieben, weil sie ihnen nicht eher zu Gesichte kommen, als wenn sie von einem unglücklichen Sturme dahin verschlagen werden und an ihren felsigsten Ufern schimpflich scheitern. Diesen Herren also würden wir sehr unverständlich sein, wenn wir ihnen von seinem Umfange und seinen Grenzen vieles vorsagten; die andern aber, für die wir eigentlich schreiben, würden wir durch diese unnötige Einleitung beleidigen. Zwar könnten wir ihr durch eine Menge ästhetischer aneinanderhangender Grillen fein dunkel, aber doch nach der Mode, ein zureichendes Ansehen der Gründlichkeit geben, allein was würde es helfen? Die genaueste Erklärung des Witzes muß einem, der keinen hat, ebenso unbegreiflich sein, als einem Blinden die hinlänglichste Erklärung der Farben ist. Glaubt dieser, daß die verschiedene Brechung verschiedner Sonnenstrahlen ohngefähr

etwas sei, welches dem Schalle verschiedner Instrumente gleich-
komme, so wird jener gewiß glauben, daß die Fertigkeit, die Über-
einstimmungen der Dinge gewahr zu werden, ein Teil der Rechen-
kunst sein müsse. Ist er furchtsam, so stellt er sich wohl gar ein
Stücke von der Algebra darunter vor. Genug, wenn man weiß,
daß sie schönen Wissenschaften und freien Künste das Reich des
Witzes ausmachen.

Diese sind es, welche der menschlichen Gesellschaft Annehmlichkeiten mitteilen, ohne die sie nichts als die unerträglichste
Sklaverei sein würde. Sie machen den Menschen empfindlich und
entkleiden ihn von der Rauhigkeit, welche ihm die weiseste Natur
mit Bedacht gab, damit er sich selbst durch ihre mühsame Able-
gung einen Teil seines Vorzuges für unedlere Tiere zu danken haben möge. Zeigen die ernsthaften Wissenschaften, welche man im
engern Verstande die Gelehrsamkeit nennet, von nichts als von
dem Elende und Verderben der Menschen, von der Mühseligkeit
ihres Lebens, diese beweinenswürdigen Stützen der Gesellschaft,
so sind es allein die schönen Wissenschaften, welche durch bezau-
bernde Reize die ursprüngliche Empfindung der Freiheit in uns
ersticken und unsre schimpflichen Ketten mit Blumenkränzen um-
winden. Die Höflichkeit, das einnehmende Betragen, der zärtliche
Geschmack, alle untrügliche Kennzeichen gesitteter Völker, sind
ihre Früchte. Sie sind die Erfinderinnen von tausend Bequemlich-
keiten, Ergötzungen und eingebildeten Notwendigkeiten, durch
welche einzig kluge Monarchen ihre Throne unerschüttert zu erhalten wissen... Auch die Tugend wird durch sie menschlicher,
und die großen Taten, welche bei Barbaren fest eingeprägte Vorurteile oder ihre ungezähmte Wildheit zum Grunde haben, fließen
bei gesitteten Völkern aus viel reinern Quellen.

Aller dieser prächtigen Lobsprüche ohngeachtet wollen wir dem
Leser einen Mann bekannt machen, welcher die Wissenschaften
überhaupt und besonders die schönen Wissenschaften nebst den
freien Künsten auf einer ganz andern Seite betrachtet. Dieses ist
der Verfasser derjenigen Rede, welche im vorigen Jahre bei der
Akademie zu Dijon den Preis erhalten hat.* Sie betrifft die vor-

---

* Der Titel ist: Discours qui a remporté le prix à l'Académie de Dijon;
en l'année 1750 sur cette question proposée par la même Académie:
Si le rétablissement des Sciences et des Arts a contribué à épurer les
mœurs. Par Mr. *Rousseau,* Citoyen de Genève. – [Gegenwärtige Aus-

gelegte Frage, *ob die Wiederherstellung der Wissenschaften und Künste zur Reinigung der Sitten etwas beigetragen habe.* Man wird schwerlich vorausgesehen haben, daß man denjenigen krönen würde, welcher diese Frage mit »Nein« beantwortet. Unterdessen ist es geschehen; und Herr Rousseau, welches der Name des Verfassers ist, hat so erhabene Gesinnungen mit einer so männlichen Beredsamkeit zu verbinden gewußt, daß seine Rede ein Meisterstück sein würde, wenn sie auch von keiner Akademie dafür wäre erkannt worden.

[...]

Er hat sie in zwei Teile geteilt. In dem erstern zeigt er durch unverwerfliche Beispiele der Geschichte, daß die Verderbung der Sitten und der aus ihr fließende Verfall des Staats allezeit mit dem Aufnahmen der Künste und Wissenschaften sei verbunden gewesen. In dem andern beweiset er aus den Gegenständen und den Wirkungen der Künste und Wissenschaften selbst, daß sie notwendig diese Folgen nach sich ziehen müssen.

Mit solchen Waffen bestürmet Rousseau die Wissenschaften und Künste. Ich weiß nicht, was man für eine heimliche Ehrfurcht für einen Mann empfindet, welcher der Tugend gegen alle gebilligte Vorurteile das Wort redet; auch sogar alsdann, wenn er zu weit geht. Wir könnten Verschiednes einwenden. Wir könnten sagen, daß die Aufnahme der Wissenschaften und der Verfall der Sitten und des Staats zwo Sachen sind, welche einander begleiten, ohne die Ursache und Wirkung von einander zu sein. Alles hat in der Welt seinen gewissen Zeitpunkt. Ein Staat wächst, bis er diesen erreicht hat; und solange er wächst, wachsen auch Künste und Wissenschaften mit ihm. Stürzt er also, so stürzt er nicht deswegen, weil ihn diese untergraben, sondern weil nichts auf der Welt eines immerwährenden Wachstums fähig ist, und weil er eben nunmehr den Gipfel erreicht hatte, von welchem er mit einer ungleich größern Geschwindigkeit wieder abnehmen soll, als er gestiegen war. Alle große Gebäude verfallen mit der Zeit, sie mögen mit Kunst und Zieraten oder ohne Kunst und Zieraten gebauet sein. Es ist wahr, das witzige Athen ist hin, aber hat das tugendhafte Sparta viel länger geblühet? ... Ferner könnten wir sagen:

gabe: J. J. Rousseau: Schriften zur Kulturkritik (Die zwei Diskurse von 1750 und 1755). Französisch-deutsch. Hg. von K. Weigand. Hamburg (Meiner) 1955/64.]

wann die kriegerischen Eigenschaften durch die Gemeinmachung der Wissenschaften verschwinden, so ist es noch die Frage, ob wir es für ein Glück oder für ein Unglück zu halten haben? Sind wir deswegen auf der Welt, daß wir uns untereinander umbringen sollen? Und wenn ja den strengen Sitten die Künste und Wissenschaften nachteilig sind, so sind sie es nicht durch sich selbst, sondern durch diejenigen, welche sie mißbrauchen. Ist die Malerei deswegen zu verwerfen, weil sie der und jener Meister zu verführerischen Gegenständen braucht? Ist die Dichtkunst deswegen nicht hochzuachten, weil einige Dichter ihre Harmonien durch Unkeuschheiten entheiligen? Beide können der Tugend dienen. Die Künste sind das, zu was wir sie machen wollen. Es liegt nur an uns, wenn sie uns schädlich sind.[1]

Wie glücklich wäre überdies Frankreich, wenn es viele dergleichen Prediger hätte...

§ 19. Christian Fürchtegott Gellert (1751/56)

Von dem Einflusse der schönen Wissenschaften auf das Herz und die Sitten. Eine Rede

Wenn man die schönen Wissenschaften wohl und fleißig studiret, so erwirbt man sich einen gewissen guten Geschmack; das ist, eine zarte, geschwinde und treue Empfindung alles dessen, was in den Werken des Geistes sowohl in einzelnen Gedanken und Ausdrükken, als überhaupt in dem ganzen Baue des Werkes richtig, schön, edel, harmonisch; und auf der andern Seite alles dessen, was fehlerhaft, was matt, was kindisch, was abentheuerlich und mißhellig ist. Diese feine Empfindung, die in dem ersten Falle von einem geheimen Vergnügen, und in dem andern von einem heimlichen Unwillen begleitet wird; dieser gute Geschmack wird uns durch den Gebrauch so natürlich, daß wir ihm nicht allein in unsern Schriften, sondern auch in unsern Gesprächen und Handlungen folgen. Sein Einfluß breitet sich nicht nur über unsre Art zu den-

---

[1] Im neunten seiner kritischen ›Briefe‹ endet Lessing den Wiederabdruck seiner Rousseau-Rezension: »Kurz, Herr Rousseau hat Unrecht; aber ich weiß keinen, der es mit mehrerer Vernunft gehabt hätte.«

ken, sondern über unsern ganzen Charakter aus. Er wachet, gleich einem getreuen Aufseher, über alle Pflichten unsers Lebens, und lehrt uns unvermerkt die gute Art, mit der wir sie verrichten sollen. Er machet uns nicht tugendhaft, aber er giebt unsern Tugenden einen Werth und eine Anmuth, die sie ohne ihn nicht haben würden.

[...]

Ich behaupte hierdurch nicht, daß die Erlernung der schönen Künste uns die Tugend selbst einflöße, sondern nur, daß sie die Tugenden, die wir der Natur, oder vielmehr der Religion zu danken haben, angenehmer und brauchbarer mache. Welcher Vortheil für das gemeine Leben! Um ihn desto deutlicher einzusehen, so stellet Euch den Freund der schönen Wissenschaften, stellet Euch noch einmal einen Mann vor, der aus dem Lesen der Autoren weis, wie viel eine Sache durch die Art, mit der sie gesagt wird, gewinnt, wie man sie vortheilhaft wenden, und dem Andern auch das, was er ungern höret, von einer gefälligen Seite zeigen könne; einen Mann, der aus dem beständigen Umgange mit guten Schriften die Kunst gelernt hat, alles was in den Gedanken oder in dem Ausdrucke niedrig, schmutzig, hart und beschwerlich ist, zu vermeiden, oder zu verbergen, und überall den Wohlstand zu beobachten. Wird dieser Mann, wenn er mit seinen Freunden, mit seinem Weibe, mit seinen Kindern, mit Gönnern, mit Clienten, mit Fremden spricht und handelt, wird er nicht dieser Empfindung des Wohlstandes, die ihn immer gleich einem wachsamen Freunde erinnert, unvermerkt gehorchen? Und die feine Art, mit der er die Pflichten der Tugend und Höflichkeit verrichtet, wird die nicht selbst diesen Pflichten einen neuen Werth ertheilen? Wird er beleidigend seyn, wenn er scherzet, mürrisch, wenn er tadelt, gebietrisch, wenn er befiehlt, ruhmredig, wenn er Wohlthaten erzeigt? Wird er in seinen Gesprächen bäurisch und niederträchtig, in seinem Aeußerlichen beschwerlich und eckelhaft seyn? Er, der durch eine feine Empfindung gelehrt, so wohl weis, was in den Werken des Geistes edel, groß, natürlich, frey, was schön und nicht schön sey?

Man glaube also nicht, daß die Erlernung der schönen Künste nur in so weit gut sey, als man ein Autor, oder ein Lehrer derselben werden, als man selbst ein Redner, ein Dichter, ein Geschichtschreiber seyn will. Nein, ihr Geist wird uns als ein treuer Gefährte in alle Verrichtungen des Lebens, in die Geschäffte des

Hauses, in die Angelegenheiten des Staats, in die Unternehmungen des Krieges folgen.

[...]

Aber, höre ich einige sagen, wenn die Kenntniß der schönen Wissenschaften einen Einfluß in das Herz, in die Sitten und Handlungen der Menschen hat; woher kommt unter denen, die ihr ganzes Leben diesen Künsten gewidmet haben, so viel Ungesittete, Mürrische, Zanksüchtige, Stolze, Wollüstige, woher so viele Pedanten? Wie viele, denen man das Verdienst der Gelehrsamkeit nicht absprechen kann, haben nicht durch die ärgerlichsten Werke, die sie geschrieben, durch die schandbarsten Zänkereyen die guten Sitten entehret? Muß man nicht aus ihren Schriften auf ihren Charakter schließen? Es ist wahr, dieser Vorwurf beschämt die Liebhaber der schönen Wissenschaften, aber er schadet meiner Sache nicht. Ich habe den schönen Künsten keine Zauberkraft zugeschrieben, die ihre Verehrer auch wider ihren Willen gesittet machte, und ein jedes unedles Herz in ein edles verwandelte. Es ist auch nicht schwer, die Ursachen zu entdecken, warum viele von denen, die sich diesen Künsten ergeben, oft von dem Aeußerlichen und demjenigen, was man den eingeführten Wohlstand nennt, so verlassen sind. Begierig auf ihre Künste, verschließen sie sich auf ihre Studierstuben, und fliehen den Umgang, auf den sie ihre Kenntnisse sollten anwenden lernen. Sie bleiben Fremdlinge auf dem Schauplatze der Welt; ist es zu verwundern, daß sie ihre Rolle schüchtern und ängstlich spielen, wenn sie denselben so selten betreten? Ist es zu verwundern, daß sie bey dem Geschmacke, den sie besitzen, und in Gesellschaft nie genützt haben, Männer ohne Geschmack zu seyn scheinen, und aus Furcht keine Pedanten vorzustellen, oft Pedanten werden? So gewiß es ist, daß der Umgang allein, ohne Einsicht, ohne Geschmack, uns nichts, als den Ton des Wohlstandes lehret, und blendende Stutzer oder höfliche Gecken zeugt; so gewiß ist es auch, daß der Geschmack in den schönen Künsten, wenn er nicht auf das gemeine Leben und die Gesetze des Wohlstandes durch den Umgang angewandt wird, keinen Mann von Lebensart bildet. Eben so leicht ist es, die Ursache zu finden, warum diejenigen, die sich diesen Künsten widmen, bey einem gebesserten Verstande immer noch ein ungebessertes Herz behalten, und so leicht stolz und eitel werden. Sie studiren, um viel zu wissen, um tadeln zu können, um Andre zu übertreffen; und sie belohnen sich für ihren Fleiß durch den Stolz und die Verachtung der Andern. Sie denken nicht an das, was sie treiben, sondern stets an sich. Sie studiren nicht mehr, um die Schönheiten der Autoren zu entdecken und zu empfinden, sondern um ihre Gelehrsamkeit zu zeigen. Nicht die Wissenschaften also, sondern ihr fehlerhafter Gebrauch zeuget die übeln Sitten vieler Gelehrten.

[...]

Man fragt mich vielleicht, ob es nicht Viele gebe, welche, ohne je die schönen Wissenschaften studirt zu haben, sehr gesittet, und oft gesitteter sind, als die, welche ihre ganze Lebenszeit darauf verwenden? Ich räume es ein, es giebt ihrer Viele. Aber man frage zugleich diese gesitteten nach dem Umgange, nach der Erziehung, die sie gehabt, nach den Büchern, die sie gelesen; und man wird finden, daß ihre Aeltern, ihre Lehrer, ihre Freunde, und etliche gute Bücher bey ihnen die Stelle der schönen Wissenschaften vertreten haben. Nicht der, welcher alles gierig gelesen, alle Schätze der Weisheit stolz in sich aufgehäuft, alles, was mit der Miene der Gelehrsamkeit schmeichelt, mühsam untersucht, tausend verwickelte Fragen entschieden, tausend philosophische Spitzfindigkeiten erforscht hat; nicht der ist es allemal, der mit Rechte sich rühmen kann, die schönen Wissenschaften studiret, für sein Herz studiret zu haben. Ein Anderer, der nur etliche, nur die besten Bücher, fleißig, mit Aufmerksamkeit, mit Empfindung gelesen, so gelesen, daß er sich oft bis zum Schreiben begeistert fühlte; oder der aus dem Umgange mit gelehrten Freunden den Nutzen des Lesens selbst gezogen hat; auch der hat aus den schönen Wissenschaften geschöpft, auch der hat aus ihnen sein Herz und seine Sitten gebildet.

[...]

Es ist ein allgemeines Gesetz, eine ewige und unveränderliche Richtschnur für unsern Geist, alles, was ihm unangenehm und beschwerlich ist, von sich zu entfernen, und das zu suchen, was ihm angenehm und schön dünket. Eben die Empfindung von der Ordnung, dem Anstande, der Uebereinstimmung welche wir in den Werken der Künste, in regelmäßigen und prächtigen Gebäuden, in dem Anblicke vortrefflicher Schildereyen, in dem Lesen geistreicher Schriften immerzu wahrnehmen; eben diese Empfindung, die sich hier unvermerkt in unsre Seele eindrückt, und in ihr festsetzet, folget uns sodann in die gesellschaftlichen und häuslichen Angelegenheiten, und lehret uns auch hier, ohne daß wir daran denken, die Regeln des Wohlstandes, der Ordnung, der Natur, beobachten, das Rauhe und Gezwungene aus unsern Sitten eben so, wie aus unsrer Art zu denken, verbannen, und wenigstens die äußerliche Gestalt der Gefälligen, der Leutseligen, der Ordentlichen annehmen, um den Beyfall der Andern zu erwerben.

§ 20. Johann Adolf Schlegel (1751)

Von der Notwendigkeit, den Geschmack zu bilden

1.   Der Geschmack im bürgerlichen Leben; seine Grenzen.

Den Einfluß des Geschmackes in die Sitten nicht in Zweifel zu ziehen, darf man nur auf seine Verwandtschaft mit dem Gewissen Acht haben. Gleich dem Geschmacke ist auch das Gewissen eine Empfindung. Gleich ihm ist es eine Empfindung, deren Amt es ist, zu urtheilen, und dadurch gewissermaaßen die Stelle des Verstandes zu vertreten, der in so großer Geschwindigkeit seine Urtheile nicht abfassen kann. Gleich dem Geschmacke ist ebenfalls das Gewissen eine solche Empfindung, welche, wie sie nicht ohne Schmerz beleidigt werden kann, also auch, wenn ihr genug geschieht, für uns eine Quelle des Ergetzens wird. Der Geschmack in den Künsten urtheilet von der Schönheit der Kunstwerke nach ihrem Verhältnisse mit der Natur. Der Geschmack im bürgerlichen Leben urtheilet von der Wohlanständigkeit des äusserlichen Betragens der Menschen nach dem Verhältnisse desselben zur Geselligkeit. Und eben so urtheilet das Gewissen von der sittlichen Güte der Handlungen nach ihrem Verhältnisse zum göttlichen Gesetze. Der Kenner wird nicht ungestraft ein elendes Gedichte hören können; es wird seinem Ohre und seiner Seele eine Folter seyn. Der Mann von Lebensart wird durch alle Plumpheit in Sitten verletzet werden; und den Zwang ehrenfester Complimente, oder die übermäßige Süßigkeit eines kostbaren Wesens kaum ausstehen können. Und welche Quaal für den Tugendhaften, wenn er von den Ruchlosigkeiten eines Bösewichts ein Augenzeuge zu seyn gezwungen ist! Welch ein nagender Schmerz für ihn, wenn er von dem Laster überraschet worden, sich durch eine unedle That zu beflecken! Aber dagegen, welche Wollust, die ein richtiger Geschmack aus den Gedichten eines Gellerts oder Klopstocks, aus den Schilde-reyen eines Dürers oder Peene schöpfet! Welch eine Munterkeit, die sich über eine Gesellschaft ergießt, in der durchgängig feine Sitten herrschen! Und welch ein Entzücken, von welchem sich ein wohlgebildetes Herz bey Anhörung einer großmüthigen That, die der Menschheit und der Religion zur Ehre gereicht, überwäl-tiget fühlet! Welch eine Heiterkeit, die sich über das Gesicht des Tugendhaften ausbreitet, wenn ihm sein Gewissen das Zeugniß giebt, seiner Pflicht gemäß gehandelt zu haben!

Nichts könnte die Würde und Nutzbarkeit des Geschmackes besser darthun, als diese seine Verwandtschaft mit dem Gewissen. Aber sollen wir darum so weit gehen, daß wir, statt dem Gewissen den Geschmack unterzuordnen, vielmehr jenes von diesem abhän-gen lassen? Dürfen wir ihn für den Mittelpunkt der irrdischen Wohlfahrt des Menschen ansehen? Mögen wir etwan mit Grunde, statt ihm nur einen Einfluß in die Tugend zuzugestehen, die Tu-gend selbst aus ihm, als aus ihrer Quelle, herleiten? Sollen wir das Lob des Geschmackes, und derjenigen Künste, die ihn befördern, so hoch treiben, als Plutarch? Dieser rühmet nämlich von der wah-ren Musik »derjenige, der sie von seiner Kindheit auf erlernet habe, werde niemals durch eine Niedrigkeit sich verunehren; er werde seinem Vaterlande eben so nützlich, als ordentlich in seiner häuslichen Aufführung, in seinen Handlungen, wie in seinen Wor-ten, durchgängig harmonisch, und überall sorgfältig seyn, Anstän-digkeit, Mäßigung und Ordnung zu beobachten.«

Wer würde, wenn die Musik nicht ausdrücklich genannt worden wäre, auch nur gemuthmaaßet haben, daß von ihr hier die Rede sey? Wer würde nicht vielmehr geglaubet haben, daß solch ein Lob allein der Religion zukommen könne? Denn man nehme die Musik nach dem weitesten Umfange, der ihr nur irgend von den Alten gegeben worden; man dehne sie noch über diese Gränzen aus; man fasse so gar alle schöne Künste, alles was nur den Ge-schmack bilden und schärfen kann, darunter zusammen. Wird sie so gar alsdann diesen Lobspruch wohl behaupten können? Was wäre ihr gleich zu schätzen; und wer würde zu ihrer Erlernung nicht verpflichtet seyn; wenn sie so treffliche Wirkungen hervor-zubringen geschickt wäre?

Plutarch philosophirt hier, ohne dabey auf die menschliche Na-tur zurückzusehen; er schließt von der Möglichkeit auf die Wirk-lichkeit. Sein Lob der Musik setzet voraus, daß der Verstand aus dem, was er begriffen, allezeit alle die Folgen herleite, welche daraus fließen, und solche selbst auf diejenigen Dinge anwende, die damit in der wenigsten Verbindung stehen. Es wird dabey ferner angenommen, daß das Herz geneigt sey, von der Wissenschaft des Verstandes allen den Nutzen zu ziehen, den es möglicher Weise davon ziehen kann. Es wird endlich darinnen zum Grunde gelegt, daß der Mensch überall nach einerley Grundsätzen handle. Diese Eigenschaften an dem Menschen finden zu wollen, müßte man entweder seine Neigung, gut von ihm zu denken, bis zu einer vergötternden Schmeicheley, oder seinen eignen Stolz bis zur Unverschämtheit treiben. Denn müssen etwan die Erfahrungen, die dawider streiten, erst mühsam aufgesuchet werden? Nein; von selbst kommen sie uns überall entgegen. Auch wenn wir vor ihnen fliehen, drängen sie sich uns doch zu unsrer Demüthigung auf.

Der menschliche Verstand ist so scharfsichtig nicht, daß er das ganze Feld, welches ihm eine einzige Wahrheit öffnet, auf einmal ins Auge fassen könnte. Er sieht gemeiniglich nur diejenigen Folgen seines Grundsatzes, welche gerade vor ihm liegen; und hierbey bleibt er stehen. Ein Schritt weiter, ein Seitenblick würde ihm öfters diese oder jene benachbarte Wahrheit gezeigt haben, deren Nachbarschaft und Verbindung mit dem, was er schon weiß, ihn in Erstaunen setzet, wenn er nachher durch fremde Hülfe, oder etwan durch einen Glücksfall entdecket. Und sollte wohl der Verstand bey seinen Beschäfftigungen für das Beste des Herzens sehr bekümmerat seyn? Oder arbeitet er nicht vielmehr in der Absicht, seine Neugier zu sättigen, und darum weil die Seele lieber auswärts, als in sich selbst, beschäfftiget ist?

Eben so verhält es sich auch mit dem menschlichen Herzen. Selten begehret es aus den Kenntnissen des Verstandes einen andern Vortheil zu schöpfen, als den, daß es seiner Eitelkeit damit schmeicheln, und Ruhm dadurch erwerben könne.

[...]

Dem Geschmacke werden durch das Bekenntniß, daß er nicht alles vermag, seine so wohl befestigten Rechte auf keine Weise geschmälert. Er ist an wahren Vorzügen so arm nicht, daß er, ausser denselben, noch mit erdichteten sich ausschmücken müßte, um sich dadurch zu heben und in Ansehen zu setzen.

2. Dialektik des Geschmacks. Propädeutik der Tugend.

Die Menschlichkeit und die Tugenden des Umgangs finden sich allezeit in dem Gefolge der schönen Künste; das ist unleugbar. Aber eben so unläugbar ist es, (wie Athen, Rom, und in neuern Zeiten nicht weniger Frankreich, vielleicht auch England, einmüthig bezeugen,) daß gleichfalls die Laster aus den schönen Künsten Vortheil zu ziehen wissen; absonderlich diejenigen, die aus der Sinnlichkeit ihren Ursprung haben. Sie entlehnen Reiz und Anmuth von ihnen, ihre Misgestalt damit auszuschmücken. Durch das gesellige und leutselige Wesen, durch welches sie so sehr bezaubern, wird überall alles rohe und wilde Wesen dem Auge anstößig. Dieß nöthiget auch die Laster zu einer Art der Zurückhaltung. Um geduldet zu werden, nehmen sie die Miene des Wohlstandes an sich. Sie werden gesitteter, und eben dadurch gefährlicher.

Hierinnen eben liegt, wie ich glaube, eine von den Ursachen, warum der Verfall des Geschmackes die gewöhnliche Folge seines Wachsthums zu seyn pfleget. Er arbeitet von fernher an seinem Untergange; oder, gegen ihn gerechter zu seyn, daß sinnliche Herz misbrauchet desselben zur Nahrung und Pflege seiner Begierden. Rauhigkeit, Grobheit, Unempfindlichkeit, Grausamkeit, Unmenschlichkeit sind durch ihn verbannt worden. Nun heben Weichlichkeit, Ueppigkeit, Wollust, ihr Haupt empor; und ihnen gelingt es, die Sitten, welche auf die eine Art ausgebildet waren, auf eine andre Weise zu verderben. Das Verderbniß der Sitten aber zieht hinwieder das Verderbniß des Geschmackes nach sich. Er gleicht der Sonne, die, wenn sie am feurigsten stralet, Dünste aufzieht, welche sie erst nur umwölken, und ihren Glanz schwächen, bald aber den Himmel ganz mit dicken Wolken überdecken, daß ihre Stralen nicht mehr hindurch dringen können. Wenn der Geschmack am höchsten gestiegen war, eben in seinem vollsten Glanze, wird er von Nebeln umhüllet, die seine wohlthätigen erwärmenden Stralen selbst gebildet hatten. Nachdem er einigemal von neuem hervorgeschimmert, und noch bey seinem Untergange, eine Zeitlang einen falschen Widerschein von sich geworfen, sinkt er ganz in die Nacht der Barbarey zurück, und verlischt. Nichts bestimmet demnach den eigenthümlichen Nutzen der schönen Künste, denjenigen, welcher am zuverlässigsten von ihnen erwartet werden kann, richtiger, als der bekannte ovidische Vers.

... Ingenuas didicisse fideliter artes
Emollit mores, nec finit esse feros.
Edleren Künsten sich weihn giebt mildere Sitten; und mächtig
Wehrt es die Rückkehr zu uns allem, was Wildheit verräth.*

Sollte sich aber ihr ganzer Einfluß in die Sitten bloß und allein
auf das Aeusserliche derselben einschränken; bloß und allein auf
das, was unter dem Namen des bürgerlichen Wohlstandes begriffen wird? Auch diesen Ruhm müssen wir den schönen Künsten
zugestehen, daß sie, wohlangewandt, zur wirklichen Besserung des
Herzens immer mehr beytragen werden, als die philosophischen
Erkenntnisse für sich allein. Mit der Ausbildung der Empfindungen, von deren Unordnung das meiste zu befürchten ist, machen
sie den Anfang. Durch vielfältige Uebung gewöhnen sie dieselben
zum Edlen und Rührenden, daß sie zu andrer Zeit ungeheißen
und ungeleitet den richtigen Weg gehen.
[...]
Ob nun gleich der Geschmack die Tugend selbst nicht zu geben
vermag; so ist das schon Ruhm genug für ihn, daß er ihr nicht
selten beförderlich ist. Das aber ist er seiner Natur und Bestimmung nach; da er ihr hingegen, wo er ihr schadet, nur zufälliger
Weise schadet, und die wahre Tugend sich von denen, die sich
des Geschmackes bedienen, ihre Wollust auszukünsteln, ohnedieß
wenig Folgsamkeit versprechen dürfte. Ein guter Geschmack ist
der Tugend nicht nur da beförderlich, wo er sie findet; sondern
auch da, wo er sie nicht findet. Die Herzen, in denen er sie nicht
findet, bereitet er, wenn nur wenigstens Same des Guten darinnen
liegt, der Tugend vor, indem er die Menschen zur Menschlichkeit
zurückbringt. Er erwärmet, und nähret den Samen des Guten; er
richtet ihn, so zu sagen, zu, daß er zeitiger hervorkeimet. Da aber,
wo er die Tugend bereits im Besitze des Herzens antrifft, macht
er dieselbe liebenswürdiger. Er zeigt sie in einem noch vortheilhaf-
tern Lichte; er fügt zu ihrer Gründlichkeit noch die gute Art,
sie auszuüben, hinzu, die ihr eine allgemeine Liebe geschwinder
erwerben hilft.

---

* OVID. ex Pont. libr. II. ep. 9 v. 47. [= Epistulae ex Ponto (Briefe
aus Pontus) II, 9 v. 47.]

Verwandtschaft des Schönen und Guten

Rousseau hat alles Böse zusammengetragen, dessen man jemahls die schönen Künste und Wissenschaften beschuldigt hat, und daraus geschlossen, daß sie die Sitten verderben.

Montesquieu würde ihm antworten: dieses ist der Weg nicht, den Werth einer so wichtigen Sache zu untersuchen. Ich will alle die Gräuel sammeln, zu welchen die Liebe zur Freyheit Gelegenheit gegeben, alle die Verderbnisse, die aus der unschuldigen Empfindung des Mitleidens entsprungen; und ihr werdet euch entsetzen.

Aus der Erfahrung läßt sich in dergleichen Fällen schließen, was man nur will. Die Veränderungen in den Sitten eines Volks hangen niemahls von einer einzigen bestimmten Ursache ab, sondern sind allezeit allmälige Wirkungen vieler zusammentreffender Ursachen, wovon die wenigsten der Nachkommenschaft aufbehalten werden. – Die Üppigkeit ist eine Folge der schönen Künste. Wie man will; öfters sind beide unvermeidliche Folgen des Wohlstandes einer Nation, öfter noch hat die Üppigkeit die schönen Künste verdorben. Aber wenn der Charakter aus wesentlichern Ursachen zur Verderbniß eilet, so verwandelt das Gute selbst, das sie hat, seine Natur, und wird zu einem Gifte. Nichts ist einem Volke, das auf dem Abschuß zu seinem Verderben stehet, schädlicher, als Freyheit und heroische Tugend.

Bevor wir die Geschichte befragen, was für Wirkungen die schönen Künste und Wissenschaften in die Sitten gehabt haben, laßt uns erst untersuchen, was für Wirkungen sie haben *können*. Einen Versuch von dieser Art will ich hier wagen. Ich werde aber nicht mehr als die allgemeine Verwandtschaften und Verbindungen anzeigen, in welchen das Schöne mit dem Guten, und vermöge derselben die schönen Wissenschaften mit den Sitten stehen.

Sokrates wollte untersuchen, was *allgemeine Gerechtigkeit* sey. Da sich dieß bei einem einzelnen Menschen nicht so leicht entdecken ließ, so betrachtete er die allgemeine Gerechtigkeit in Absicht auf einen ganzen Staat, um sie hernach durch die Reduction auch bei einem einzelnen Menschen vorzunehmen. Er fand, daß die allgemeine Gerechtigkeit eines Staats eine Verfassung sey, in welcher alle Mitglieder zur Vollkommenheit der Gesellschaft übereinstimmen. Auf eine ähnliche Weise, schloß er, bestehet die allgemeine Gerechtigkeit oder Rechtschaffenheit eines einzelnen Menschen in einer Verfassung, in welcher alle seine Kräfte und Fähigkeiten zur Vollkommenheit des Ganzen übereinstimmen. Er betrachtet nämlich die verschiedene Fähigkeiten des Menschen wie die Bürger einer Republik. Der Staat muß sorgen, daß jeder Bürger Mittel finde, so glükseelig zu seyn, als mit der Glükseeligkeit des Ganzen bestehen kann. Der Mensch muß jede seiner Fähigkeiten so ausbilden, als zur Vollkommenheit des ganzen Menschen gehört. Die Glükseeligkeit eines Staats bestehet in einem zusammengesetzten Verhältnisse der Glükseeligkeit der einzelnen Bürger und ihrer Übereinstimmung zum Ganzen. Die Vollkommenheit des Menschen bestehet aus der Vollkommenheit seiner einzelnen Kräfte und Fähigkeiten, und aus ihrer Übereinstimmung zum Ganzen. Alle Pflichten gegen uns selber reducirt er auf das Gesetz: *sei gerecht gegen dich selbst!*

In dieser Betrachtung muß jeder vernünftige Mensch an sich selbst die Frage thun, die Rousseau in Absicht auf ganze Nationen beantwortet haben will. Wenn die Erkenntniß des Schönen mich von der Liebe zum Guten abführen kann, so kann ich meinen Geschmack vielleicht auf Unkosten meiner Sitten ausbilden, und ich bin ungerecht gegen mich selber.

Doch was ist Geschmack? was sind Sitten? Es giebt auch einen Geschmack in den Sitten, denn auch die Sitten haben ihr Schönes und Häßliches. Wie, wenn ich durch den Geschmack das Gute vom Bösen unterscheiden lernte? Würde dieser Geschmack anders wählen, als die Vernunft? und in welcher Verwandtschaft stehet dieser moralische Geschmack mit dem Willen?

Mit unsrer Vernunft unterscheiden wir das Wahre vom Falschen, das Gute vom Bösen, das Schöne vom Häßlichen. Wir besitzen aber auch bon-sens, *Empfindung* und *Geschmack,* vermittelst welcher wir ohne deutliche Schlüsse das Wahre, Gute und Schöne gleichsam fühlen. Die Schönheit in den äußern, sinnlichen Empfindungen hängt von den Schranken unserer Fähigkeiten ab. Hätten wir andere Sinne, sagte Montesquieu mit Recht, etc. (Dissertation sur le goût.) Nicht so die sittliche Empfindung. Unsere Seelenkräfte mögen beschaffen seyn, wie sie wollen, so sind allezeit Großmuth, Liebe, Dankbarkeit nothwendig Gegenstände des Wohlgefallens.

Es ist also die Schönheit in den äußerlichen sinnlichen Empfindungen allzu wandelbar, als daß man sie als unumstößliche Gründe sollte herleiten können. Der Geschmack muß hier die Vernunft zurechtweisen, dahingegen die Vernunft allezeit den bonsens und die sittliche Empfindung leiten muß.

In Ansehung des bon-sens ist man völlig überzeugt, daß sich die Urtheile desselben in richtige Vernunftschlüsse auflösen lassen; bon-sens ist eine geübte Vernunft. Vernunft und bon-sens wirken nach ähnlichen Regeln; jene langsamer, so daß wir die Verbindung der Mittel-Begriffe wahrnehmen; dieser so schnell, daß wir von der ganzen Folge der Begriffe nichts behalten, als Anfang und Ende.

Unsere Urtheile vom Guten und Schönen hingegen sollen sich, wie einige wollen, auf keine Vernunftschlüsse reduciren lassen. *Hutcheson* sagt, Gott habe uns einen von dem Verstande und von allen übrigen Fähigkeiten ganz unterschiedenen Sinn gegeben, mit welchem wir das Schöne und Gute erkennen und lieben. So wie wir die *Qualitates sensibiles* nicht durch den Verstand wahrnehmen, sondern empfinden, eben so unterscheiden wir das Angenehme vom Widrigen, das Schöne vom Häßlichen, das Gute vom Bösen durch einen unmittelbaren *Sinn*, dessen Aussprüche sich in keine einfachere Begriffe auflösen lassen. Diese Theorie hat ihren guten Grund, bedarf aber Erläuterung.

Mit jedem sinnlichen Gefühl strömt ein Meer von Begriffen in unsere Seele. Die Seele denkt, wenn sie einige von diesen Begriffen deutlich wahrnimmt; und sie empfindet, sobald sie sich dem Eindruck überläßt, und sie alle faßt. Die Elemente sind eben dieselben, wir mögen sie mit der Vernunft oder mit den Sinnen begreifen; und eine sinnliche Empfindung ist nichts andres, als die Wahrnehmung unendlich vieler Wirkungen und Gegenwirkungen, die an und für sich von den deutlichen Begriffen des Verstandes nicht unterschieden sind. Indem sie sich aber der Seele auf einmal darstellen, bringen sie eine Wirkung hervor, die von der Wirkung einzelner Begriffe des Verstandes ganz unterschieden ist, und daher *Phaenomena* genannt wird. Die Begriffe des Verstandes verhalten sich zur sinnlichen Empfindung wie etwa der Ton einer Saite zum Brausen des Meeres, oder wie die Stimme eines vernehmlich redenden Menschen zum Geräusch und hohlen Murmeln eines versammelten Volkes. — Denn aus der Vermischung vieler Begriffe entstehet eine zusammengesetzte Erscheinung, die von den

Elementen, aus welchen sie bestehet, völlig unterschieden ist, so wie etwa zwey Körper, die zusammentreten, einen dritten erzeugen, der ganz andere sinnliche Eigenschaften zeigt, als diejenige, aus welchen er bestehet.

Die Menge der Begriffe, die eine sinnliche Empfindung ausmachen, ist die Ursache ihrer Lebhaftigkeit. Die Freyheit vermag unmittelbar nichts über die Sinne.

Facultas determinandi voluntatem pro lubitu dicitur libertas. Lubitus est cognitio, qua substantia pollet, ex qua secundum leges appetitionis aversationisque cognosci potest, cur sic, non aliter se determinet circa actionem liberam ratione executionis.[1] Daher kann die Quantität der Triebfedern und Beweggründe öfters zu gering seyn, die Lebhaftigkeit eines gegenwärtigen sinnlichen Eindrucks zu überwältigen oder die Aufmerksamkeit auf sich zu ziehen.

Wenn wir die Gegenstände nicht wahrnehmen wollen, so müssen wir sie auf die sinnliche Werkzeuge nicht wirken lassen, oder durch die außerordentliche Übung ein Phantasma lebhafter zu machen gelernt haben; in welchem Falle wir freylich nichts empfinden. Zum Beyspiele können die Enthusiasten dienen.

Diese Lebhaftigkeit vermehret auch ihre Wirkung in das Begehrungsvermögen, aber nur, so lange sie gegenwärtig bleiben. Sobald sie aber abwesend sind, verlieret sich der Eindruck vermöge seiner Dunkelheit. Man bereut öfter den Genuß, als die Versäumung einer sinnlichen Wollust.

Eine ähnliche Beschaffenheit hat es mit Geschmack und sittlicher Empfindung. Ihre Urtheile lassen sich in vernünftige und deutliche Gründe auflösen; aber so wie sie sich in der Seele darstellen, sind sie von den Wirkungen deutlicher Vernunftgründe völlig unterschieden. Es sind Phaenomena, die sich zu den Vernunftgründen, in welche sie aufgelöst werden, verhalten wie die

---

[1] Mendelssohn geht hier zur Sprache der Schulphilosophie über; er hebt Eigenvermögen (der Substanz) und Fremdbestimmung gegeneinander ab. »Die Fähigkeit, den Willen zu bestimmen, wird Freiheit statt Willkür (Willfährigkeit) genannt. Willkür (hingegen) ist die Erkenntnis, inwieweit die Substanz (von sich aus) etwas vermag; woraus nach den Gesetzen von Neigung und Abneigung erkannt werden kann, warum sie (sc. die Willkür) sich in der Gesetzmäßigkeit ihrer Durchführung in bezug auf die freie Handlung so und nicht anders bestimmt.«

Farben zu den Winkeln, unter welchen sich die Lichtstralen brechen; dem Scheine nach von einer ganz andern Natur, aber im Grunde eben dasselbe. Der musikalische Dreyklang ist, wie bekannt, im Grunde nichts andres, als eine sinnliche Wahrnehmung gewisser Verhältnisse. Aber was wir bei Anhörung des Dreiklangs empfinden, ist weit von der Betrachtung einiger Verhältnisse unterschieden; denn hier hat sich die Empfindung durch alle Nerven vervielfältigt und ist zur Erscheinung geworden. So erregt eine regelmäßige Bildsäule ganz andere Empfindungen, als die Verhältnisse, aus welchen sie zusammen gesetzt ist; und selbst die moralischen Tugenden empfinden wir anders, als wir sie mit der Vernunft begreifen.

Wer von der Natur keinen Geschmack empfangen, wird die Regeln des Schönen begreifen wie *Sanderson* Newtons Theorie der Farben, als Vernunftgründe, nicht als Phaenomena. Aber so wie sich die Nachurtheile der Seele durch lange, wiederholte Übungen in die Empfindungen mischen und die sinnliche Urtheile verbessern, eben so können die Regeln des Schönen den Geschmack reinigen, verbessern.

Unsere Urtheile von den Größen, Entfernungen, Figuren und Bewegungen der körperlichen Dinge sind eben so wohl, als unser Begriff von der Schönheit und Ordnung, von den sinnlichen Eindrücken unterschieden, stehen eben so wenig unter der Freyheit, und kommen aller Beziehung und Gewonheit zuvor. Deswegen aber nehmen wir keinen besondern Sinn an, vermittelst dessen wir die Entfernung u. s. w. wahrnehmen.

Wie die äußerliche Sinne, sind sie der Freyheit nur mittelbar unterworfen, indem wir durch Übung, Gewonheit und Erziehung unsern Geschmack sowohl, als unsre moralische Empfindung verändern können.

Die Wahrheit streitet sehr oft mit dem bon-sens; und in diesem Falle kann sie nur durch die Vernunft erreicht werden; z. B. die Gestalt der Erde, ihre Bewegung, die Entfernung der Fixsterne, die unendliche Theilbarkeit der Materie. Eben also streitet sehr oft die sittliche Empfindung mit der Pflicht.

Über das bürgerliche Air.
Vom Klassencharakter des Geschmacks

*1.   Der üble Anstand: die Einschränkungen der bürgerlichen Le-
bensart.*

Was heißt dann nun also das bürgerliche Air, welches nach Rochefoucault, dem Menschen, der es einmahl angenommen hat, so fest
ankleben soll, daß die längste und angestrengteste Uebung, sich
davon loszumachen, angewandt unter den besten Mustern einer
feinen Lebensart, dennoch vergeblich ist; und welches, nach eben
des Mannes Ausspruche, wenn es je weicht, nur durch die militä-
rischen Sitten vertrieben werden kann? Es kann etwas spät scheinen, diese Frage jetzt erst aufzuwerfen. Aber die Natur gewisser
moralischer Gegenstände läßt sich am besten erkennen, wenn man
ihre Ursachen und ihre Folgen entwickelt hat. Wenigstens ist, um
das Eigenthümliche in den Sitten verschiedener Stände deutlich
einzusehen, nothwendig, das Besondre in der Lage eines jeden zu
untersuchen. Daher sind auch, in meinen bisherigen Betrachtungen,
die Merkmahle, welche die Artigkeit des Hofmanns von dem
Wohlstande des Bürgers unterscheiden, zerstreut vorgekommen.
Jetzt ist es Zeit, dieselben zusammenzufassen, um auf jene Frage
etwas bestimmter antworten zu können.

Ich empfinde, was unter dem *bürgerlichen Air* gemeinet sey,
und ich finde Schwierigkeit es zu beschreiben. Es ist ein gewisser
Anstand, aber nicht vollkommen der rechte; es ist eine Gattung
der Artigkeit, aber eine, welche die Schule des kleinen Cirkels
verräth, wo man sie gelernt hat; es ist eine Begierde zu gefallen,
und gemeiniglich eine sehr starke Begierde, aber sie erreicht ihren
Zweck nicht, weil sie ihre Mittel nicht richtig wählt, und nicht
genug verbirgt.

Der Begriff des bürgerlichen Airs ist nicht nur sehr zusammen-
gesetzt, sondern er ist auch zugleich nach Ort und Umständen
veränderlich. Demohnerachtet glaube ich folgende Bestandtheile
als wesentlich und unwandelbar in ihm zu entdecken. Erstlich,
ein affectirtes und ceremoniöses Wesen, welches die Pflichten der
Höflichkeit übertreibt und weitschweifig macht, so daß sie dem
Menschen, welcher sie leistet, beschwerlich, und der Gesellschaft,

an welche sie gerichtet sind, lästig werden. Zweytens, eine gewisse Blödigkeit, die doch nicht ohne Stolz ist, und die, da sie von demselben bekämpft wird, und ihm doch nicht völlig weicht, dem Menschen ein zweydeutiges und verlegenes Ansehen giebt. Drittens, Unwissenheit der bestimmten Rechte und Forderungen jedes Standes, und also Unwissenheit in Absicht des Grades von Freymüthigkeit und Zurückhaltung, die wir gegen die mit uns im Umgange begriffenen Personen, besonders gegen Personen eines höhern, oder selbst des höchsten Ranges zu beweisen haben. Endlich viertens, die Spuren, welche man am Geist oder am Körper von dem Gewerbe trägt, das man im bürgerlichen Leben getrieben hat. – Daß dieses letztere zum bürgerlichen Air gehöre, ist bey Handwerkern am offenbarsten. Jede Classe derselben hat einen übeln Anstand andrer Art. Diese Verschiedenheit ist so groß und so bestimmt, daß ein guter Beobachter der Menschen, daraus allein, ihren Stand und ihre Lebensart erkennen kann. Diese Eigenheiten kommen nirgends anders her, als von der Stellung, welche der Körper jedes Handwerkers bey seinen Arbeiten annehmen muß, und von den Bewegungen, welche er am öftersten bey denselben zu machen genöthiget ist. Aber auch die Schreib- und die Studierstube, die sitzende Lebensart des Gelehrten oder des Buchhalters, – ob sie gleich nicht auf eine so bestimmte, noch auf eine so gewaltsame und unnatürliche Weise die Glieder einschränken und bewegen, – drücken doch beyden gewisse Eigenthümlichkeiten ein, die an sich nicht schön sind, und durch die sie immer im Aeußern etwas gegen solche Menschen verlieren, die gar keine bestimmte, wenigstens keine anhaltende und anstrengende, Beschäftigungen haben. Und nicht bloß die Stellung und die Figur des Körpers, sondern auch die Art zu denken, der Ausdruck, die Neigung, das Interesse, alles das wird bey dem Menschen durch die Beschäftigungen bestimmt, welche er unabläßig treibt. In so fern nun dieses Gewerbe klein, oder in den Augen der Gesellschaft, in welcher der Mensch sich befindet, verächtlich, oder ihr wenigstens ganz unbekannt und gleichgültig ist: insofern wird es dem Menschen als ein Uebelstand angerechnet, wenn er, durch den Inhalt, oder den Ton seiner Gespräche, zu oft an dasselbe erinnert. Selbst von Wissenschaften in vermischten Gesellschaften zu reden, aber von solchen Wissenschaften, die sich nicht, wie Geschichte, Politik und schöne Litteratur, auf das Interesse der Menschheit überhaupt, sondern nur auf eine besondere Gattung der Geschäfte beziehn, wie die Rechtsgelehrsamkeit, das Sprachstudium u. s. w.: selbst dieses wird mit dem Nahmen der Pedanterey belegt, und ist eine Unterart des bürgerlichen Airs.

Es gehört zum guten Anstande zweyerley: zu wissen, wie man sich betragen *müsse,* und sich nach dem, was man weiß, wirklich betragen *können.* Man muß die richtige Idee haben, von dem, was anständig ist; und man muß die Geschicklichkeit besitzen, diese Idee in seinem Aeußern auszudrücken. Zu dem erstern gehört Kenntniß der Welt, der verschiednen Stände, und derjenigen allgemeinen und großen Gegenstände, welche die Welt und die Menschen überhaupt interessiren und beyden wohlgefallen. Zu dem andern gehört eine Uebung des Körpers und der Sprache, eine Uebung, durch welche der Mensch beyde gleichsam in seine Gewalt bekömmt, um das Ideal des Guten und des Schönen, welches seinem Geiste vorschwebt, auch in den Wendungen und dem Tone seiner Rede, in seinen Mienen, Geberden und Bewegungen, rein und unverfälscht auszudrücken. In dem ersten dieser beyden Stücke fehlt der Sohn der bürgerlichen Familie, – wenn er nur die Erziehung seines Standes und seines Gewerbes bekommen hat, – weil er einen zu kleinen Theil der Welt, zu wenige Muster zu sehn Gelegenheit hat, und mit seiner Aufmerksamkeit mehr auf particuläre und geringfügige Gegenstände, als auf jene allgemeine und große gerichtet ist. In dem zweyten steht er zurück, weil er nicht Zeit und Anlaß zu Leibesübungen hat, die seine Glieder überhaupt ausarbeiten, und sehr viel Zeit mit Beschäftigungen zubringen muß, welche die völlige Freyheit der Glieder hindern.

Zu diesen Mängeln, welche aus Unwissenheit, oder aus Ungeschicklichkeit entstehn, gesellt sich nun noch, um das bürgerliche Air, in dem Sinne, in welchem es Rochefaucault versteht, vollständig zu machen, der Mangel der Würde, von welchem ich schon weitläuftiger geredet habe. Es ist unmöglich, daß der, welcher ohne einen bestimmten und von den Gesetzen anerkannten Rang in der Welt auftritt, das Achtung gebietende Aeußere annehmen könne, welches, mit Höflichkeit und gefälligem Wesen verbunden, das wahre Air des feinen Weltmanns ausmacht. Wenigstens gehört das Bewußtseyn so großer persönlichen Vorzüge dazu, und dieses Bewußtseyn noch dazu durch eine vortheilhafte Bildung und Leibesgestalt dergestalt unterstützt, daß die wenigen Personen, bey welchen dieß alles vereiniget ist, nur die Ausnahme von der Regel machen, aber die Regel selbst nicht umstoßen können.

Die Folgen dieser mangelnden Standeswürde sind, nach dem Charakter und den Umständen der Personen, verschieden. Indem sie den einen niederschlägt, oder verlegen macht, bewegt sie den andern zu einem desto größern Prunke. Reiche Bürgerliche, welchen es an Weltkenntniß oder Geschmack fehlt, zeichnen sich oft durch einen übertriebnen Putz aus, angelegt bey Gelegenheiten, welche keinen erfordern: so wie sich hingegen Adlige, – als wollten sie das Bewußtseyn ihrer anderweitigen Hoheit zeigen, – sich unter Bürgerlichen durch eine sehr einfache Kleidung zu unterscheiden suchen.

2. Der freie Anstand: natürliche Würde und gesellschaftliche Ungleichheit.

Welt haben, ein Mann von Welt seyn, – mit was für einem Stolze wird dieß Zauberwort nicht von denen ausgesprochen, die selbst die Sache zu besitzen glauben; und wie sehr demüthigt nicht das Bewustseyn eines gemeinen Airs den sonst guten und achtungswürdigen Bürger!

So verkehrt urtheilen die Menschen nicht, daß nicht in dem, was ganze Haufen derselben sehr schätzen, wirklich etwas schätzbares seyn sollte; aber es fehlt ihnen oft an einem richtigen Maßstabe, die verschiednen Gegenstände ihrer Achtung zu vergleichen; und gemeiniglich geben sie der mindern Vollkommenheit einen höhern Rang, wenn sie entweder mehr in die Augen fällt, oder sie merklicher vor andern Menschen auszeichnet. So wie sie sich oft, bey dem Besitze der wesentlichsten Güter, unglücklich glauben, weil ihnen einige Auszierungen der Eitelkeit fehlen: so kommen sie sich zuweilen, bey dem Besitze wahrer Verdienste, verächtlich vor, weil sie in glänzenden Kleinigkeiten hinter andern zurückstehn.

Der erste Satz, auf welchen uns die Entwickelung der Rochefoucaultschen Maxime geführt hat, war: daß das Bewustseyn einer gewissen Würde unter die Ursachen des vorzüglichen Anstandes gehöre, welcher den Hofmann unterscheidet. – Dieses Bewußtseyn nun, welches bey den Großen bloß auf willkührlichen Unterschieden des Ranges beruht, kann jeder verständige und rechtschaffne Mann erlangen, wenn er die Würde der menschlichen Natur kennt. Jeder Mensch ist etwas werth, bloß weil er ein Mensch, ein vernünftiges und moralisches Wesen ist, an sich fähig zu allem, was die Vortreflichsten seines Geschlechts erlangt, und die Verdienstvollesten desselben gethan haben. Aber der aufgeklärte und tugendhafte Mann ist es eigentlich, der diese Würde gelten machen kann, weil er allein sie kennt, sie durch seine Bemühungen aufrecht zu erhalten strebt, und weil er sie durch seine Handlungen an den Tag legt.

Alle Arten der bürgerlichen Würde sollen im Grunde nichts anders, als Zeichen und Bestätigungen der natürlichen seyn. Warum wurden zuerst gewisse Menschen unter den übrigen als Oberhäupter ausgezeichnet? Weil man in ihnen diejenigen Tugenden zu entdecken glaubte, welche das Zeitalter als die vornehmsten Zierden der menschlichen Natur schätzte; oder weil man von ihnen die Dienste erhalten hatte, die nach der Lage der Gesellschaft für die größten Wohlthaten gehalten wurden. Warum wurde der, diesen ersten Helden und Anführern der Nationen ertheilte, Rang nach und nach erblich? Weil man, nach Erfahrung oder nach Vorurtheilen, in den Söhnen edler Geschlechter auch eine edlere Natur annahm. Selbst, als in spätern Zeiten der bloße Wille der Fürsten adeln konnte: warum unterwarf sich die Meinung des Volks so leicht dieser Entscheidung? Weil das Volk die Fürsten, nachdem es sie einmahl über alles verehren gelernt hatte, auch für die gültigsten Richter des Verdienstes hielt; weil es voraussetzte, daß, wer dem Höchsten im Staate so sehr gefallen, oder ihm so viele Dienste geleistet hätte, um von ihm hervorgezogen zu werden, auch die allgemeine Hochachtung verdienen, und als ein allgemein nützlicher Bürger angesehen werden müsse. Jeder Titel, so leer und bedeutungslos er jetzt bey dem seyn mag, welcher ihn trägt, zeigt doch an sich etwas an, welches eine Tugend, oder ein Ausfluß der Tugend, ein Verdienst ist.* Jeder Vorzug, den sich jetzt Menschen über Menschen auf die ungegründetste Weise anmaßen, oder auf die ungerechteste Weise geltend machen, hat doch seinen Ursprung, in einer Meinung, nach welcher sie sich selbst, oder andre ihnen, Eigenschaften beylegten, die sie für Tugenden hielten, und die zuletzt auf intellectuelle oder auf moralische Vorzüge hinauslaufen.

---

* Die Titel *Rath,* und *geheimder Rath,* zu welchen so viele Menschen, in Deutschland, in Ermanglung jedes andern, ihre Zuflucht nehmen, wenn sie sich vor dem großen Haufen wollen auszeichnen lassen,

Der Mann nun, welcher einsieht, daß die bürgerliche Würde auf der natürlichen beruht, und die willkührlich ausgetheilten Ehrenzeichen auf die reellen Vorzüge des Geistes und Herzens gegründet sind; der Mann, der zugleich in sich, wenigstens die Einsicht dessen, was gut ist, und das Bestreben darnach findet: sollte dieser Mann nicht in seinen Augen eine gewisse Würde erhalten, wenn auch keine Decorationen der Geburt und des Standes ihn auszeichnen? Sollte er nicht zu sich selbst sagen können: »dieser Große, der dich verachtet, diese adlige Dame, die stolz über dich hinwegsieht, gründen ihre Hoheit auf einen Schein solcher Eigenschaften, wovon du einige wirklich besitzest. Sie sind deßwegen geehrt, weil, nach einem dunkeln Gerücht und einer nie gründlich untersuchten Volksmeinung, ihre Vorfahren sich durch Vorzüge unterschieden, von welchen die Natur auch in dich den Saamen gelegt hat, und an deren Ausbildung du, wie du dir bewußt bist, arbeitest. Der Ursprung des Ranges, der ihre Familien vor der deinigen hervorzieht, liegt in vergessenen Thaten ihrer Ahnherrn, die der Gesellschaft für nützlich gehalten wurden: und auch du kannst dir das Zeugniß geben, auf die Erwerbung nützlicher Talente Fleiß gewandt zu haben, und jetzt dieselben, mit dem redlichen Vorsatze der Gemeinnützigkeit, in Uebung zu setzen. Sie halten sich für bedeutende Wesen, weil sie von Kindheit an sich geehrt gesehen haben, und schließen aus der Achtung, die man ihnen erwies, auf die, welche sie verdienen: du gründest, wenn du deine Vernunft anbaust, und deiner Pflicht getreu bist, deine Rechte auf die wirkliche Kenntniß deiner selbst, und darfst aus dem, was du bist, auf die Meinung schließen, welche andre von dir haben sollten, und welche, früh oder spät, bey den Einsichtsvollen und Guten deiner Zeitgenossen, sich festsetzen wird.«

Wenn dieser Mann überdieß noch mit sich, über die Ursachen der Unterordnung der Stände im gemeinen Wesen, zu Rathe geht, in welcher ihm ein so mittelmäßiger, oder gar vielleicht niedriger

---

sind, so bedeutungslos sie oft in ihrer Anwendung werden, doch an sich nicht übel gewählt, einen vorzüglichen Mann anzuzeigen. Einem Fürsten rathen zu können, setzt, bey der Wichtigkeit seiner Verrichtungen, kein kleines Maß von Einsicht und Gemeingeist voraus: und von ihm vorzüglich zu den Angelegenheiten gezogen zu werden, die er vor andern geheim hält, läßt, außer der Fähigkeit zu schweigen, die eine seltne Gabe ist, auch noch auf einen höhern Grad erprobter Klugheit oder Redlichkeit schließen.

Platz angewiesen ist: so wird er auf der einen Seite, die Achtung für diese Hierarchie, so lange sie einen Theil der Staatsverfassung, und also eine Stütze der öffentlichen Ordnung ausmacht, als eine seiner Pflichten erkennen, deren Beobachtung ihn so, wie die Beobachtung jeder andern Pflicht, veredelt; auf der andern wird er aber deutlich einsehen, daß die daraus erwachsende Ungleichheit der Menschen, doch nur ihr eignes Werk, ein willkührliches Institut, die Folge von Verabredungen und Meinungen sey, welche über die natürliche Gleichheit, oder die natürlichen Unterschiede, nicht auf immer die Oberhand behalten können, ja, schon jetzt, in vielen Fällen, wenn es auf das Reelle ankömmt, es sey im Gespräche, es sey in Geschäften, von dem mächtigern Einfluß der Talente und Tugenden überwogen werden. – Sollten oft wiederhohlte Reflexionen dieser Art nicht etwas beytragen können, dem Manne, der ohne Geburt und Stand, nur mit der Würde persönlicher guter Eigenschaften in der Gesellschaft auftritt, unter Höhern ein edles Selbstgefühl und, mit demselben, einen freyen Anstand zu geben, ohne deshalb die Bescheidenheit, welche die bürgerlichen Verhältnisse fordern, bey ihm zu vermindern?

Ein zweyter Umstand, den wir bemerkten, indem wir die Rochefoucaultsche Sentenz auslegen wollten, war, daß der in der großen Welt Erzogne, durch die bloße Gewohnheit, die Höchsten unter den Menschen zu sehen, nach und nach die übertriebne Ehrfurcht, und mit ihr die Schüchternheit gegen sie verliert, und sie als Menschen betrachten lernt; ein dritter, daß die Gleichheit, die unter den Adligen herrscht, eine gewisse Vertraulichkeit, die hohe Meynung, die jeder derselben von sich selbst hat, ein achtungsvolles Betragen gegen einander bey ihnen hervorbringt, – welche beyde Modificationen des Aeußern, gehörig mit einander in Harmonie gebracht, ihm das anständigste und gefälligste Ansehn geben.

Insofern hierbey Wahrheit und Vollkommenheit zum Grunde liegt, kann die Vernunft, und auf Vernunft gegründete Gesinnung die Stelle der Gewohnheit ersetzen. Der denkende Mann, auch aus der unbekanntesten Familie, kann zu der Ueberzeugung und zu dem Gefühle gelangen, daß zwischen Unterthanen und Fürsten, unter den Höchsten und Niedrigsten in der menschlichen Gesellschaft*, ja selbst unter den Artigsten und den von den gemein-

---

* So viel ist gewiß: die blinde Verehrung der Könige und Großen, bloß um des äußern sie umgebenden Schimmers willen, macht schüch-

sten Sitten, unter den Gelehrtesten und den Unwissendsten, mehr Puncte der Gleichheit vorhanden sind, worinnen sie mit einander übereinstimmen, als Unterschiede, worinn sie von einander abstechen, – mehr Vorzüge, die sie mit einander gemein haben, als solche, welche einer derselben ausschließend vor den übrigen besitzet. Eben diese Vernunft, verbunden mit einem wohlwollenden Herzen, kann es dahin bringen, daß der Mensch allenthalben, wo er unter Menschen kömmt, auch Freunde und Verwandte zu erblicken glaubt, daß ihm niemand durchaus fremd, kein Mensch fürchterlich, und noch weniger irgend einer ganz verächtlich scheint: Gesinnungen, die, wenn sie wirklich im Geiste des Menschen herrschen, ihn auch das Geheimniß jener achtungsvollen Zutraulichkeit lehren, welche das Aeußere eines Menschen andern so angenehm macht.

In wiefern also Sitten und Manieren von Gedanken und Ueberzeugungen abhängen: insofern wird auch der bürgerlich Erzogne, dem edlen Anstande desto näher kommen, je vollkommner an Geist und Herz er wird, und je richtiger er über die Dinge und Menschen urtheilen lernt.

3. Grenzen der Aufklärung (Rechtfertigung der Ungleichheit).

Aber wir haben gesehn, die Sitten und die Manieren hängen nicht bloß von den Ideen ab; sie sind nicht das Werk des Urtheils und des Vorsatzes allein: sondern sie sind zum Theil Folgen der Routine, der körperlichen Uebungen, der Beyspiele, die wir von Jugend auf vor Augen gesehn haben, und der Art von mechanischen Triebfedern, durch welche wir vermöge unsrer äußern Lage in Bewegung gesetzt werden. Eben um dieser Triebfedern willen ist es, daß Rochefoucault eine große Revolution in den Umständen eines Menschen will vorhergehn lassen, ehe er ihn, in Absicht der Sitten, von der niedern Stufe auf die höhere erheben zu können glaubt. Die militärische Disciplin, oder der Tumult kriegerischer Auftritte soll erst die mechanisch entstandnen Eigenthümlichkeiten

---

tern und verlegen. Die vernünftige Achtung für dieselben, entweder um der Vorzüge willen, die sie persönlich besitzen, oder um der bürgerlichen Ordnung willen, zu der ihr Rang gehört, läßt den Menschen zugleich anständig und beherzt handeln.

des vorigen eingeschränkten Standes aufheben, ehe der Bürger zur Vervollkommnung seines Aeußern, nach seinem richtigen Ideal, und den von ihm selbst gewählten Mustern, fähig werden soll.

Sich nun in diese oder jene äußere Lage zu versetzen, steht in keines Menschen Gewalt. Und keiner vermag auch durch seine eigne Bemühung, sich Annehmlichkeiten und Vorzüge zu erwerben, welche schlechterdings nur durch äußere Ursachen ihm mitgetheilt werden können.

Hier bleibt nun dem vernünftigen Manne weiter nichts übrig, als beherzt dasjenige aufzugeben, was er an sich schätzbar, aber für sich unerreichbar findet. Es bleibt ihm nichts übrig, als zu erkennen, was ihm fehlt, und sich doch dadurch nicht demüthigen zu lassen, weil es ihm ohne seine Schuld fehlt. Wenn wir uns unsers etwas linkischen Wesens, oder unsers bürgerlichen Airs bewußt sind: so ist diese Einsicht selbst schon ein Vorzug, der uns einigermaßen trösten kann. Wir werden sogar am wenigsten davon blikken kassen, wenn wir am wenigsten ängstlich uns bestreben, uns davon los zu machen; wenn wir in dem, was von unserer Willkühr abhängt, unsrer Vernunft, und in dem, was eine unvermeidliche Folge unsrer Lage ist, unsern Angewöhnungen treu bleiben. In Ermangelung der höhern Vollkommenheit, ist das Natürliche, auch wenn es fehlerhaft ist, immer dasjenige, was am meisten gefällt, oder am wenigsten mißfällt.

Eine zweite moralische Folge läßt sich aus obigen Schilderungen ziehen, und sie ist in unsern Zeiten vorzüglich wichtig. Es ist diese, daß der Mensch, wenn er über den Gang der Dinge in der Welt nachdenkt, und den Ursachen der Fortschritte nachspürt, welche die Cultur unter uns gemacht hat, Gründe findet, mit der Verschiedenheit der Stände, und der Unterordnung derselben unter einander zufrieden zu seyn, – von welcher er in anderer Rücksicht so sehr gedrückt wird, daß er zuweilen, selbst mit Gefahr, die Sicherheit und bürgerliche Ordnung aufs Spiel zu setzen, wünscht, sie aufheben oder mildern zu können. Es giebt gewisse Vollkommenheiten im Aeußern und Innern des Menschen, (und unter diese gehört vorzüglich die Feinheit der Sitten im gesellschaftlichen Umgange,) die schlechterdings nicht hätten aufkeimen können, wenn in der großen bürgerlichen Gesellschaft nicht eine kleinere sich hervorgethan, sich über den Rest ihrer Mitbürger erhoben, und eben durch diese Entfernung von den Uebrigen, und durch den sich darauf gründenden Stolz, sich fester und inniger mit einander vereinigt hätte. Es giebt gewisse Vorzüge, die weder der industriöse Bürger, noch der denkende Weise, weder der Ackerbauer noch der Handelsmann je würden erlangt, je würden dem menschlichen Geschlechte mitgetheilt haben, wenn nicht ein reicher und geschäftloser Adel entstanden wäre; und wenn nicht die Fürsten denselben um sich versammelt hätten, um ihn ausschließend an ihren Herrlichkeiten Theil nehmen zu lassen. Andere Vollkommenheiten der Menschen haben durchaus müssen in einem Feldlager und unter dem Geklirre der Waffen ihren Ursprung nehmen. Die Behendigkeit, die strenge Ordnung, die Abhärtung des Körpers, die ceremonielose Vertraulichkeit und Offenheit, der Muth und mit demselben das freymüthige Wesen, haben schlechterdings ihren ersten Sitz bey denjenigen gehabt, welche, sich zu wehren, oder andere anzugreifen, beysammen waren. Es ist weit gefehlt, daß diese beyden Stände die einzigen wären, welche durch ihre äußere Lage die Cultur gewisser besonderer Tugenden und Talente begünstigsten. Die Ordnung und Pünctlichkeit, die der Handelsmann, die anhaltende Arbeitsamkeit, die der Handwerker und Künstler, und der speculative Geist, den der Gelehrte in die menschliche Gesellschaft gleichsam eingeführt, oder in ihr bis zu einer musterhaften Vollkommenheit gebracht hat, sind noch wesentlichere Vorzüge, ob sie gleich weniger Glanz haben, und bey unserm jetzigen Gegenstande weniger in Betrachtung kommen. So viel ist klar, daß, so wie die Vertheilung der Arbeiten die Werke der Menschen, durch die Einschränkung ihres Fleißes auf einen einzigen Gegenstand, vollkommner machte, so auch die mehr ins Große gehende Absonderung der Stände überhaupt, die höhere Ausbildung der persönlichen Eigenschaften des Menschen selbst, in so fern befördert hat, als dadurch die Arbeiten desselben an seiner eignen Vervollkommnung, auf ähnliche Weise, gleichsam getheilt worden sind.

V. GESCHMACK UND KRITIK. DER GESCHMACK UND DIE KÜNSTE

§ 23. Friedrich Nicolai (1755)

Daß die schärfste Kritik zu der Aufnahme der schönen Wissenschaften unumgänglich notwendig sei

Liebster Freund!

Werden Sie dann nicht aufhören, mir meine schwarze Galle vorzuwerfen! Dis ist ein Vorwurf, den ich so wenig verdiene, als ofte er mir von Ihnen gemacht wird! Was bewegte Sie doch zu glauben, daß ich eigensinnig und Menschenfeindlich handle? daß ich bei Schönheiten die Augen muthwillig zuschlüsse, und daß ich nur Fehler finden will, weil ich mich nicht überreden kan, daß die schönen Wissenschaften bei uns so hoch gestiegen sind, als bei unsern Nachbaren, weil ich glaube, daß der gröste Theil unserer Schriftsteller nicht den Grad der Güte hat, den sie haben solten, daß sie einen Vorzug besizzen, der nicht viel werth ist; nämlich: Wiz genug, um ein Buch, ein Gedicht, ein dramatisches Stükk zu schreiben, und daß ihnen dagegen mehrere Vorzüge fehlen, gegen die der vorige gar nicht in Vergleichung komt, und die allein die ächte Kennzeichen grosser Geister sind, nämlich: Beurtheilungskraft genug um den Plan eines Werkes sorgfältig einzurichten; Unterscheidungskraft genug um nur die Gedanken zu erwählen, die an der Stelle erscheinen, wo sie das richtigste Verhältniß zu dem ganzen haben, und ein sittsames Licht, das an dem rechtem Orte erscheinet, einem blendenden Schimmer vorzuziehen, der dasienige, worauf er fällt, eben so wenig helle macht, als die dunkelste Dämmerung; Selbstverläugnung genug, um ihre Fehler einzusehen und zu verbessern, und *bon-sens* genug, um nicht die Einfälle einer enthusiastischen Stunde, zur Wirklichkeit bringen zu wollen, um nicht Gedanken bis zum Abgeschmakkten zu treiben, um lächerliche Contraste einzusehen, die iedem in die Augen fallen müssen, der nicht völlig mit dem Grade von Hizze *urtheilet,* mit der der Schriftsteller *geschrieben;* Ich scheine in Ihren Augen strafbar, weil ich keiner Parthei folge, weil ich nichts vergöttere, weil ich alles genau untersuche, weil ich gewisse Dinge tadle, die man öffentlich gelobt hat, und weil mich Werke des Geistes rühren, von denen man, nach den öffentlichen Nachrichten, nicht solte gerühret werden. Sie tadeln mich, daß ich mit vielen deutschen Schriftstellern nicht zufrieden bin; ist dis meine Schuld? wären diese Herren weniger mit sich zufrieden gewesen, so würden ihre Leser vielleicht mehr mit ihnen zufrieden sein! was soll ich thun? soll ich Volkommenheiten erdichten, wo ich keine sehe? soll ich von den Werken meiner Landesleute mitleidig urtheilen, und alles für gut erkennen, was nur erträglich ist, bloß darum, weil es deutsch ist? Dieses Mitleiden scheint mir für unsere Nation viel zu schimpflich, es scheinet zu bestätigen, daß man von ihr nicht viel erwarten dürfe, und gleichwohl bin ich viel zu patriotisch, als daß ich nicht glauben solte, daß man sie nach dem Maasse, der grösten Geister anderer Nationen messen müsse, und gleichwohl wünschte ich, daß nicht eine schimpfliche Mittelmässigkeit unser Ziel bliebe, sondern daß es uns einmahl gelingen möchte, die Staffel der Feinigkeit, der Richtigkeit, des guten Geschmakks zu ersteigen, auf der wir die unsterblichen Alten, und die vortreflichen Neuern, unter unseren Nachbarn sehen; – Aber hier erhizzen Sie sich wieder; *»Mit Ihren verwünschten Nachbarn! Wir sind ia schon da, wo wir sein sollen, wir stehen so hoch, als sie!«* – Gut also! Lassen Sie uns glauben, daß wir noch höher stehen, wann Sie wollen; was sind wir dadurch gebessert? Wer versichert uns, daß das wahr ist, dessen wir uns rühmen? – Unsere Nachbarn sagen es nicht; – *Wir* sagen es also: Gut, wer unter *Uns*, soll es bestimmen? Der Ehrgeiz und die Eigenliebe der Schriftsteller? Nein! Eine genaue und gesunde Kritik, das einzige Mittel, den guten Geschmakk zu erhalten, und zu bestimmen, wider das Sie dennoch so sehr eingenommen sind. Die Sache der Kritik ist es, die ich wider Sie vertheidigen muß, nicht mein Geschmakk und meine Urtheile – Diese können falsch sein, und diese verwerfen Sie auch nicht, da Sie sich nicht die Mühe gegeben haben, dieselben zu untersuchen – Ich vertheidige nicht mich, denn ich bin weit entfernt, mich zu einem algemeinen Kritiker aufzuwerfen, und Ihr Eifer gehet auch nicht wider mich allein, sondern es scheinet Ihnen überhaupt hart, da zu tadeln, wo doch viel Schönheiten sind; den Ruhm eines berühmten Namens auf die Probe zu sezzen, seine Aufmerksamkeit auf sehr viele Dinge zu erstrekken, die Sie Kleinigkeiten nennen, von denen Ihre Ge-

genparthei aber nicht so urtheilet; Es scheinet Ihnen Eigensinn, wann man schwer zufrieden zu stellen ist, und Sie halten es für Spitzfindigkeit, wann man die Schönheiten auf allen Seiten untersucht, ehe man sie für richtig erkennet, sie wolten vielmehr, daß man mit dem algemeinem Titel der Schönheit zufrieden wäre, und daß man sichs nicht einfallen liesse, daß etwas, das für sich selbst eine Schönheit ist, in einer andern Bestimmung eine Häßlichkeit sein könte. Ich gestehe es, so algemein muß man urtheilen, wann man dem deutschen Wiz den uneingeschränkten Vorzug zuerkennen will, den Sie ihm beigeleget wissen wollen; Aber, solte es wohl für die deutschen Schriftsteller rühmlich sein, wann sie sich für einer genauen Kritik zu fürchten hätten?

Den blühenden Zustand der Wissenschaften in Frankreich, wenigstens in dem vorigen Jahrhundert, werden Sie doch nicht läugnen; Hat aber nicht die Kritik den grösten Theil an dem schleunigen Fortgange der schönen Wissenschaften gehabt?
[...]
Ueberlegen Sie den Zustand der schönen Wissenschaften, wie er bei uns zu Anfange dieses Jahrhunderts, ia wie er noch vor zwanzig Jahren war; wie vermischten wir nicht das Gute mit dem Schlechten, und welches ungefähre Glükk war es nicht, wann wir das wahre Gute wählten, so lange wir die Hülfe der Kritik entbehren musten! Haben wir es nicht den kritischen Versuchen einiger berühmten Leute, ia selbst den unbescheidenen kritischen Streitigkeiten zu danken, daß wir, gegen die vorigen Zeiten zu rechnen, weit geseztere Begriffe von dem Schäzbaren in den schönen Wissenschaften erhalten haben? Warum sollen wir mitten auf dem Wege stille stehen? – Etwa damit wir uns bereden können, wir hätten ihn schon ganz zurükgeleget: Izt ist es vielmehr Zeit ihn eifriger, als iemals, zu verfolgen, und die Hülfe der Kritik ist uns nur desto unentbehrlicher, da wir anfangen müssen, die feinen Schönheiten zu erreichen, und die feinen Fehler zu vermeiden, die nicht, gleich den gröbern, sogleich in die Sinne fallen, und auf die wir bisher zu wenig Acht gegeben haben.

Sie wissen, mein Herr, daß ich von unserm Geschmakk, überhaupt von dem grossen Haufen unserer Schriftsteller rede, einige wenige mit gerechnet, die sich zwar von dem grossen Haufen absondern suchen, aber deswegen nicht weniger tadelnswürdig sind. Sind Ihnen also unsere Nachbarn so verhaßt, daß sie von ihnen keine Beispiele entlehnen wollen, so sehen Sie nur auf die wenige grosse Männer, deren unsere Nation sich rühmen kan. Sind nicht Richtigkeit, Genauigkeit, Ueberlegung, Ordnung, die Eigenschaften aller der Werke, die den algemeinen Beifall erhalten haben, den sie verdienen? Haben diese grosse Geister nicht selbst ihre Werke der genauesten Prüfung unterworfen, und sind sie alsdann noch eben so groß, wann sie diese Prüfung verabsäumet haben? Warum solten wir unsere übrigen Schriftsteller nicht einer eben so genauen Prüfung unterwerfen? oder besser zu sagen: Warum solten wir nicht wünschen, daß sie eben den Grad der Vortreflichkeit erlangen möchten, als die berühmten Deutschen, deren Namen Lobsprüche geworden sind? Solten wir nicht verpflichtet sein, dem Publico den schwer zufrieden zu stellenden Geschmakk beizubringen, der allein Volkommenheiten richtig beurtheilet, und welcher verhindert, daß niemand auf den Titel eines grossen Geistes Anspruch machen darf, als der ihn verdienet.

Die Kritik nimt also nicht aus Milzsucht, Haß oder Eigensinn, ihren Ursprung, sie hat vielmehr die besten Zwekke, und so wehe sie der Eigenliebe gewisser Schriftsteller thut, so heilsam ist sie denselben, und allen, die die schöne Wissenschaften lieben.
[...]

Es ist gewiß, daß, wann in einem Lande der gute Geschmakk bis auf den höchsten Gipfel gestiegen ist, so ist die nächste Ursach zu seiner Verschlimmerung, der Mangel der Kritik; Ein Schriftsteller, der einen lebhaften Wiz, schimmernde Gedanken, ia öfters wohl nur gute Reime, und eine fliessende Schreibart hat, ist sehr geneigt, sich für einen grossen Geist zu halten, und zu glauben, daß er das sei, was er billig sein solte; Er überredet sich dahero leicht, daß er es so weit gebracht habe, als dieienigen, die seine Muster sind; Ich wundere mich dieserwegen auch gar nicht, daß viele von unsern Kunstrichtern und Schriftstellern, mit sich und ihren Brüdern in Apollo so sehr zufrieden sind. Wie nachläßig wird man aber nicht, wann man nicht glaubt, mehrere Staffeln der Vollkommenheit erreichen zu dürfen, und wie wenig ist es zu hoffen, daß man bei dieser Zuversicht, sich über das Mittelmäßige, worinnen man sich gefält, erheben werde; Die Kritik ist die einzige Helferin, die, indem sie unsere Unvolkommenheiten aufdekt, in uns zugleich die Begierde nach höhern Volkommenheiten anfachen kan.

Der Zustand der schönen Wissenschaften bei uns, mag nun sein wie er wolle, so ist es gewiß, daß die genauste Kritik uns unentbehrlich ist.

§ 24. CHRISTIAN FÜRCHTEGOTT GELLERT (1756)

Die Absicht der Künste und der Geschmack. ›Wie weit sich der Nutzen der Regeln in der Beredsamkeit und Poesie erstrecke.‹ Eine Rede

> Auch wenn wir Genie haben, ist der Nutzen der Regeln noch sehr eingeschränkt. Sie sind allgemein und unvollkommen. Sie lehren uns zwar, was wir überhaupt tun sollen; aber nicht wie viel, und wie wenig in jedem Falle. Der Gebrauch wird durch unsre Einsicht, durch unsern Geschmack, bestimmt.

Gute Regeln sind Vorschriften der gesunden Vernunft, die sich auf die Natur der Sache und auf die Erfahrung gründen. Regeln der Poesie und Beredsamkeit sind Gesetze, welche durch die Absicht dieser Künste bestimmt werden. Man will nützen und vergnügen; man will unterrichten und überzeugen, gefallen und rühren. Man will Menschen unterrichten und vergnügen, welche eben die Natur haben, die uns gegeben ist. Unser Verstand, unser eignes Herz, wird uns also sagen, was wir thun sollen. Die Erfahrung wird es bestätigen, ob wir gute Mittel ausgesonnen haben; sie wird bald die Wahl der Mittel, bald ihre Anwendung billigen, verbessern, oder auch verwerfen. Unsre Empfindung wird uns lehren, wie die Gegenstände beschaffen seyn müssen, welche unsern Verstand aufklären, ihm gefallen, und unser Herz nöthigen sollen, Antheil daran zu nehmen. Sie wird uns lehren, wie diese Gegenstände von dem Verstande bearbeitet werden müssen, damit sie die Einsicht und Aufmerksamkeit befördern. Auf diese Weise kann man sich vorstellen, wie die guten Werke der Beredsamkeit und Poesie eher, als die Regeln, haben seyn können. Männer von tiefer Einsicht und einem großen Geiste redten und schrieben, ohne die Regeln der Beredsamkeit zu erkennen. Sie folgten den Eingebungen ihres Verstandes und der Empfindung. Sie redten glücklich.

Ihre Exempel wurden zu Regeln. Männer von glücklichem Genie dichteten, um zu vergnügen und zu nützen. Sie folgten den Eingebungen ihres Genies, ihres Geschmacks. Sie erreichten ihre Absicht, und ihre Exempel wurden zu Regeln.

Man kann also mit dem Quintilian sicher sagen, daß die Werke der prosaischen und poetischen Beredsamkeit älter sind, als die Regeln dieser Künste; und daß sie, in ihrer Form betrachtet, nur Anleitungen sind, die man aus den Meisterstücken gezogen hat. Aber man kann auch von einer andern Seite behaupten, daß die Regeln älter sind, als die Meisterstücke. Sie waren in dem Geiste großer Männer zugegen, ehe sie redeten und dichteten; wie würden wir sie sonst in ihren Arbeiten antreffen können?

Aus dieser Erklärung der Regeln läßt sich ihr Werth schon bestimmen. Sind sie nicht Vorschriften des Eigensinnes, sind sie Befehle der Vernunft und der Empfindung, was werden wir denn ohne sie ausrichten können? Wollen wir auf gut Glück in der Beredsamkeit und Poesie arbeiten? Wollen wir weder an eine Anlage, noch an ihre Ausführung, weder an die Erfindung, noch an die Ausbildung unsrer Gedanken denken? Das heißt, wollen wir Absichten ohne Mittel erreichen? Wollen wir, ohne die Gesetze der Ordnung, der Deutlichkeit, der Gründlichkeit zu beobachten, unterrichten und nützen; ohne Anmuth, ohne Schönheit gefallen; ohne Nachdruck, ohne Stärke, das Herz rühren oder bewegen? Oder will man sich darauf verlassen, daß unser Verstand uns die Regeln bey unsern Arbeiten schon eingeben wird? Ja, die Regeln sind später, als die Werke selbst. Sie sind von den Alten gefunden worden; wir können sie auch finden. Aber sie sind nicht auf einmal, sie sind nicht von einem allein, sie sind durch eine lange Uebung, durch viel Erfahrung entdecket, bewähret und brauchbar gemacht worden.
[...]

Die Regeln der Poesie und Beredsamkeit lehren uns, wie wir verfahren müssen, die Welt zu überreden, ihr zu gefallen, sie zu rühren. Sie lehren uns, wie vortreffliche Männer in solchen Umständen sich verhalten haben. Sie lehren uns, daß diese ihre Absicht dadurch erreicht haben; in so weit sind die Regeln nützlich, nothwendig. Sie sind das Echo unsrer eignen Vernunft und die Stimmen der Natur; und sie nicht hören, heißt taub seyn.

Die Regeln der Poesie und Beredsamkeit lehren uns die Weisheit und Ordnung der Natur, ihre Vortrefflichkeit in der Verbindung des Nützlichen mit dem Schönen, nachahmen. Sie lehren uns die Einheit in unsern Werken beobachten, damit das Auge des Verstandes sich nicht verirre. Sie lehren uns aus Theilen, die sich zusammen schicken, das Ganze erbauen, das die Absicht befiehlt und das Beyspiel der Natur billiget. Sie lehren uns die Verschiedenheit und Mannigfaltigkeit dieser Theile, dem Eckel vorzuwehren. Sie lehren uns die Ausbildung und Vollkommenheit dieser Theile, damit sie in das Auge des Verstandes genug eindringen. Sie lehren uns das Ebenmaß und die Ordnung derselben, damit sie der Verstand bemerken, vergleichen und stufenweise von dem einen zum andern fortgehen könne. Sie lehren uns, den Verstand anstrengen, ohne ihn zu ermüden, seine Wißbegierde nähren, ohne sie auf einmal zu sättigen. Sie lehren uns, durch die Einbildungskraft unsern Gedanken diejenigen Gestalten geben, in welchen sie sich im Geiste der Leser und Zuhörer am geschwindesten und tiefsten eindrücken können. Sie lehren uns, was wir für Gegenstände wählen müssen, wenn wir gefallen und bewegen wollen, daß sie wichtig, neu, lehrreich, anziehend seyn, daß sie Wahrheit und Gründlichkeit in der Beredsamkeit, und Wahrscheinlichkeit und Wunderbares in der Dichtkunst zur Seite haben müssen.

[...]

Mit einem Worte, sie lehren uns die Fehler und Schönheiten des Ganzen, der Gedanken und der Schreibart kennen. Dieses thun die guten Regeln. Braucht man etwas weiter zum Ruhme ihres Nutzens, als daß man ihre Natur, ihre Eigenschaften erkläret? Es sind Anordnungen der Vernunft und Natur, und nicht eigensinnige oder willkührliche Gesetze der Schullehrer. Die Kunst, mit Popen zu reden, ist die Natur, in eine Methode gebracht.

Wie weit werden wir es mit unserm Genie bringen, wenn wir es nicht durch die Gewalt der Regel, wie ein muthiges Pferd durch den Zügel, lenken und regieren? Die Regel dient uns bey unsern Arbeiten zum Leitfaden; sie dienet uns zur Prüfung, indem wir die Werke verfertigen; sie ist die Richterinn, nach deren Ausspruche wir von den vollendeten Arbeiten hier wegnehmen, dort sie ergänzen, verbessern, umarbeiten müssen. Die Regel, vom Geschmacke angewandt, ist die Critik. Man habe das fruchtbarste Genie; desto nöthiger wird ihm die Critik seyn, je leichter eine große Fruchtbarkeit in einen üppigen Ueberfluß ausarten kann. Ein Weinstock, der stark treibt, muß am meisten geheftet und beschnitten werden, damit er die göttliche Kraft des Weines nicht in müßigen Ranken, in unnützem Laube verschwende.

[...]

Die Regeln nützen nicht allein denen, die arbeiten wollen; sie sind auch denen unentbehrlich, welche die Werke der Andern lesen und beurtheilen wollen. Wir werden ohne den Beystand der Regeln und der Critik tausend Fehler nicht sehen, oder Fehler selbst für Schönheiten halten. Wir werden uns viele Schönheiten ungenossen entwischen lassen, oder nicht alles, was an einer Sache schön ist, genug sehen, genug empfinden. Wir werden vieles als schön empfinden, und es nicht genug schätzen, weil wir die Ursache der Schönheiten, die angebrachte Regel, die Feinheit, mit der sie angewandt ist, die Wege der Kunst, nicht genug einsehen. Es ist wahr, es giebt Schönheiten in den Werken des Geschmacks, die sich von Allen empfinden lassen. Man liest sie, man hört sie; sie nehmen ein, sie entzücken uns, ohne daß wir die Ursachen wissen. Aber es giebt sanftere Annehmlichkeiten, welche Aufmerksamkeit und Kenntniß der Regeln voraussetzen. Und wie es überhaupt leichter ist, die Fehler einer schlechten Schrift zu bemerken, als die Schönheiten einer guten: so muß derjenige, welcher keine Regeln, oder sie unrichtig versteht, den größten Vortheil des Lesens entbehren, den Vortheil, das Schöne gefühlt und gesehen, geprüft und im Lesen seinem eignen Geiste eingedrückt zu haben. Er wird also seinen Geschmack durch das Lesen, oder durch die Vorstellung schöner Stücke wenig verbessern. Er wird tollkühn urtheilen, und oft dem Mittelmäßigen den Beyfall, dem Vortrefflichen den Tadel zuerkennen.

Dieses sind die Vortheile der Regeln, die derjenige entbehren muß, der sie nicht kennet, oder sie verachtet. Allein so wahr und groß diese Vortheile sind: so sind sie es doch nur unter einer gewissen Bedingung. Die Regeln können uns weder das Vermögen, noch die Klugheit ertheilen, sie zu gebrauchen. Beides setzen sie voraus. Traurige Einschränkung! welche die am meisten angeht, die selbst in der Beredsamkeit und Poesie arbeiten wollen; und welche von ihnen am meisten bestärket wird.

Die Regeln geben uns das Vermögen der Beredsamkeit und Poesie nicht; sie sagen nur, wie wirs anwenden sollen.

Von dem Publiko. (Die neue Regel zu der neuen
Schönheit: Kunstrichter und Kunstkenner.)

Man würde demjenigen *Publiko,* das diesen großen Namen verdient, nicht alle Ehrerbietung erzeigen, die man ihm schuldig ist,
wenn man es nicht mit der sorgfältigsten Genauigkeit, von dem
großen Haufen unterschiede. Es ist desto nöthiger diesen Unterschied fest zu setzen, je öfter der große Haufen sich es hat anmaßen wollen, mit zum *Publiko* zu gehören.

Das eigentliche *Publikum* besteht überhaupt aus wenigern Mitgliedern, als viele denken, die sich gern dazu rechneten. Erst ist
es ein andres *Publikum,* das Arbeiten der schönen Künste; ein andres, das Werke der schönen Wissenschaften; und wieder ein andres,
das gelehrte Schriften *entscheidend* beurtheilen kann. Ich will
hiermit die Vorzüge der wenigen vortrefflichen Mitglieder des
Publici nicht aufheben, deren Stimme in allen dreyen Arten von
Gewicht ist. Zweytens, ist die Anzahl derer, die das Publikum
ausmachen, im Anfange, wenn diese oder jene Werke zuerst erscheinen, niemals so groß, als sie alsdann ist, wann man sagen kann,
das Publikum habe nun völlig entschieden. Oft müssen viele Jahre
vorüber seyn, eh man mit Gewißheit glauben kann, daß diese völlige Entscheidung geschehn sey. Die Geschichte und unsre eigne
Erfahrung überzeugen uns hiervon. Ich will, um meine Gedannken
genauer zu bestimmen, diejenigen, die das wahre Publikum ausmachen, in zwo Ordnungen abtheilen. Zu der ersten gehören die,
welche so sehr berechtigt sind, den Werth eines Werkes zu bestimmen, daß sie gleich im Anfange, wann dasselbe Werk bekannt
gemacht wird, dieß ihr Endurtheil fällen dürfen. Daß ich von
denen, welche die zweyte Classe ausmachen, nicht klein denke,
beweise ich dadurch, daß ich keine dritte zugebe. Alle Stufen,
die weiter heruntergehn, gehören für den großen Haufen. Die Art,
wie sie der zweyten folgen, hat Virgil beschrieben, wenn er sagt:
Der nächste; aber in weiter Entfernung, der nächste. Ich nenne,
um mich in der Folge kürzer auszudrücken, jene ersten, *Richter;*
und die vom zweyten Range, *Kenner.* Ich rede itzt nur von Richtern und Kennern in Absicht auf die schönen Wissenschaften. Die
Begriffe, die ich mir von einem *Richter* mache, sind diese.

Er hat von der Natur eine starke Anlage, Geschmack zu haben, bekommen. Diese reiche Fähigkeit hat er durch das Lesen der Meisterstücke der schönen Wissenschaften und durch Umgang mit den wenigen aus der großen Welt, die wirklich dazu gezählt zu werden verdienen, oder wenn es ihm hierzu an Gelegenheit fehlte, durch eine richtige Kenntniß von der Art zu denken, die diese seltnen Männer haben, nicht allein ausgebildet; sondern er ist auch so weit gegangen, daß er das Schöne, bis auf seine ersten Linien, durch Grundsätze bestimmt hat. Und da seine Grundsätze, bey aller ihrer Feinheit, gleichwohl noch Wahrheit geblieben sind; so ist sein Geschmack so gewiß, so vielseitig und ausgebreitet, daß er sich auf jede Denkart einzulassen, und verschiedne Werke, nach der ihnen eignen Wendung, diese liege in der Hauptidee, oder in der Kolorite, oder in beyden, zu beurtheilen weiß. Weit entfernt ein Sklav gewisser allgemeiner Regeln zu seyn, die eben dadurch fast nichts mehr sagen, weil sie allgemein sind, findet er die neue Regel zu der neuen Schönheit aus. Er thut hier nichts andres, als was Aristoteles, durch eben die Werke veranlaßt, auch gethan haben würde. Und da die Regel seit jeher auf das Meisterstück gefolgt ist; so veranlassen ihn zum Exempel Clarissa und Grandison, zu neuen Regeln. Auf der Seite, auf welcher ich ihn betrachte, ist es gleichgültig, ob er seine Urtheile sage, oder schreibe. Wenn er sie aber schreibt, so schreibt er selbst vortrefflich. Denn wenn er dieß nicht thäte, so würde er aufhören zu seyn, was er ist. Wofern er nebst diesem allen ein Herz hat, das ihn auf keine, auch nicht die unmerklichste Art, verführt, unrichtig oder klein zu denken; so ist er der würdige Mann, dessen Beyfall immer der zweyte Wunsch eines jeden Skribenten seyn wird, der, aus moralischen Absichten, schön zu schreiben sich bestrebt.

Ich habe mich schon erklärt, daß ich denjenigen Theil des *Publici,* dem ich den Namen der *Kenner* gebe, gar nicht weit unter die *Richter* setze. Es ist nur ein geringer Unterschied zwischen beyden. Denn Verdienste gränzen immer nahe an einander. Der Richter und der Kenner scheinen mir nur in folgendem verschieden zu seyn. Der Kenner ist bey der praktischen Ausbildung seiner angebohrnen Fähigkeit zum Geschmacke stehn geblieben. Und wenn er auch bisweilen auf dem Wege der Untersuchung einige Schritte weiter gegangen ist; so hat er sich doch demjenigen hohen Grade der Gewißheit nicht genung genähert, welchen die Verbindung des durch Muster genährten und gereiften Geschmacks mit der tiefsinnigen Einsicht in die Grundsätze, allein erreicht. Daher kömmt es, daß er theils weniger ausgebreitete Aussichten in die Gegenden des Schönen vor sich hat, theils nicht ohne einen gewissen, oft liebenswürdigen Eigensinn ist, sich auf diese oder jene Seite partheyisch zu lenken. Er verfällt unterweilen in den Fehler, die höhere und eigentliche Kritik mit denjenigen gewagten Urtheilen, die wir in den meisten Lehrbüchern finden, zu vermengen, und durch diesen Gedanken unvermerkt verleitet, seiner bloßen Empfindung zu viel Gewißheit zuzutraun. Aber da er dennoch bey sich entdeckt, daß sein Geschmack noch hier und da irren könne; so entsteht eine Neigung bey ihm, dem Urtheile desjenigen, den er für einen Richter erkennt, nachzugeben. Ich meine nicht, daß er sein eignes Urtheil von den Aussprüchen dieses Richters abhängen lasse; er wird aber doch dadurch nicht selten veranlaßt und geleitet.

Dieses habe ich voraussetzen müssen, um mich umständlicher zu erklären, auf welche Art das Publikum nach und nach bis zu dem Zeitpunkte fortgehe, da es, durch die mehrern, oder vielmehr beynahe durch alle Stimmen sein letztes entscheidendes Urtheil spricht.

Itzt, setze ich, wird eine Schrift, die das Publikum seiner Aufmerksamkeit würdigt, herausgegeben. Andre Schriften, über deren monatliche, oder zwey dreyjährige Dauer der große Haufen zu urtheilen hat, überläßt man den kleinen Zänkereyen desselben. Ein Werk von der ersten Art erscheint. Die Richter fangen an, ihren Ausspruch zu thun; auch einige Kenner erklären sich. Aber von diesen letzten, die den größten Theil des Publici ausmachen, sind noch zu wenige, die es öffentlich thun. Das Werk ist noch zu neu, als daß die Wahrheit der ersten Aussprüche schon alle ihre Eindrücke gemacht haben sollte. Unterdeß verurtheilt der große Haufen. Denn es wäre ein sehr seltner Fall, daß er Werke nicht verurtheilen sollte, die das Publikum würdig gehalten hat, ihr Schicksal zu entscheiden. Hundert kleine Richterstühle erschallen von nichts, als Aussprüchen. Das Publikum, das lange festgesetzt hat, daß Niederträchtigkeit verachtet; halber Geschmack verlacht; Unwissenheit mit Mitleiden angesehn werden muß; bemerkt diese kleinen Nebenrichter nicht. Es läßt sie ganz ausschreyen, und sieht sie ruhig ihre angemaßte Gerichtbarkeit über ihre Gränzen ausdehnen. Wie wäre es möglich, daß das Publikum mit dem großen Haufen in Streit geriethe?

Unterdeß sind einige neue Richter aufgetreten. Mehr Kenner

haben sich erklärt. Die völlige Entscheidung macht sich nun merklicher; die öffentlichen Urtheile haben sich auch in guten Gesellschaften ausgebreitet. Dort hatten schon vorher Richter und Kenner ihre Gedanken gesagt. Die gedruckten Urtheile waren einigen von den Gesellschaften nur eine Bestätigung desjenigen, was sie schon angenommen hatten.

Und nun ist der Zeitpunkt gekommen, da der Skribent völlig belohnt, und das Werk seiner Ehrbegierde, oder, wenn er edler dachte, die Frucht reinerer moralischen Absichten den Nachkommen übergeben wird. Nun sind diejenigen, die dann unter dem großen Haufen das Richteramt verwalten, und die einige Jahre früher wie ihre Vorfahren, geschrieen haben würden, ein unbedeutender Haufen von lobpreisenden Nachsagern, die itzt eben so wenig loben können, als sie ehmals zu tadeln vermocht hätten.

Die Entscheidung des Publici kömmt gewöhnlich auf die angeführte Art zur Reife. Allein dieß geschieht früher oder später, nach dem der Geschmack unter einer Nazion mehr oder weniger ausgebreitet ist.

Bisweilen trägt es sich zu, daß ein Werk, wie ich es beschrieben habe, zu einer Zeit herauskömmt, da die Nazion, zu welcher der Verfasser desselben gehört, fast noch gar keine Kenner, und noch weniger Richter hat. Das Werk, so sich zu solchen Zeiten hervorwagt, scheint gleich nach seiner Geburt zu sterben. Aber nun, vielleicht erst nach vielen Jahren, bekömmt diese Nazion Geschmack. Die fast ganz vergeßne Schrift wird hervorgesucht, und ihr die Stelle angewiesen, die sie bey der Nachwelt haben wird.

Ist es zu der Zeit, daß unter einer Nazion ein würdiges Werk erscheint, da ihr Geschmack erst anfängt sich zu bilden; so wird es zwar anfangs nicht völlig verkannt; allein das Urtheil des Publici entwickelt sich doch nur langsam. Die Kenner selbst sind noch ein wenig schwankend, und viel zu gütig. Die Nachsicht, mit der gegen den halben Geschmack verfahren wird, geht noch zu weit. Die Anzahl der Richter ist noch zu klein.

Hat aber ein Skribent das Glück zu einer Zeit zu schreiben, da der Geschmack seiner Nazion schon völlig ausgebildet ist; so hat er bloß zu einigen niederträchtigen Angriffen stillzuschweigen, die nur deswegen auf ihr geschehn, weil er noch nicht todt ist. Denn wenn er auch menschlich genung wäre, *sogar diejenigen nicht zu verachten,* die so stolz sind, daß sie ihre Aussprüche über Sachen, die sie gar nicht beurtheilen können, für nöthig halten;

welchen *Nutzen* würde es haben, wenn er sein Stillschweigen
bräche?

§ 26. GOTTHOLD EPHRAIM LESSING (1767)

Der Rezensent braucht nicht besser machen zu können, was er tadelt

Tadeln heißt überhaupt, sein Mißfallen zu erkennen geben.

Man kann sich bei diesem Mißfallen entweder auf die bloße
Empfindung berufen, oder seine Empfindung mit Gründen unterstützen.

Jenes tut der Mann von Geschmack: dieses der Kunstrichter.

Welcher von ihnen muß das, was er tadelt, besser zu machen
verstehn?

Man ist nicht Herr von seinen Empfindungen! aber man ist
Herr, was man empfindet, zu sagen. Wenn einem Manne von Geschmack in einem Gedichte oder Gemälde etwas nicht gefällt, muß
er erst hingehen, und selbst Dichter oder Maler werden, ehe er
es heraussagen darf: das gefällt mir nicht? Ich finde meine Suppe
versalzen: darf ich sie nicht eher versalzen nenne, als bis ich selbst
kochen kann?

Was sind die Gründe des Kunstrichters? Schlüsse, die er aus
seinen Empfindungen, unter sich selbst und mit fremden Empfindungen verglichen, gezogen und auf die Grundbegriffe des Voll-
kommnen und Schönen zurückgeführt hat.

Ich sehe nicht, warum ein Mensch mit seinen Schlüssen zurück-
haltender sein müsse, als mit seinen Empfindungen. Der Kunstrichter empfindet nicht bloß, daß ihm etwas nicht gefällt, sondern
er fügt auch noch sein *denn* hinzu. Und dieses *denn* sollte ihn
zum Bessermachen verbinden? Durch dieses *denn* müßte er gerade
des Bessermachens überhoben sein können.

Freilich, wenn dieses *denn* ein gutes gründliches *denn* ist; so
wird er leicht daraus herleiten können, wie das, was ihm mißfällt,
eigentlich sein müßte, wenn es ihm nicht mißfallen sollte.

Aber dieses kann den Kunstrichter höchstens verleiten, einen
Fingerzeig auf die Schönheit zu geben, welche anstatt des getadelten Fehlers dasein könnte und sollte.

Ich sage verleiten: denn verleitet wird man zu Dingen, zu welchen man nicht gezwungen werden kann, und zu Dingen, welche übel ausschlagen können.

Wenn der Kunstrichter zu dem dramatischen Dichter sagt: anstatt daß du den Knoten deiner Fabel so geschürzet hast, hättest du ihn so schürzen sollen; anstatt daß du ihn so lösest, würdest du ihn besser so gelöset haben; so hat sich der Kunstrichter verleiten lassen.

Denn niemand konnte es mit Recht von ihm verlangen, daß er sich so weit äußerte. Er hat seinem Amte ein Genüge geleistet, wenn er bloß sagt: dein Knoten taugt nichts, deine Verwicklung ist schlecht, und das aus dem und dem Grunde. Wie sie besser sein könnte, mag der Dichter zusehen.

Denn will er ihm helfen, und der Dichter will sich helfen lassen, und geht hin, und arbeitet nach den Anschlägen des Kunstrichters um; es ist wahr, so ist ihm der Dichter und der Leser Dank schuldig, wenn die Umarbeitung gelingt: – aber wenn sie nicht gelingt?

So fehlt auch nicht viel, die ganze Schuld fällt auf ihn allein. Und nur in diesem Falle dürfte er, um seine Meinung zu rechtfertigen, genötigt sein, den Pfuscher von der Staffelei wegzustoßen, und selbst Pinsel und Palett in die Hand zu nehmen.

»Glück zur Arbeit! Eben hier haben wir dich erwartet, guter Mann! Wenn du fertig bist, alsdenn wollen wir vergleichen!«

Und wer glaubt nicht, vergleichen zu können!

Wehe ihm, wenn er nur schlecht und recht verbessert hat; wenn er es genug sein lassen, Fehler zu vertilgen; wenn es ihm nicht gelungen, uns für jeden mit einer ganz neuen, ganz unerwarteten Schönheit zu überraschen!

Was für ein Arzt, der einen Blinden bloß sehen macht, und ihm nicht zugleich, statt der matten grauen Augen, die ihm die Natur bestimmte, schöne blaue oder feurige schwarze Augen erteilt!

»War das der Mühe wert? An jenen Fehler waren wir schon gewohnt: und an die Verbesserung sollen wir uns erst gewöhnen.«

Vielleicht hätten wir den Fehler auch gar nicht bemerkt, und die Verbesserung hat ihn uns zuerst bemerken lassen. Wir werden unwillig, wenn wir finden, daß uns das, was uns so lange gefallen hat, nicht hätte gefallen sollen.

Kurz, wenn der Kunstrichter durch Tadeln beleidigt, so beleidigt er durch Bessermachen doppelt.

Mache es besser! ist zwar die Ausforderung, welche der geta-
delte Schriftsteller an ihn ergehen läßt, aber nicht in der Absicht,
daß sie angenommen werden soll. Es soll ein bloßes Stichblatt
sein, die Stoße des Kunstrichters abglitschen zu lassen.

Nimmt sie der Kunstrichter an, und er ist unglücklich: so ist
ihm das Handwerk auf einmal gelegt.

Nimmt er sie an, und er ist glücklich – Aber wer wird es
ihm zugestehen, daß er glücklich ist? Kein Mensch in der Welt.
Weder die Künstler, noch seine Kollegen in der Kunstrichterei.

Unter jenen ist es dem Getadelten nicht zuzumuten; und den
übrigen – keine Krähe wird der andern die Augen aushacken:
die Reihe könnte auch an sie kommen.

Diese aber verdammen ihn des bösen Exempels; er hat sich seines Rechts vergeben; nun wird man das Bessermachen von ihnen
allen fordern; dafür muß er gestraft sein!

Und überhaupt sind die Kunstrichter die einzige Art von Krä-
hen, welche das Sprichwort zum Lügner machen.

§ 27. Moses Mendelssohn (1758)

Die idealische Schönheit – der sichere Grund
des Geschmacks

Die schönen Künste und Wissenschaften sind für den Virtuosen
eine Kunst, für den Liebhaber eine Quelle des Vergnügens, und
für den Weltweisen eine Schule des Unterrichts. In den Regeln
derselben, welche der Künstler, von seinem Genie geleitet, ausübt,
und der Kritikus durch Nachdenken absondert, liegen die tiefsten
Geheimnisse unsrer Seele verborgen. Denn wenn sie auf die Natur
unsers Geistes, in welchen sie so angenehm wirken, zurückgeführt,
und aus dessen Eigenschaften erklärt werden; so wird nicht nur
der Geschmack geläutert, und die sonst schwankenden Urtheile
über die Schönheit, auf sichern Grund gebauet; sondern die Lehre
von der Seele selbst, hat sich von dieser Vereinigung wichtige Entdeckungen zu versprechen. Die menschliche Seele ist so uner-
schöpflich als die Natur; das bloße Nachdenken kann unmöglich
alles ergründen, was ihr zukömmt, und die Erfahrung allein pflegt
selten entscheidend zu seyn. Die glücklichen Augenblicke, in welchen wir die Natur gleichsam auf der That ertappen, entwischen
uns niemals so leicht, als wenn wir uns selbst beobachten wollen;
und wenn sie da sind, so ist die Seele allzusehr mit ihren besondern Absichten beschäfftiget, als daß sie wahrnehmen könnte, was
in ihr selbst vorgehet. Man wird also die Erscheinungen, bey welchen die Triebfedern unsrer Seele in der größten Bewegung sind,
sorgfältig zergliedern, und mit der Theorie vergleichen müssen,
um auf diese ein neues Licht zu verbreiten, und ihre Grenzen mit
neuen Entdeckungen zu bereichern. Bey welchen Erscheinungen
sind aber wohl alle Triebfedern der menschlichen Seele mehr in
Bewegung, als bey den Wirkungen der schönen Künste?
 Die Schönheit ist die eigenmächtige Beherrscherinn aller unserer
Empfindungen, der Grund von allen unsern natürlichen Trieben,
und der beseelende Geist, der die speculative Erkenntniß der

Wahrheit in Empfindung verwandelt, und zu thätiger Entschlie-
ßung anfeuert. Sie bezaubert uns in der Natur, und das Genie
hat sie in den Werken der Kunst mit glücklichem Erfolge nachzu-
bilden gewußt. Die Dichtkunst, die Beredsamkeit, die Schönheiten
in Figuren und in Tönen, dringen durch verschiedene Sinne zu
unsrer Seele, und beherrschen alle unsere Neigungen. Sie können
uns nach ihrem Belieben, bald fröhlich machen, bald betrüben.
Sie können unsre Leidenschaften erregen, und wiederum besänfti-
gen, und wir schmiegen uns willig unter die Gewalt des Künstlers, der uns hoffen, fürchten, zürnen, besänftigt seyn, lachen und
wiederum Thränen vergießen läßt.

[...]
  Es werden nicht alle Gegenstände in der Natur geschickt seyn,
in den Werken der Kunst nachgeahmet zu werden. Die Natur
hat einen unermeßlichen Plan. Die Mannigfaltigkeit desselben erstreckt sich von dem unendlich Kleinen bis in das unendlich
Große, und seine Einheit ist über alles Erstaunen hinweg. Die
Schönheit der äußerlichen Formen überhaupt ist nur ein sehr geringer Theil von ihren Absichten, und sie hat dieselbe zuweilen
größern Absichten nachsetzen müssen. Ist es also wohl möglich,
daß der eingeschränkte Raum, welchen wir von der Natur betrachten können, und zwar nur insofern er uns in die Sinne fällt,
alle Eigenschaften der idealischen Schönheit erschöpfen sollte?
  Der menschliche Künstler hingegen wählt sich einen Vorwurf,
der seinen Einsichten gemäß ist. Seine Absichten sind so eingeschränkt als seine Fähigkeiten. Sein ganzer Endzweck ist, die
Schönheiten, die in die menschliche Sinne fallen, in einem eingeschränkten Vorwurfe vorzustellen. Er wird also der idealischen
Schönheit näher kommen können, als die Natur in diesem oder
jenem Theile gekommen ist. Was sie in verschiedenen Gegenständen zerstreuet hat, versammelt er in einem einzigen Gesichtspunkt,
bildet sich ein Ganzes daraus, und bemühet sich, es so vorzustellen, wie es die Natur vorgestellt haben würde, *wenn die Schönheit
dieses Vorwurfs ihre einzige Absicht gewesen wäre.* Nichts anders
als dieses bedeuten die gewöhnlichen Ausdrücke der Künstler: *die
Natur verschönern, die schöne Natur nachahmen* u. s. w. Sie wollen einen gewissen Vorwurf so abbilden, wie ihn Gott vermöge
seines *vorgehenden Willens* (voluntas antecedens; man verzeihe
uns diesen scholastischen Ausdruck seiner Kürze halber) geschaffen
haben würde, wenn ihn nicht wichtigere Endzwecke davon abge-

halten hätten. Dieses ist die vollkommenste idealische Schönheit, die in der Natur nirgend anders als im Ganzen anzutreffen, und in den Werken der Kunst vielleicht nie völlig zu erreichen ist.

Der Künstler muß sich also über die gemeine Natur erheben, und weil die Nachbildung der Schönheit sein einziger Endzweck ist, so steht es ihm frey, dieselbe allenthalben in seinen Werken zu concentriren, damit sie uns stärker rühre.

§ 28. Anton Raphael Mengs (1762)

Schönheit und Geschmack in der Malerei

1. Kunstschönheit und Natur.

In der Schönheit kann die Kunst die Natur übertreffen. Die Kunst der Malerey heisset zwar eine Nachahmung der Natur, und scheinet durch das Wort, *Nach*, geringer an Vollkommenheit zu seyn als die Natur; dieses ist aber nur mit Bedingung wahr: Es giebt Sachen in der Natur, so die Kunst unmöglich nachahmen kann, und wo sie sehr schwach gegen die Natur erscheint, nämlich in Licht und Finsterniß: Hingegen hat sie einen Theil, so sehr mächtig ist, einen Theil, der die Natur weit übertrift – dieser ist die Schönheit. Die Natur ist in ihren Hervorbringungen sehr vielen Zufällen unterworfen; die Kunst aber wirket frey, weil sie lauter schwache Materien zum Werkzeuge hat, in welchen keine Widerstrebung ist. Die Kunst der Malerey kann aus dem ganzen Schauplatze der Natur das Schönste wählen, und die Materien von vielerley Orten, und die Schönheit von vielerley Menschen sammeln, da die Natur die Materie eines Menschen nur aus der Mutter desselben nehmen, und sich mit allen Zufällen begnügen muß: Also können die gemaleten Menschen leicht schöner als die wahrhaftigen seyn. Wo werden sich in einem Menschen zugleich, die Grösse der Seele, die Uebereinstimmung des Leibes, ein tugendhaftes Gemüth, und gleichgeübte Glieder finden? Ja nur die vollkommene Gesundheit und Genesung, da alle Aemter und Verrichtungen der Menschen, ihn belästigen? Hingegen in der Malerey kann dieses leicht bedeutet werden, wenn man die Einförmigkeit, in Umrissen, die Grösse, in der Gestalt, die Freyheit, in der Stellung, die Schönheit in den Gliedern, die Macht in der Brust, die Leichtigkeit in den Beinen, die Stärke in Schultern und Armen bezeichnet. Die

Aufrichtigkeit in der Stirne und Augenbraunen, die Vernunft zwischen den Augen, die Gesundheit in den Baken, die Lieblichkeit in dem Munde bedeutet. Wenn man so in allen Theilen vom größten bis auf den geringsten, in Mann und Weib eine Bedeutung, und Gestalt nach ihrer Bestimmung bringet, und diese Betrachtungen, wieder in jeden Stand des Menschen, und nach jeder Bedeutung, verändert, so wird der Künstler sehen, daß die Kunst die Natur selbst noch übertreffen kann: Denn wie in keiner Blume der Honig ist, sondern in allen ein Theil desselben, woraus die Biene in der Sammlung den Honig machet; eben so kann der Künstler aus allem erschaffenen das Beste wählen, und dadurch die größte Süßigkeit in der Kunst zuwegebringen.

2. Die Schönheit als Vollkommenheit der Materie.

Dieses ist es was ich von der Schönheit sagen und bedeuten wollen, nämlich: Da die Vollkommenheit ein Geist und nicht sichtlich ist, so ist die Schönheit die gestaltete und sittliche Vollkommenheit der Materie: Die Vollkommenheit der Materie aber ist die Uebereinstimmung mit unsern Begriffen: Unsere Begriffe sind die Erkenntniß der Bestimmung: Eine Sache ist vollkommen, wenn sie nur einen Begriff hat, und die Materie mit ihm ganz einig ist: Die Vollkommenheiten sind wie Aemter in der Natur eingetheilet, diejenige Sache, so ihr Amt am besten auszuführen tauget, ist in ihrem Geschlechte die vollkommenste, darum ist auch das häßliche einigemal seines Amtes wegen, schön: Aber die Sache, so nur eine Ursache hat, in welcher die Materie mit ihr ganz einig ist, ist von höherm Grade Schönheit, als die wo vielerley Ursachen sind: Was mehr Geist hat ist höher als was mehr Materie hat: Das Geistige hat die Macht dem Materialischen von seiner Vollkommenheit zu geben, und das Materialische kann es annehmen. Will ein Künstler etwas Schönes machen, so soll er sich vorstellen, stafelweise von der Materie aufwärts zu gehen, nichts ohne Ursache zu machen, nichts todtes und überflüßiges leiden, denn dieses verderbet alles worinne es ist: Sein Geist soll den Materien die Vollkommenheit zu geben suchen durch die Wahl: Der Geist ist die Vernunft des Malers: Die Vernunft soll über die Materien herrschen, seine größte Bemühung soll seyn die Ursachen der Sachen zu bestimmen, und in einem ganzen Werke einer Hauptsache zu folgen; auf daß nur eine Ursache der Vollkommenheit darinne sey; und diese Ursache wieder bis gegen den geringsten Theil der Materie auszutheilen. Er soll das tauglichste aus der Natur wählen um seine Gedanken dem Ansehenden deutlich zu machen. Wie die Natur die Vollkommenheit stafelweis eingetheilet, so soll auch der Künstler thun, und in jedes Ding eine unterschiedliche Bedeutung bringen, die doch alle zu einer Hauptbedeutung dienen, so wird der Ansehende in jeder Sache den Begriff erkennen, in allen zusammen die Ursache des Ganzen, und wird ein Werk für vollkommen preisen, wenn die Materie jeder Sache nach ihrem Begriffe beschaffen ist, und itzt die Schönheit des Werkes, die aus jedem Theile zusammenströmt, und seine Seele rühret, fühlen, dann weil jedes Ding, so ein solches Werk vorstellet, eine Ursache und Geist hat, so wird das ganze Werk voller Geist und um des Geistigen willen, schön seyn, und die höchste Vollkommenheit der Materie haben.

Wie der Schöpfer der Natur in alle Sachen eine Vollkommenheit geleget, welche uns die ganze Natur wunderbar und ihres Schöpfers würdig scheinen machet, so soll auch der Künstler in jedem Zuge und in jedem Pinselstrich eine Spur seines Verstandes lassen, damit sein Werk allezeit von andern Menschen einer vernünftigen Seele würdig geachtet werden könne.

3. Der Einfluß des guten Geschmacks auf die Nachahmung.

Der beste Geschmak den die Natur geben kann, ist der mittlere, denn dieser gefällt allen Menschen überhaupt. Der Geschmak ist Ursache der Wahl des Malers, und durch das was er wählet, erkennt man den seinigen, und heisset ihn gut oder übel: Gut und das beste, ist allezeit das, was gleich weit von allen Uebeln ist, und übel sind alle Extremen.

Die Werke aber in der Malerey, so man insgemein von gutem Geschmak heisset, sind die, worinnen entweder die Hauptsachen nur wohl bedeutet; oder die so auf eine leichte Weise ausgeführet sind, so daß die Mühe darinne verdeket ist; beyde Arten gefallen uns, weil sie eine grosse Meynung von dem Künstler so sie verfertiget, geben. Man meynet, er habe alles gewußt, nur die Hauptsachen zu wählen; oder er habe sehr viel gewußt, die Sachen so leichte machen zu können.

Der schöne Geschmak heisset, wenn man das Schönste von der Natur bezeichnet – er ist über dem mittelmäßigen, noch mehr aber über dem gemeinen und niederträchtigen, welcher nur das Schlechte und Garstige der Natur findet. So verstehet sichs von dem Angenehmen, von dem Bedeutenden, und den übrigen, die man nennen könnte. Der Geschmak erzeuget also in dem Künstler einen Hauptzweck, und wählet oder verwirft, was gut oder schlecht mit demselben übereinstimmt, daher sagt man, wenn in einem Werke alles ohne Unterschied auf eine Weise bezeichnet ist, daß es ihm ganz und gar an Geschmake fehlet; weil nichts besonderes darinn ist, und also diese Art Werke ohne einige Bedeutung bleibet.

Wie sich der gute Geschmak mit der Nachahmung verträget. Die Nachahmung ist der erste Theil der Malerey, also das nothwendigste, aber nicht das schönste. Was nothwendig ist, ist nie das zierlichste: Die Nothdurft zeiget die Armuth an, und die Zierde den Ueberfluß: Weil nun die Malerey in sich, überhaupt mehr eine Zierde als Nothwendigkeit in der Welt ist, und eine Sache nach ihrer ersten Ursache schlecht oder gut geachtet werden soll, so ist auch in der Malerey die Zierlichkeit der Nothwendigkeit vorzuziehen, und ist darum auch der Maler, so mehr Idealisches hat, vor grösser, als der, so die blosse Nachahmung besitzet, zu achten. Weil aber die Kunst von beyden Theilen bestehet, so ist der der allergrößte Meister, der sie beyde besitzet; wie diese zwey Theile aber zusammengehören, und zu vereinigen sind, verstehet sich also: Die Idee, welche die erste Erzeugung des Geschmakes ist, ist wie die Seele, und die Nachahmung ist wie ein Leib. Diese Seele oder Ursache soll aus dem ganzen Schauplatze der Natur wählen die Theile, so die schönsten sind, nach allen menschlichen Begriffen, nicht aber neue unerschaffene Theile hervorbringen, sonsten würde dadurch die Kunst verringert werden, denn sie würde gleichsam ihren Leib verlieren, und ihre Schönheiten würden den andern Menschen undeutlich werden. Also sage ich, daß ich unter Idee nur die Wahl, nämlich die Kunst, aus der Natur gut zu wählen, verstehe, aber nicht eine Erdichtung neuer Sachen; ist also ein Bild so gemachet, daß in ihm die schönsten Theile der Natur gewählet worden, aber an sich jeder Theil natürlich und wahrhaftig scheinet, so wird in dem ganzen Werke der gute Geschmak erscheinen, ohne Abbruch des Theiles der Nachahmung.

1. Von der Grazie in Werken der Kunst. (1759)

Die Grazie ist das vernünftig gefällige. Es ist ein Begriff von weitem Umfange, weil er sich auf alle Handlungen erstrecket. Die Grazie ist ein Geschenk des Himmels, aber nicht wie die Schönheit: denn er ertheilet nur die Ankündigung und Fähigkeit zu derselben. Sie bildet sich durch Erziehung und Ueberlegung, und kann zur Natur werden, welche dazu geschaffen ist. Sie ist ferne vom Zwange und gesuchten Witze: aber es erfordert Aufmerksamkeit und Fleiß, die Natur in allen Handlungen, wo sie sich nach eines jeden Talent zu zeigen hat, auf den rechten Grad der Leichtigkeit zu erheben. In der Einfalt und in der Stille der Seele wirket sie, und wird durch ein wildes Feuer und in aufgebrachten Neigungen verdunkelt. Aller Menschen Thun und Handeln wird durch dieselbe angenehm, und in einem schönen Körper herrschet sie mit großer Gewalt. Xenophon war mit derselben begabet, Thucydides aber hat sie nicht gesuchet. In ihr bestund der Vorzug des Apelles und des Correggio in neuern Zeiten, und Michael Angelo hat sie nicht erlanget: über die Werke des Alterthums aber hat sie sich allgemein ergoßen, und ist auch in dem Mittelmäßigen zu erkennen.

Die Kenntniß und Beurtheilung der Grazie am Menschen und in der Nachahmung desselben, an Statuen und auf Gemählden, scheinet verschieden zu seyn, weil hier vielen dasjenige nicht anstößig ist, was ihnen im Leben mißfallen würde. Diese Verschiedenheit der Empfindung lieget entweder in der Eigenschaft der Nachahmung überhaupt, welche desto mehr rühret, je fremder sie ist, als das Nachgeahmete, oder mehr an ungeübten Sinnen und am Mangel öfterer Betrachtung und gründlicher Vergleichung der Werke der Kunst. Denn was bey Aufklärung des Verstandes und bey Vortheilen der Erziehung an neuern Werken gefällt, wird oft nach erlangter wahren Kenntniß der Schönheiten des Alterthums ekelhaft werden. Die allgemeine Empfindung der wahren Grazie wäre also nicht natürlich; da sie aber erlanget werden kann, und ein Theil des guten Geschmacks ist, so ist auch dieser so wie jene zu lehren, wider den Verfasser der Briefe über die Engeländer[1]

---

[1] Beat Ludwig von Muralt: Lettres sur les Anglois etc., Genf 1725.

weil so gar die Schönheit zu lehren ist, obgleich noch keine allgemeine deutliche Erklärung derselben bestimmet worden.

Im Unterricht über Werke der Kunst ist die Grazie das sinn-
lichste, und zur Ueberzeugung von dem Vorzuge der alten Werke
vor den Neuern giebt sie den begreiflichsten Beweis: mit derselben
muß man anfangen zu lehren, bis man zur hohen abstrakten
Schönheit gehen kann.

Die Grazie in Werken der Kunst geht nur die menschliche Figur
an, und lieget nicht allein in deren Wesentlichen, dem Stande und
Gebährden; sondern auch in dem Zufälligen; dem Schmucke und
der Kleidung. Ihre Eigenschaft ist das eigenthümliche Verhältniß
der handelnden Person zur Handlung: denn sie ist wie Wasser,
welches desto vollkommener ist, je weniger es Geschmack hat;
alle fremde Artigkeit ist der Grazie so wie der Schönheit nachtheilig. Man merke, daß die Rede von dem Hohen, oder Heroischen
und Tragischen der Kunst, nicht von dem comischen Theile derselben ist.

Stand und Gebährden an den alten Figuren sind wie an einem
Menschen, welcher Achtung erwecket und fordern kann, und der
vor den Augen weiser Männer auftritt: ihre Bewegung hat den
nothwendigen Grund des Wirkens in sich, wie durch ein flüssiges
feines Geblüt und mit einem sittsamen Geiste zu geschehen pfleget:
nur allein die Stellung der Bacchanten auf geschnittenen Steinen
ist der Absicht bey denselben gemäß, das ist, gewaltsam. Was von
stehenden Figuren gesaget wird, gilt auch von liegenden.

*2. Die schöne Einfalt der Alten. (Winckelmanns Sendschreiben an
Brühl, 1762.)*

Die vornehmste Betrachtung über alte Geräthe, und sonderlich
über die Gefäße, sollte auf die Zierlichkeit derselben gerichtet
seyn, in welcher alle unsere Künstler den Alten nachstehen müssen. Alle ihre Formen sind auf Grundsätze des guten Geschmacks
gebauet, und gleichen einem schönen jungen Menschen, in dessen
Gebährden, ohne sein Zuthun oder Denken, sich die Gratie bildet;
diese erstrecket sich hier bis auf die Handheben der Gefäße. Die
Nachahmung derselben könnte einen ganz andern Geschmack ein-
führen, und uns von dem Gekünstelten ab auf die Natur leiten,
worinn nachher die Kunst kann gezeiget werden. Die Schönheit

dieser Gefäße bildet sich durch die sanft geschweiften Linien der Formen, als welche hier, wie an schönen jugendlichen Körpern, mehr anwachsend als vollendet sind, damit unser Auge in völlig halbrunde Umkreise seinen Blick nicht endige, oder in Ecken eingeschränkt und auf Spitzen angeheftet bleibe. Die süße Empfindung unserer Augen bey solchen Formen ist wie das Gefühl einer zarten sanften Haut, und unsere Begriffe werden, als vom Vereinten, leicht und faßlich. Da nun das Leichte durch dessen Faßlichkeit selbst gefallen, und das Gezwungene, wie ein übertriebenes Lob anderer, weil wir selbst an dasselbe nicht reichen zu können glauben, durch das Gegentheil mißfallen muß; ja da die Natur, in Ansehung der Kosten (da insgemein das Natürliche wohlfeiler, als dessen Gegentheil ist,) den Weg erleichtert: so sollte uns Empfindung und Ueberlegung zu der schönen Einfalt der Alten führen. Aber diese blieben bey dem, was einmal schön erkannt worden, weil das Schöne nur Eins ist, und änderten, wie in ihrer Kleidung, nicht; wir hingegen können oder wollen uns in dieser, wie in andern Dingen, nicht festsetzen, und wir irren in thörigter Nachahmung herum, wodurch wir alle Augenblicke, was wir bauen, wie die Kinder, wiederum niederwerfen.

3. Von der Fähigkeit der Empfindung des Schönen in der Kunst. (1763)

Die Fähigkeit das Schöne in der Kunst zu empfinden, ist ein Begriff, welcher zugleich die Person und Sache, das Enthaltende und das Enthaltene in sich fasset, welches ich aber in eins schließe, so daß ich hier vornehmlich auf das erstere mein Absehen richte, und vorläufig bemerke, daß das Schöne von weiterem Umfange, als die Schönheit, ist: diese geht eigentlich die Bildung an, und ist die höchste Absicht der Kunst; jenes erstrecket sich auf alles, was gedacht, entworfen und ausgearbeitet wird.

Es ist mit dieser Fähigkeit, wie mit dem gemeinen gesunden Verstande; ein jeder glaubet denselben zu besitzen, welcher gleichwohl seltener, als der Witz, ist: weil man Augen hat, wie ein anderer, so will man so gut, als ein anderer, sehen können. So wie sich selbst nicht leicht ein Mädchen für garstig hält, so verlanget ein jeder das Schöne zu kennen. Es ist nichts empfindlicher, als jemanden den guten Geschmack, welcher in einem andern Worte eben diese Fähigkeit bedeutet, absprechen wollen; man bekennet sich selbst eher mangelhaft in allen Arten von Kenntnissen, als daß man den Vorwurf höre, zur Kenntniß des Schönen unfähig zu seyn. Die Unerfahrenheit in dieser Kenntniß gestehet man zur Noth zu, aber die Fähigkeit zu derselben will man behaupten. Es ist dieselbe, wie der Poetische Geist, eine Gabe des Himmels, bildet sich aber so wenig, wie dieser, von sich selbst, und würde ohne Lehre und Unterricht leer und todt bleiben; folglich hat diese Abhandlung zwey Stücke, diese natürliche Fähigkeit überhaupt, und den Unterricht in derselben.[1]

Die Fähigkeit der Empfindung des Schönen hat der Himmel allen vernünftigen Geschöpfen, aber in sehr verschiedenem Grade gegeben. Die mehresten sind wie die leichten Theile, welche ohne Unterschied von einem geriebenen Electrischen Körper angezogen werden, und bald wiederum abfallen; daher ist ihr Gefühl kurz, wie der Ton in einer kurzgespanneten Saite. Das Schöne und das Mittelmäßige ist denselben gleich willkommen, wie das Verdienst und der Pöbel bey einem Menschen von ungemessener Höflichkeit. [...]

Diese Fähigkeit wird durch gute Erziehung erwecket und zeitiger gemacht und meldet sich eher, als in vernachläßigter Erziehung, welche dieselbe aber nicht ersticken kann, wie ich hier an meinem Theile weis. Es wickelt sich dieselbe aber eher an großen als kleinen Orten aus, und im Umgange mehr, als durch Gelehrsamkeit: denn das viele Wissen, sagen die Griechen, erwecket keinen gesunden Verstand, und die sich durch bloße Gelehrsamkeit in den Alterthümern bekannt gemacht haben, sind auch derselben weiter nicht kundig worden. [...]

Bey angehender Jugend ist diese Fähigkeit, wie eine jede Neigung, in dunkele und verworrene Rührungen eingehüllet, und meldet sich wie ein fliegendes Jucken in der Haut, dessen eigentlichen Ort man im Kratzen nicht treffen kann. Es ist dieselbe in wohlgebildeten Knaben eher, als in andern, zu suchen, weil wir insgemein denken wie wir gemacht sind, in der Bildung aber weniger, als

---

[1] Die vorliegende Auswahl berücksichtigt nur den ersten Gesichtspunkt; Winckelmanns Ausführungen zum zweiten sind vergleichsweise traditionell.

im Wesen und in der Gemüthsart: ein weiches Herz und folgsame Sinnen sind Zeichen solcher Fähigkeit.

[...]

Das wahre Gefühl des Schönen gleichet einem flüßigen Gipse, welcher über den Kopf des Apollo gegossen wird, und denselben in allen Theilen berühret und umgiebt. Der Vorwurf dieses Gefühls ist nicht, was Trieb, Freundschaft und Gefälligkeit anpreisen, sondern was der innere feinere Sinn, welcher von allen Absichten geläutert seyn soll, um des Schönen willen selbst, empfindet. Sie werden hier sagen, mein Liebster, ich stimme mit Platonischen Begriffen an, die vielen diese Empfindung absprechen könnten; Sie wissen aber, daß man im Lehren, wie in Gesetzen, den höchsten Ton suchen muß, weil die Saite von selbst nachläßt: ich sage, was seyn sollte, nicht was zu seyn pfleget, und mein Begriff ist wie die Probe von der Richtigkeit der Rechnung.

Das Werkzeug dieser Empfindung ist der äußere Sinn, und der Sitz derselben der innere: jener muß richtig, und dieser empfindlich und fein seyn. Es ist aber die Richtigkeit des Auges eine Gabe, welche vielen mangelt, wie ein feines Gehör, und ein empfindlicher Geruch.

[...]

Wenn der äußere Sinn richtig ist, so ist zu wünschen, daß der innere diesem gemäß vollkommen sey: denn es ist derselbe wie ein zweyter Spiegel, in welchem wir das Wesentliche unserer eigenen Aehnlichkeit, durch das Profil, sehen. Der innere Sinn ist die Vorstellung und Bildung der Eindrücke in dem äußeren Sinne, und, mit einem Worte, was wir Empfindung nennen. Der innere Sinn aber ist nicht allezeit dem äußeren proportionirt, das ist, es ist jener nicht in gleichem Grade empfindlich mit der Richtigkeit von diesem, weil er mechanisch verfährt, wo dort eine geistige Wirkung ist. Es kann also richtige Zeichner geben ohne Empfindung, und ich kenne einen solchen; diese aber sind höchstens nur geschickt, das Schöne nachzuahmen, nicht selbst zu finden und zu entwerfen.

[...]

Dieser innere Sinn, von welchem ich rede, muß fertig, zart, und bildlich seyn.

Fertig und schnell muß derselbe seyn, weil die ersten Eindrücke die stärksten sind, und vor der Ueberlegung vorhergehen: was wir durch diese empfinden, ist schwächer. Dieses ist die allgemeine

Rührung, welche uns auf das Schöne ziehet, und kann dunkel und ohne Gründe seyn, wie mit allen ersten und schnellen Eindrücken zu geschehen pfleget, bis die Untersuchung der Stücke die Ueberlegung zuläßt, annimmt und erfordert. Wer hier von Theilen auf das Ganze gehen wollte, würde ein Grammaticalisches Gehirn zeigen, und schwerlich eine Empfindung des Ganzen und eine Entzückung in sich erwecken.

Zart muß dieser Sinn mehr, als heftig, seyn, weil das Schöne in der Harmonie der Theile bestehet, deren Vollkommenheit ein sanftes Steigen und Sinken ist, die folglich in unsere Empfindung gleichmäßig wirket, und dieselbe mit einem sanften Zuge führet, nicht plötzlich fortreißet. Alle heftige Empfindungen gehen über das Mittelbare hinweg zum Unmittelbaren, da das Gefühl hingegen gerühret werden soll, wie ein schöner Tag entstehet, durch Anmeldung einer lieblichen Morgenröthe. Es ist auch die heftige Empfindung der Betrachtung und dem Genusse des Schönen nachtheilig, weil sie zu kurz ist: denn sie führet auf einmal dahin, was sie stuffenweise fühlen sollte. Auch in dieser Betrachtung scheint das Alterthum ihre Gedanken in Bilder eingekleidet zu haben, und verdeckte den Sinn derselben, um dem Verstande das Vergnügen zu gönnen, mittelbar dahin zu gelangen. Es sind daher sehr feurige, flüchtige Köpfe, zur Empfindung des Schönen nicht die fähigsten, und so wie der Genuß unser selbst, und das wahre Vergnügen in der Ruhe des Geistes und des Körpers zu erlangen ist, so ist es auch das Gefühl und der Genuß des Schönen, welches also zart und sanft seyn muß, und wie ein milder Thau kommt, nicht wie ein Platzregen. Da sich auch das wahre Schöne der Menschlichen Figur insgemein in der unschuldigen stillen Natur einzukleiden pfleget, so will es durch einen ähnlichen Sinn gefühlet und erkannt werden. Hier ist kein Pegasus nöthig, durch die Luft zu fahren, sondern Pallas, die uns führet.

Die dritte von mir angegebene Eigenschaft des inneren Gefühls, welche in einer lebhaften Bildung des betrachteten Schönen bestehet, ist eine Folge der beyden ersteren, und nicht ohne jene, aber ihre Kraft wächset, wie das Gedächtniß, durch die Uebung, welche jenen nichts beyträget. Das empfindlichste Gefühl kann diese Eigenschaft unvollkommener, als ein geübter Maler ohne Gefühl, haben, dergestalt, daß das eingedruckte Bild allgemein lebhaft und deutlich ist, aber geschwächet wird, wenn wir uns dasselbe stückweise genau vorstellen wollen, wie es mit dem Bilde des entfernten

Geliebten zu geschehen pfleget, wie wir auch in den mehresten Dingen erfahren: zu sehr in das Getheilte gehen wollen, macht das Ganze verliehren. Ein bloß mechanischer Maler aber, dessen vornehmstes Werk das Portrait ist, kann durch nöthige Uebung seine Einbildung erhöhen und stärken, daß dieselbe fähig wird, ein anschauliches Bild nach allen Theilen sich einzuprägen, und stückweis zu wiederholen.

Es ist also diese Fähigkeit als eine seltene Gabe des Himmels zu schätzen, welcher den Sinn zum Genusse des Schönen und des Lebens selbst hierdurch fähig gemacht hat, als dessen Glückseligkeit in einer Dauer angenehmer Empfindung besteht.

§ 30. Johann Gottfried Herder (1773)

Die historische Dialektik des Geschmacks
(Der Geschmack und seine Veranlassungen).
Ursachen des gesunkenen Geschmacks

Es ist ein wunderbarer Anblick, daß der Geschmack, diese schöne Gabe des Himmels, die er dem Menschlichen Geist nur in den Zeiten seiner schönsten Blüthe bestimmt zu haben scheinet, nicht nur noch einen schmalen Strich des Erdbodens berühret, sondern auch auf diesem schmalen Striche nur durch kurze Perioden gewirkt habe. Kaum ließ er sich irgendwo auf einer glücklichen State nieder: so sammlete er sich auch bald Brennreiser zu seinem eignen Grabmale, bis spät aus seiner Asche anderswo ein andrer Phönix entstand, und wieder das Schicksal hatte wie sein Vater.

Woher nun diese Wellen auf dem großen Meere des Zeitraums? Aus Ursachen von innen oder von außen? Wer lehret uns das große Naturgesetz der Veränderungen des Geschmacks aus der Geschichte? Wüste mans, so erschiene zugleich, ob sich den Ursachen seines unglücklichen Verfalls nicht zuvorkommen? ob sich der gute Geschmack, wenn er fliehen will, nicht festhalten ließe? Oder, wenn sich aus Kennzeichen seine Ankunft nahet: wie kann man sie befördern? wie selbst die Samenkörner seiner Zerstörung anwenden, daß er sich neu belebe? Oder, wenn man dies alles nicht kann, wozu wirkt selbst dieser Verfall? zu keinem anderweitigen Guten? nicht auch etwa zur Glückseligkeit der Menschheit?

Wahrlich eine Philosophische, Menschenfreundliche, und selbst zur Blüthe äußerer Verfaßungen mitwirkende Frage! Und der Weg, auf dem sie untersucht werden soll, das Buch der Geschichte, das der Betrachtung hierüber so merkwürdige und verschiedne Fälle liefert, ist allerdings die reichste, sicherste und angenehmste Straße. Hier ist die freie Wahrheit sich selbst Bestätigung und Anmuth.

1. Der griechische Geschmack.

Wenn wir nach den Ursachen forschen, aus denen sich der Geschmack unter den Griechen erzeuget, und zu solcher Blüthe erhoben hat, so sind wir auf dem Wege, die Geschichte des verfallenden Geschmacks zu ersehen. Jene Veranlaßungen wirkten, wie Alles unter dem Monde, nicht ewig: es traten andre schädliche an ihrer Stelle, und der Geschmack sank. Er sank selbst bei dem Volk, bei dem er am meisten Natur war.

Der gute Geschmack war bei den Griechen in ihren schönsten Zeiten eine so natürliche Hervorbringung, als sie selbst, als ihre Stammes- und Lebensart, als ihre Situation und Verfassung waren. Er exsistirte, wie Alles, zu seiner Zeit und an seinem Orte, Zwanglos, aus den simpelsten Veranlaßungen durch Zeitmittel, zu Zeitzwecken: und da diese schöne Zeitverbindung aus einander ging, schwand auch das Resultat derselben, der Griechische Geschmack.

2. Der römische Geschmack.

Nichts in der Welt kann ohne Anlässe und Triebe, ohne Wahrheit und ruffendes Bedürfniß werden, was es werden soll; am wenigsten die edelste Gottesgabe, Geschmack und Genie. Nehmt diesen Baum aus seinem Klima und Erdboden und seiner freien, hohen, wilden Luft, und pflanzt ihn in die enge Luft des Treibhauses; er ist dahin, wenn er auch dem Scheine nach kränkelnd da steht. Futtert dies kostbare, fremde Vieh ausser seinem Element, ganz umsonst in öffentlichen Gebäuden, es stirbt, trotz Speis' und Trank, oder wird fett und abgeartet. Es pflanzt sich gar nicht, oder äußerst mühselig fort, und ist langen, lebendigen Todes vermodert. So wars mit dem Römischen Geschmack, da auch Er gefuttert werden muste.

Der Verfall des Römischen Geschmacks hat also eine simple Geschichte. Dieser war aus Griechenland her und in Rom lange ein Fremdling: er hielt sich so lange, als es Boden und Luft und Wartung erlaubten; und währender Zeit nahm er eine harte, festere, die Römische Gestalt an. Sturmwinde rißen bald, wie Alles, so auch diese Pflanze aus der Erde, sie hielt eine Zeitlang am obern Rasen, unter zufällig guten Umständen, und insonderheit an den Resten der wirklich großen Form Roms und ihrer vortreflichen Sprache; aber nur noch mit weniger Kraft und Wirkung. Der Römische Geschmack war nur die kurze Blüthenzeit gewesen, da Rom sich in seinem Thatengeist zuerst mit sichrer Ruhe und Majestät fühlte; Partheiengeist, Üppigkeit und Sklaverei vertilgten bald die schöne, dem Staat minder wesentliche Blüthe.

3. Der italienische Geschmack. (Die Nachahmung der Alten).

Weiß man also, was der Geschmack des Zeitalters war? woraus er sich bildete? neu bildete? wornach er strebte? so weiß man zugleich die Ursachen seines Verfalls. Die unvollkommne Genesis selbst schloß diese schon in sich.

Man fand die Alten wieder, reinigte und glättete nach ihrem Muster die Sprache, ahmete ihren Vortrag und ihre Kunst nach – eine schöne, beneidenswerthe Periode! Nur das feine, scharfsinnige, unter vieler Leidenschaft noch stille, tiefe Genie der Italiener konnte seine Vorahnen und die Lehrer derselben also nachahmen! Wenns aber nur Nachahmung war: wie lange konnte das dauern? Bis es nachgeahmt war und man nun nicht mehr nachahmen konnte oder wollte. Das Werkzeug war polirt, nun hing mans auf, oder zerbrachs, oder ließ man es berosten, um es aufs neue poliren zu können – das ist, dünkt mich, die Geschichte des Italienischen Geschmacks.

Bei den Griechen war der Geschmack Natur gewesen, ein Bedürfniß, eine Angelegenheit, wozu sie zu gewißen Zeiten und unter gewißen Umständen Alles einlud; bei den Römern, obwohl in kürzerer Frist, und auf eine eingeschränktere, unvollkommenere Weise ebenfalls. In Italien jetzt ungleich weniger, als selbst in Rom. Die Alten nachzuahmen, damit sie nachgeahmt würden, und weil sie nachzuahmen, doch schön sei, ist ein zu kalter, bebender Zweck. Sich von einem feinen freigebigen Kenner der Kunst belohnen zu laßen, noch ein kälterer. Mit den Alten zu wetteifern, ja sie neben ihren Werken zu übertreffen, wollte mehr sagen; ward aber von den wenigsten gesucht und konnte nicht gesucht werden, weil nicht dieselben Antriebe da waren, die die Alten gehabt hatten, und doch immer die neuere Kunst nur bestimmt war, ein Kranz der Alten zu seyn. Wozu z. E. die den Griechischen Göttern und Helden nachgeahmten Bildsäulen itzo? Etwa um Allegorien, Tugenden, Päbste, Biblische Personen vorzustellen? war das im mindesten mit der Griechischen Kunst vergleichbar? Der Künstler ward also nicht befeuert: der Lauf der Kunst nicht von lebendiger Geschichte, noch von edeln Bedürfnißen des Volks fortgestoßen; also auch nicht durch solche bestimmt und in Schranken gehalten, und siehe, darin lag schon der Verfall der Kunst. Wenns nur Nachahmung war, so durfte man auch nicht, oder nur bis zu einem gewissen Grade nachahmen, d. i. man durfte ausschweifen, wohin man wollte. Weder Religion, noch Geschichte, noch Staat, noch der lebendige Geschmack des Volks gab einen engen, starken Trieb und diesem Triebe regelmäßige Schranken; die Kunst schwebte also wirklich in der Luft, oder beruhte nur auf einem Hauche, in dem guten Willen des Künstlers und seiner Belohner.

Selbst die Künste, die eine nähere Bestimmung für ihre Zeit hatten, Malerei und Baukunst, bezeugen, was ich sage. Allerdings fanden sie im Staat und in der Religion mehr Gegenstände, Bedürfnisse und Anwendung, als die Bildnerei; noch aber konnten sie sich an sichrer Natur mit den Griechen nicht vergleichen. Nachahmung lag doch nur zum Grunde, nicht etwa ein ursprüngliches, Erstes, dringendes Bedürfniß. So lange also die vorstehenden Muster noch Reiz genug hatten, um Liebhaberei und Nacheiferung zu erwecken, wurden sie nachgeahmt und im ersten Feuer der Nacheiferung sehr glücklich. Als der Nachahmungen zu viel wurden, und selbst die glücklichen Nachahmungen schon verzagt machten: war es allerdings ein stumpferer Stachel, sich hinter hundert Nachahmern, vielleicht als der hundert und erste, blos leidliche Nachahmer aufgestellt zu sehen, man suchte sich also durch Originalität, d. i. durch Keckheit zu unterscheiden. Die Kunst hatte keine neue, zum Guten und Beßern dringende lebendige Zwecke, und gerade was den Ersten Malern geholfen hatte, das Licht der Neuheit, schreckte jetzt ab, oder verführte. Man sah selbst das Schöne in seinen frappanten Zügen nicht mehr, weil man es zu oft sah; die gesättigte Henne ging über die Körner weg und hackte nach Farben. Es war nichts als Mangel des Bedürfnißes am guten Geschmack, wodurch der gute Geschmack verdarb, und ein schlechterer aufkam.

4. *Der Geschmack als Folge-Erscheinung.*

Zeit des Geschmacks sehn wir, ist unter allen Gestalten eine Folge der Kräfte des Genies, wenn diese sich ordnen und regeln. So verschieden also die Zeiten sind, so verschieden muß auch die Sphäre des Geschmacks seyn, obgleich immer Einerlei Regeln wirken. Die Materialien und Zwecke sind zu allen Zeiten anders.

Kann nun keiner der Menschen Genies schaffen (sie keimen aus höhern und mehrern Veranlaßungen oft sehr mißlicher Umstände hervor): so, sieht man, sind auch die goldenen Zeitalter des Geschmacks nie ganz Eines Menschen Wille. Sie folgen und richten sich nach jenen. Sie sind in der Geschichte des Menschlichen Geschlechts, wie die konsonen Punkte der Saite: es müßen Dißonanzen zwischen liegen und auf jenen heben sich diese.

Mithin wird das Räthsel erklärt, warum die grossen Männer immer zusammen leben, was sich aus mechanischer Nacheiferung, Belohnung, aus dem Klima u. dgl. nur äußerst unvollkommen auflösen läßt; sie sind nämlich alle insgesammt nichts als der konsone Punkt Einer Saite. Die Dißonanzen sind erschöpft, die Zeitalter halber und ganzer Barbarei, leerer Versuche, über einander gestürzten Riesenarbeiten sind vorbei: man fängt an natürlich zu ordnen, mit offenen Augen umherzusehn und mit geregelten Kräften zu wirken; die Menschliche Seele kommt in den Wohlklang. Da sind denn alle Künste vergeschwistert, sie folgen schnell und bald auf einander, und sind im Grunde nur Eine Kunst. Da fehlen sodann weder Mäcene noch Maronen; in einem gewißen Kreise auch sehr verschiedner Beschäftigungen tönts konson.

Der Verfall des Geschmacks ist also auch solch ein Naturphänomenon, als seine Entstehung war, ja und in dieser liegen schon die Anlagen zu jenem. Alles nehmlich unter dem Monde ist vorübergehend: laßen nun die guten Veranlaßungen nach, so treten schlechte an die Stelle, und der Geschmack sinkt.

Wer also auf die Geschichte des Geschmacks wirken will, muß auf seine Veranlaßungen wirken: er pflege den Baum nicht am Gipfel, oder an der Blüthe, sondern in der Wurzel. Wer eine

goldne Zeit schaffen will, schaffe erst Veranlaßungen zu goldnen
Zeiten: diese kommen von selbst. Wer den Geschmack beßern oder
sichern will, schaffe die Ursachen des Schlammes weg, wodurch
er sich trübet, oder sichre die Stützen, die sein Gebäude erhalten;
sonst ist seine Arbeit vergeblich.

Je tiefer die Veranlaßungen des guten Geschmacks liegen: desto
wahrer ist auch seine Natur, desto vester und länger seine Dauer.
So wars in Griechenland, wo der Geschmack Nationalblüthe war,
und zu gewißer Zeit unter den Edeln in Rom. Das alte Griechenland ist nie wieder gekommen; also hat auch der Geschmack nie
mehr so tief gefaßet, so lang gedauret. Bei uns ist er nur immer
auf der Oberfläche der Nation gewesen.

§ 31. CHRISTIOPH MARTIN WIELAND (1775)

Über das Verhältnis des Angenehmen und Schönen zum Nützlichen

Schönheit und Grazie sind zwar durch die Natur selbst mit dem
Nützlichen *verwandt:* aber sie sind nicht darum begehrenswürdig,
weil sie nützlich sind, sondern weil es der Natur des Menschen
gemäß ist, in ihrem Anschauen ein reines Vergnügen zu genießen:
ein Vergnügen das mit demjenigen so uns das *Anschauen der Tu-*
gend macht, völlig gleichartig, und eben so sehr ein *Bedürfniß*
vernünftiger Wesen ist, als Nahrung, Kleidung und Wohnung Bedürfnisse des thierischen Menschen sind.

Ich sage *des thierischen Menschen,* weil er sie mit allen andern
oder doch mit den *meisten Thieren* gemein hat. Aber weder diese
thierischen Bedürfnisse, noch die Fähigkeit und Bestrebung sie zu
befriedigen, machen ihn zum *Menschen.* Indem er für sein Futter
sorgt, sich ein Nest baut, sich zu einem Weibchen hält, seine Jungen ätzt, und sich mit einem andern herumbeißt der ihm sein Futter nehmen, oder sich in den Besitz seines Nestes setzen will –
in allen diesem handelt er, was das *Materielle* betrifft, als ein
Thier. Bloß durch die *Art* und Weise *wie* der Mensch – wofern
er nicht durch zwingende äußre Ursachen zu einem viehischen
Stande gebracht und darin erhalten wird – alle diese thierischen
Dinge thut, unterscheidet und erhebt er sich über alle übrige Thier-
arten, und zeigt seine *Menschheit.* Denn dieß Thier das sich
Mensch nennt, und *dieß allein,* hat ein *angebornes Gefühl*

für Schönheit und *Ordnung,* hat ein *Herz* das zur *Mittheilung seiner selbst,* zu *Mitleiden* und *Mitfreude,* und zu einer *unendlichen Mannigfaltigkeit angenehmer* und *schöner Empfindungen* aufgelegt ist; hat einen starken Hang zum *Nachahmen* und *Schaffen,* und bemüht sich unaufhörlich an dem was er erfunden oder gemacht hat, zu *bessern.*

[...]

Aber in eben dem Maße, wie der Mensch seinen äußern Zustand verschönert und verbessert, entwickelt sich auch sein Gefühl für das *sittliche Schöne.* Er entsagt den rohen und unmenschlichen Gebräuchen der Wildheit; lernt alle gewaltsame Handlungen gegen seines gleichen verabscheuen, und gewöhnt sich an die Gesetze der Gerechtigkeit und Billigkeit. Die mannigfaltigen Verhältnisse des gesellschaftlichen Standes entwickeln und bestimmen die Begriffe des Wohlstandes und der Höflichkeit; und die Begierde sich andern gefällig zu machen und sich bei ihnen in Achtung zu setzen, lehrt ihn seine Leidenschaften zurück halten, seine Fehler verbergen, seine beste Seite heraus kehren, und alles was er thut auf eine anständige Art verrichten. Mit Einem Worte, seine Sitten verschönern sich mit seinem übrigen Zustande.

Durch alle diese Stufen erhebt er sich endlich bis zu der *höchsten Vervollkommnung seines Geistes,* die in seinem gegenwärtigen Leben möglich ist, zu dem *großen Begriffe des Ganzen* wovon er ein Theil ist, *zum Ideal* des Schönen und Guten, zu *Weisheit* und Tugend, und zur *Anbetung der unerforschlichen Urkraft der Natur, des allgemeinen Vaters der Geister,* dessen Gesetze zu erkennen und zu thun zugleich ihr größtes *Vorrecht,* ihre erste *Pflicht* und ihr reinstes *Vergnügen* ist.

Alles dieß nennen wir mit Einem Worte: *die Fortschritte der Menschheit.* Und nun antworte sich ein jeder selbst auf die Frage: würde der Mensch sie gemacht haben, wenn jenes angeborne Gefühl des *Schönen* und *Anständigen* unthätig in ihm geblieben wäre? Nehmet es ihm, und alle Wirkungen seiner schlafenden Macht, alle Denkmäler seiner Größe, alle Reichthümer der Natur und Kunst, in deren Besitz er sich gesetzt hat, *verschwinden;* er sinkt in den viehischen Stand der dummen und gefühllosen *Bewohner von Neuholland* zurück, und mit ihm versinkt die Natur selbst in Wildheit und chaotische Ungestalt.

Was sind alle diese *Stufen,* durch die der Mensch nach und nach sich der Vollkommenheit nähert, als *Verschönerungen?* Verschönerungen seiner Bedürfnisse, Lebensart, Kleidung, Wohnung, Geräthe? Verschönerungen seines Geistes und Herzens, seiner Gesinnungen und Leidenschaften, seiner Sprache, Sitten, Gebräuche, Vergnügungen?

Welch ein Abstand von der *ersten Hütte* zu einem Gebäude von *Palladio*? Von der *Piroge* eines *Karaiben* zu einem Linienschiffe? Von den drei *Klötzen*, die in uralten Zeiten bei den *Böotiern* die *Huldgöttinnen* vorstellten, zu den *Grazien des Praxiteles*? Von einem *Dorfe der Hottentotten* oder wilden *Indianer* zu einer Stadt wie *London*? Von dem *Putz* einer *Neu-Seeländerin* zum Prachtanzug *einer Sultanin*? Von der *Sprache* der Einwohner von *Otahity* zu den Sprachen des *Homer, Vergil, Tasso, Milton* und *Voltaire*?

Durch wie viel unzählige Grade der Verschönerung mußten die Menschen und die menschlichen Dinge gehen, bis sie diesen beinahe unermeßlichen Zwischenraum zurück gelegt hatten!

Die Begierde zum *Verschönern* und *Verfeinern*, und die Unzufriedenheit mit dem geringern Grade, so bald man einen höhern kennen lernt, sind die wahren einzigen und höchst einfachen Triebfedern, wodurch der Mensch es dahin gebracht hat, wo wir ihn sehen. Alle Völker, die sich vervollkommnet haben, machen den Beweis dieses Satzes, und wenn sich wirklich solche finden sollten, die – ohne besondere fysische oder sittliche Hindernisse – immer auf dem nämlichen Grade der Unvollkommenheit stehen blieben, oder gar einen gänzlichen Mangel jener Triebfedern der Vollkommnung verriethen: so hätte man Ursache, sie vielmehr für eine besondere Art von *menschenähnlichen Thieren* als für wirkliche Menschen unsres Stammes und unsrer Art zu halten.

Wenn nun (wie niemand läugnen wird) alles, was *den Menschen* und seinen *Zustand* vervollkommnet, den Namen des *Nützlichen* verdient: wo bleibt der Grund dieses verhaßten Gegensatzes, den gewisse Ostrogothen noch immer zwischen dem *Schönen* und *Nützlichen* machen? – Vermuthlich haben diese Leute wohl nie bedacht, was es für Folgen haben würde, wenn ein Volk, das eine hohe Stufe der Verfeinerung erreicht hat, seine Musik, seine Dichter, seine Schauspieler, seine Maler und übrigen Künstler, mit einem Worte, alles was zum Gebiete der Musen und Grazien gehört, des Landes verwiese oder verhungern ließe – oder, was eben so schlimm wäre, wenn es *den guten Geschmack* in allen diesen Künsten verlöre?

[...]

Und dann giebt es noch eine Gattung unverbesserlicher Leute, die von jeher erklärte Verächter des Schönen gewesen sind; nicht weil ihnen der Kopf schief sitzt, sondern weil sie nichts nützlich nennen als was ihren Seckel füllt. Nun ist das Handwerk eines Sykofanten, Quacksalbers, Amuletenkrämers, Dukatenbeschneiders, Kupplers, Tartüffen, u. s. w. so einträglich es auch seyn mag, gewiß *nicht schön:* es ist also natürlich, daß diese Herren allerseits bei jeder Gelegenheit eine tiefe Verachtung *gegen das Schöne das ihnen nichts einträgt* zu Tage legen. Ueberdieß, wie manchem *Görgen* ist seine Dummheit *nützlich?* Wie mancher verlöre sein ganzes Ansehen, wenn die Leute, unter denen er es gewonnen oder erschlichen hat, Geschmack genug hätten, Aechtes vom Unächten, und Schönes vom Schlechten zu unterscheiden? Solche Leute haben freilich eine wichtige *Personalursache,* Feinde von Witz und Geschmack zu seyn. Sie sind in dem Falle jenes Ehrenmannes, der seine häßliche Tochter an einen Blinden verheirathet hatte, und nicht zugeben wollte, daß seinem Tochtermanne der Staar gestochen würde.

Aber wir andern, die nur dabei zu gewinnen haben, wenn wir klüger werden, was für Abderiten müßten wir seyn, wenn wir uns von diesen interessirten Herren bereden lassen wollten, blind zu werden oder blind zu bleiben, damit ihrer Töchter Häßlichkeit nicht offenbar werde?

§ 32. Justus Möser (1780)

Über das Kunstgefühl. Von einem Weinhändler

Hiebei übersende ich Ihnen nebst tausend Danksagungen für Ihre mir letzthin bewiesene viele Freundschaft das Fäßgen, was Sie verlangt haben. Der Wein ist gut, und *wenn er das noch hätte und dieses nicht:* so wäre mir das Stück davon nicht für tausend Gulden feil.

Lachen Sie nicht über diese seltsame Sprache; es hat nicht viel gefehlt, oder ich wäre dadurch bei meiner letzten Durchreise durch D.... zum Mitgliede eines gelehrten Klubs aufgenommen worden. Unser guter Freund, der Kanonikus L..., der vermutlich nicht wußte, wie er den Abend mit einem Weinhändler zubringen sollte, hatte mich dahin geführt, und ich fand über zwanzig junge Herrn zusammen, die immer das Wort *Kunstgefühl* im Munde hatten und von dessen Mangel in gewissen Gegenden ein langes und breites sprachen. Der eine beschuldigte mit einer viel bedeutenden Miene das feindselige Klima, der andre schob die Schuld auf die schlaffe Regierungsform, ein dritter klagte die philosophische Erziehungsart an, und ein vierter brachte sogar die Religion mit ins Spiel, um den eigentlichen Grund zu bestimmen, warum in dem einen Lande mehr Kunstgefühl und Geschmack sei als in dem andern.

Nachdem ich den Gelehrten meiner Meinung nach lange genug zugehöret hatte: so glaubte ich endlich, auch mit etwas von meiner Weisheit aufwarten zu dürfen, und sagte zu ihnen: »Aber um des Himmels willen, wie können Sie sich über solche Sache so lange zanken? Ich kenne alle Gewächse des Rheingaues und will nicht allein alle Arten, sondern auch alle Jahrgänge auf das genaueste unterscheiden: das ist aber von Ihnen keiner imstande, und woher rührt dieser Mangel des Geschmacks bei Ihnen? Wahrlich nicht vom Klima und auch nicht von der Religion, sondern weil Sie nicht wie ich von Jugend auf in Kellern gewesen sind und nicht alle Arten von Weinen oft genug versuchet haben.«

Anfangs schienen sie zu stutzen, aber bald sagte einer, das wäre etwas ganz anders; ein solches Memorienwerk, als diese Weinkenntnis wäre, könne ein jeder lernen. Der Geschmack, der dazu gehörte, sei nicht der wahre Kunstgeschmack, der prüfen und glücklich wählen könnte; es sei ganz etwas anders, eine Menge von Weinen zu kennen und zu entscheiden, welches der beste sei, man müßte sich ein Ideal machen können . . . .

»Das wäre doch der Henker«, versetzte ich und nahm das Glas, was eben vor mir auf dem Tische stand: »Dieser Wein dahier ist ein Markebrunner von 1759, und *wenn er das noch hätte und dieses nicht:* so wäre es der schönste Markebrunner, den ich jemals getrunken habe; ich prüfe, wähle und entscheide hier besser als der Präsident von allen gelehrten Akademien in Europa und will denjenigen erwarten, der meinen Geschmack tadeln wird. So will ich mir in jeder Art des Rheinweins nicht allein den größten Grad der Güte, sondern auch, weil Sie doch von Kunstidealen sprechen, das möglichst vollkommene Weinideal in Riedesheimer, Hochheimer, Laubenheimer und kurz in allen unsern Weinen denken, ich will so gut, als wenn ich sie würklich getrunken hätte, die Weine schmecken, die aus unsern Trauben vom Kap an bis in Westfalen gezogen werden können, und wenn das nicht Kunstgefühl ist: so weiß ich nicht, was es sei.«

Die ganze Gesellschaft lachte immerfort über meinen Eifer und wiederholte das Wort: *»Wenn er das noch hätte und dieses nicht.«* Aber ich störte mich daran nicht und behauptete, daß es das einzige Mittel wäre, dessen sich alle Kunstverständige, zu verstehen von denen, die *durch den Keller* gezogen würden, bedienten, um zu hohen Idealen der Vollkommenheit zu gelangen, und daß derjenige, welcher nicht lange die Keller besucht und fleißig geschmeckt hätte, nie zu einem so festen und richtigen Weingeschmack gelangen sollte.

Sowie endlich der Lärm sich zu einer ruhigen Betrachtung herabstimmte, fiengen einige an, auf meine Seite zu treten; aber wie die andern darauf drungen, daß man, um Geschmack zu haben, *nach Gründen* billigen oder verwerfen müßte, verstummeten meine Freunde wieder.

»Sackerlot!« rief ich, *»nach Gründen? Nach Gründen?* Freilich nach Gründen, aber doch wohl nicht nach solchen, die Ihr Herrn in Eurer armseligen Sprache ausdrücken könnet. *Lavater* hat auch Gründe angegeben, um die Physionomien zu erkennen und die guten von den schlechten zu unterscheiden. Aber beim Element, wann ich einem Kerl ins Gesichte schaue: so will ich tausendmal eher wissen, was der Knabe im Schilde führet, als alle diejenigen, so ihn nach den von jenem großen Meister angegebenen Gründen beurteilen. Ich habe mehr Menschengesichter gesehen, als ich Weine geschmecket habe, und die Eindrücke, so ich von ihnen behalten habe, dienen mir zu so viel Werkzeugen der Menschenerkenntnis. Mit allen diesen Werkzeugen berühre ich den Kerl auf einmal, mein ganzes Gefühl fließt um seine Form, und ich drücke ihn damit so ab, daß ich ihn habe, wie er da steht, von innen und von außen; aber die Gründe davon klar zu denken, sie in einen dünnen elenden Faden auszuspinnen und andern mitzuteilen, das verstehe ich so wenig, daß ich vielmehr glaube, es sei nicht möglich und unsre Sprache sei so wenig das Werkzeug, alle Empfindungen, die wir durch unsre fünf Sinne erhalten, auszudrücken, als die vier Species das Mittel sind, unendliche Größen zu berechnen.«

Hier gieng nun der Streit von neuen an; ich behauptete, daß einer, der des Menschen Gesicht in einem Hui mit zehntausend,

obgleich unerklärbaren Tangenten berührte, richtiger davon ur-
teilte, als ein andrer, der immer nur ein einzelnes Fühlhorn aus-
strecken und dasjenige, was er dadurch empfände, deutlich beschreiben könnte. Und hieraus zog ich sodann die Folge, daß es
notwendig in allen Arten des Geschmacks zuerst darauf ankäme,
wieviel einer Tangenten hätte und ob solche richtig wären? Dieses
bewiese der Italiener, der täglich gute Gebäude und Gemälde
schauete und schöne Musik hörte; durch die Eindrücke, so er davon erhielte, gelangte er zu vielen und richtigen Tangenten, und
es gienge ihm mit dem Geschmack in der Musik und der Baukunst
wie mir mit dem Weine. Das Vergleichen und Entscheiden folge
von selbst, sobald man vieles kenne und nebeneinander stelle; und
es fehle nur da an Kunstgefühl und Geschmack, wo man keine
Gelegenheit hätte, sich Tangenten zu erwerben.

Der eine fragte mich: ob es nicht da schlechterdings an dem
Weingeschmack fehlen würde, wo, wie in der Türkei, die Religion
den Wein verböte, und ob also nicht die Religion eine Hinderungs-
ursache des Kunstgefühls sein könnte? Der andre: ob ich nicht
am liebsten in solche Länder reisete, wo der Wein gut bezahlet
würde?, und ob ich viel Wein in den Staaten absetzte, wo die
Untertanen, von Lasten niedergedruckt, das Weintrinken vergä-
ßen? Der dritte: ob nicht ein Klima vor dem andern mehr Wasser
als Wein erforderte? Der vierte: ob man zu einem guten Weingeschmack gelangte, wenn man wüßte, daß der eine = A und der
andre = B, der dritte aber, der mit beiden übereinkäme, = AB
wäre? und alle wollten nun wieder ihren vorigen Satz behaupten,
daß Religion, Regierungsform, Klima und Erziehung den guten
Geschmack hindern und befördern könnten.

Hier glaubte man mich recht in die Enge getrieben zu haben.
Aber da ich ihnen so weit recht gab, als sie recht hatten: so mußten sie mir auch recht geben, daß Religion, Klima, Regierungsform
und eine gewisse Art von Studieren an und für sich keinem Menschen den Geschmack geben oder bilden würden, wofern er ihm
nicht dadurch gegeben würde, daß er recht viele und richtige Tangenten bekäme, und so käme alles darauf an, wie man ihm diese
beibrächte. Hierüber wollte ich mir den Ausspruch des gelehrten
Klubs erbitten und mich und meine Weine immittelst bestens empfohlen haben.

Dieser fiel endlich dahin aus, daß das Kunstgefühl des Weins
und dessen Wissenschaft zwei ganz unterschiedne Studien wären,

wovon jede in ihrem besondern Keller erlernet werden müßte. Ich aber behauptete, daß *Mengs*, der von der Kunst zu ihrer Wissenschaft übergegangen wäre, es in der letztern unendlich weiter gebracht hätte als diejenigen, welche sich bloß mit der Wissenschaft der Malerei beschäftiget hätten, und daß es der Hauptfehler unsrer heutigen Erziehung sei, daß wir unsre Jugend früher zur Wissenschaft als zur Kunst anführten.

§ 33. Friedrich Just Riedel (1768)

Die subjektivische Natur der Schönheit

Ist die *Schönheit* eine innere Eigenschaft der Dinge, die wir *schön* nennen, und kömmt sie den Gegenständen schon für sich betrachtet zu, wie die Vollkommenheit, ohne Rücksicht auf ein empfindendes Wesen? Mir däucht, diese Frage ist ziemlich einerley mit der, ob Süßigkeit und Bitterkeit Beschaffenheiten sind, die in dem Gegenstande vorausgesetzt werden und durch welche der Gegenstand süß und bitter seyn würde, auch ohne Beziehung auf irgend einen Geschmack, der ihn empfindet. Zwar ist in dem Gegenstande eine gewiße Beschaffenheit, durch welche er fähig wird, das Gefühl der Süßigkeit zu erregen; die Süßigkeit aber ist nicht in ihm, sondern in der Empfindung. »*Kalt, heiß, bitter, süße* bedeutet die hervorgebrachten Empfindungen in unserer Seele, mit welchen die Gegenstände vielleicht keine Aehnlichkeit haben. Und eben so bedeutet die *Schönheit,* wie andere Namen der sinnlichen Ideen, eigentlich die Vorstellung eines Geistes.«*

Wenn ich sage, ein Gegenstand sey schön; so will ich in der That sagen: er gefällt mir. Allein da wir immer gewohnt sind, einen unvermerkten Schluß von unserer Empfindung auf die Empfindung anderer zu machen, so drücken wir *unser Wohlgefallen* allgemein aus, als wenn das, was *uns* gefällt, *jedermann* gefallen müße; das ist: wir nennen den Gegenstand, der uns gefällt, *schön*. Die Schönheit ist also keine innere Eigenschaft der Dinge; sie ist mehr eine Beschaffenheit unsers Gefühls und des Eindrucks, wel-

---

* Hutcheson in der Untersuchung unserer Begriffe von Schönheit und Tugend, S. 17 der deutschen Ausgabe. [Francis Hutcheson, 1694–1747; Inquiry into the original of our ideas of beauty and virtue. 1725.]

chen die Sachen in uns hervorbringen. Ihr Begrif darf nicht aus der Natur der Gegenstände abgesondert werden und eine vollständige Definition von der Schönheit ist so unmöglich, als von der Süßigkeit, Bitterkeit und ähnlichen unmittelbaren Ideen der Empfindung. Wenn wir sagen, das sey schön, was uns gefällt, so ist dies bloß ein Nominal-Begrif, in welchem das *Wort* und nicht die Sache erklärt wird. Und wenn wir behaupten, die Einförmigkeit in der Mannichfaltigkeit erschöpfe das Wesen des *Schönen,* so kan diese Idee, wenn sie richtig ist, nur für einen genetischen Begrif hingehen, der uns beschreibt, nicht was die Sache ist, sondern woher sie entstehet. Gegenstände, in welchen Einförmigkeit in der Mannichfaltigkeit empfunden wird, gefallen uns; sie bringen also die Idee der Schönheit in uns hervor, obgleich das Wesen derselben nicht in der Einförmigkeit und Mannichfaltigkeit bestehet. Die Idee der Schönheit ist von gleicher Art, wie die Begriffe, die wir von den Bewegungen unserer wollenden Kraft haben. Freude, Mitleiden, Angst, Furcht, Schrecken – lauter Beschaffenheiten, die wir empfinden, nicht aber im eigentlichen Verstande erklären können. Und wagen wir es, sie zu erklären, so erklären wir entweder blos das Wort durch gleichgeltende Ausdrücke, oder wir bestimmen ihre EntstehungsArt, ihre Ursachen, so gut wir können, und überlaßen das übrige der Empfindung.

Der Begrif des *Guten* und *Bösen* entstehet in uns fast auf eine gleiche Weise, wie der Begrif des *Schönen und Häßlichen.*

[...]

Gut und *Böse* sind daher, nach ihren Ursprunge, Begriffe, die nur Beziehungsweise gedacht werden, in Rücksicht auf ein Subjekt, *welchem* etwas gut oder böse seyn soll. Was *ich* will, das nenne ich *mir* gut; ein anderer verabscheut es vielleicht und dann kan er es immer für *sich* böse nennen. Ein dritter ist gleichgültig dabey, weil er, ohne den Gegenstand zu verabscheuen, doch keinen Trieb fühlt, ihn zu besitzen.

Und eben so sind unsere Urtheile über die Schönheit und Häßlichkeit beschaffen. Damon nennt Phyllis schön, weil sie *ihm* gefällt und um sein Wohlgefallen zu rechtfertigen, wird er Ihnen eine Menge von Ursachen vorzählen, die sich alle zuletzt in dem Wohlgefallen vereinigen und an die er nicht würde gedacht haben, wenn nicht sein Geschmack die Sentenz von der *Deduction* gesprochen hätte. Wir sind also bis jetzt noch nicht berechtiget, eine Sache, die *uns* schön ist, überhaupt schön; die *uns* häßlich ist,

überhaupt häßlich zu nennen; es sey denn, daß wir von der Uebereinstimmung fremder Empfindungen mit den unsrigen völlig überzeugt wären.

Wenn nun die Schönheit keine innere Eigenschaft der Gegenstände ist, die wir schön nennen, wenn sie diesen bloß in Rücksicht auf das Urtheil unserer Empfindung beygelegt wird; so folgt,
daß Ein Gegenstand bald *schön*, bald *häßlich* seyn könne, nachdem er von verschiedenen Subjekten empfunden wird, so wie
Pumpernickel für einen westphälischen Magen *gut* und für ein
Hoffräulein *böse* ist.
[...]

Das Urtheil, welches *ich* über Schönheit und Häßlichkeit spre-
che, nachdem *mir* etwas gefällt, oder misfällt, ist *mein* Geschmack. Wenn ist dieser *richtig,* und wenn betrügt er mich?

»*Richtig,* sagen einige, ist mein Geschmack, wenn er nur das
für schön hält, was würklich schön ist, nur das für häßlich, was
würklich häßlich ist. *Unrichtig* ist er, wenn er mich verführt, auf
eine entgegengesetzte Art zu urtheilen, bey *Wielanden* zu gähnen
und beym *Picander* zu lachen.«

So springen wir mit einander herum und kommen wieder auf
das, was ich vorher widerleget habe. Denn wenn man nun bestimmen soll, was *würklich* schön ist, so bemüht man sich, das
Schöne an den Gegenständen zu finden, welches doch bloß in unserer Idee und Empfindung sollte gesucht werden. In einer Aesthe-
tik würde ich sagen: die Schönheit ist bloß subjektivischer Natur,
nicht aber eine objektivische Beschaffenheit der Sache, die man
schön nennt. Es ist zwar in der Sache selbst, die empfunden wird,
allemahl etwas anzutreffen, welches das Gefühl in uns hervorbringt, durch welches wir auf eine sinnliche Art ergötzt werden.
Allein dies ist nicht die Schönheit der Sache, sondern nur diejenige
Seite derselben, aus deren Empfindung die Schönheit in unserer
Idee entstehet. Man schöpft auch einige Grundsätze der Schönheit
aus der Natur der Gegenstände selbst, aus ihrer Proportion, aus
dem Ebenmaaße, der Ordnung, Regelmäßigkeit, Zweckmäßigkeit,
Einförmigkeit, Mannigfaltigkeit und so weiter. Man demonstrirt
diese Regeln sogar; allein noch keiner hat es demonstrirt, daß
Ordnung, Harmonie und Regelmäßigkeit uns nothwendig gefallen
und folglich schön seyn müßen. Vielleicht könnten die Principien
unserer Empfindung anders gemischt, anders eingerichtet, vielleicht so gestimmt seyn, daß gerade das Gegentheil, daß Unord-

nung, Disharmonie und Unregelmäßigkeit unser Wohlgefallen er-
regte und von uns schön gefunden würde. Oft gefällt uns auch
das Regelmäßige und Zweckmäßige nur deswegen, weil sich das
Vorhersehen eines gewißen Vortheils, einer Bequemlichkeit zum
Beyspiel, mit in das Gefühl mischet; und dieses intereßirte Wohlgefallen ist nicht von der Art, daß es einen Probierstein der Schönheit abgeben könnte. Dies ist der Fall bey der Regelmäßigkeit
in der Architektur und in der Kunst einen Garten anzulegen. Oft
gefällt uns auch selbst das Unregelmäßige durch seine Neuheit
und deswegen, weil die Menschen immer geneigt sind, das Sonder-
bare zu lieben. Und über dies glaube ich nicht, daß man immer
völlig und mathematisch bestimmen kan, was eigentlich regelmäßig zu nennen sey.
[...]
   Ordnung, Proportion und dergleichen Ideen bestimmen, wenn
es hoch kömmt, einige Klaßen der äußerlichen Schönheit, die aus
der Zusammensetzung einzelner Schönheiten entstehet. Wo sind
aber nun die objektivischen Regeln für die Schönheit in einzelnen
Empfindungen einzelner Farben und Töne, für die Beschaffenheiten des körperlichen Geschmacks, Gefühls und Geruchs und für
das weit größere Feld der inneren Empfindungen?
   Wenn wir lange genug eingerißen haben, so müssen wir uns
bemühen, so gut wir können, auch wieder zu bauen. Ich habe
bewiesen, daß die Schönheit wenigstens geradezu nicht objek-
tivisch ist, nicht aus allgemeinen und objektivischen Regeln kan
beurtheilt werden. – Soll sie also noch eigenen Gesetzen unterworfen seyn, so bleiben uns keine andern übrig, als die, welche
sich blos auf unsere Empfindung und auf unsern Geschmack gründen.

§ 34. Marcus Herz (1776)

   Der objektivische Wert der Schönheit

Der innere Werth der Tugend und der Schönheit ist zu unsern
Zeiten ein wichtiger Streitpunkt in der Weltweisheit geworden.
Nachdem das Menschengeschlecht von dem ersten Augenblick seiner Entstehung an erfahren hat, wie unentbehrlich sie ihm zu seiner Ruhe und Glückseligkeit sind; nachdem sie seit undenklichen

Jahren fast die einzige Beschäftigung der größten Männer aller Völker ausmachten; nachdem man seit so vielen Jahrhunderten das Alterthum, wegen seiner unsterblichen Muster in beyden, beynahe angebetet hat: ist es wohl etwas auffallend, daß gerade dem achtzehnten die Kleinigkeit noch zu untersuchen aufbehalten blieb, ob denn Tugend und Schönheit Gegenstände der Vernunft, oder Gegenstände des Gefühls sind? Mit andern Worten: ob sie, gleich der Wahrheit, ein objectivisches unbedingtes Wesen haben, das von der Verschiedenheit empfindender Geschöpfe unabhängig ist, oder ob sie, gleich sinnlichen Phänomenen, einzig und allein in der persönlichen Organisation ihr Daseyn haben? Mit noch andern Worten: ob denn an diesen Dingen auch wirklich etwas Reelles ist, oder ob sie bloß ergötzende Blendwerke sind, deren Spiel von dem Gesichtspunkte abhängt, aus dem man sie betrachtet? [...]

Warum ist der Geschmack eines Ragouts keiner solchen kritischen Untersuchung fähig, als der Geschmack am Schönen? Warum hat die Vernunft da so wenig, und hier so viel zu urtheilen, zu billigen, zu tadeln und Regeln anzugeben? Es muß doch also mit der Schönheit eine etwas verschiedene Bewandniß haben; sie muß mehr Vernunftstoff enthalten, als jener grobe Gaumenkützel; sie muß mehr Objektivisches in sich fassen, das bloß zum Gebiete der Vernunft gehört, und worüber kein Gefühl befugter Richter seyn kann. –

Und dieß gesteht Dübos unvermerkt selbst ein. »Man erlaube mir, sagt er, mich ein wenig sonderbar auszudrücken. Die Vernunft will nicht, daß man über ein Gedicht oder ein Gemählde vernünftle, man müßte es denn thun, um das Urtheil der Empfindung dadurch zu rechtfertigen.« Vortreflich! Kann die Vernunft die Empfindung rechtfertigen, so muß es doch Vernunftregeln geben, nach denen die Empfindung beurtheilt wird, mit denen sie übereinstimmen, denen sie zuwider seyn kann. Daraus folgt, daß dasjenige in dem Gegenstande, was die Empfindung der Schönheit hervorbringt, etwas Objektivisches seyn muß; denn der Gegenstand der Vernunft ist allemal etwas Objektivisches. Ist aber dieses, so sehe ich nicht ein, warum diese Rechtfertigungsregeln nicht auch Richtungsregeln abgeben sollen, um die Empfindung im voraus darnach bestimmen zu können? [...]

Ich weiß es mir nicht zu erklären, woher es kommt, daß man,

um die Erkenntnißfähigkeit der Schönheit zu bezeichnen, sich der Analogie des gröbsten unter allen fünf Sinnen, des Geschmackes bedient, bey welchem gerade die größte Verschiedenheit unter den Menschen Statt findet? Man könnte sie mit eben dem Rechte das *Gesicht* oder das *Gehör* benennen. Und hätte man dieses gethan, so würden wir vielleicht manches Streites über das Wesen der Schönheit überhoben gewesen seyn, da die Menschen über die Beschaffenheit der Gesichts- und Gehörsgegenstände weit weniger uneinig sind, und ihnen gewöhnlich mehr objektivisches Gehalt zuschreiben. Ich kenne fast keinen Satz, von dem eine gröbere und falschere Anwendung gemacht worden wäre, als den: *de gustibus non est disputandum,* der allem Vermuthen nach in einer schmausenden Gesellschaft, wo man sich über den Vorzug verschiedener Gerichte nicht vergleichen konnte, sein Daseyn erhielt, und den man hernach, wegen der Aehnlichkeit des Ausdruckes *Geschmack,* auf die Erkenntniß der Schönheit übergetragen hat, als wenn diese von völlig einerley Beschaffenheit mit jenem Gaumenkützel wäre.

Aber Weltweise hätten sich nicht durch diese erschlichene Aehnlichkeit zu dem Irrthume sollen verleiten lassen, der Schönheit allen objektivischen Werth abzusprechen, und ihr ganzes Wesen in eine bloß subjektivische Erscheinung zu setzen. Noch mehr, sie hätten erwägen sollen, daß, nach den genauesten philosophischen Gründen, eine solche Meynung, selbst von dem körperlichen Geschmacke falsch, und daß es in eigentlichem Verstande ein Widerspruch ist zu behaupten, daß irgend Etwas ganz subjektivisch sey, ohne einen äußern objektivischen Grund zu haben, oder daß eine Erscheinung bey verschiedenen Menschen verschieden seyn könne, ohne daß diese Verschiedenheit zugleich mit in dem äußern Gegenstande, der die Erscheinung wirkt, gegründet ist. Dieses ist keine metaphysische Spitzfündigkeit, es ist eine Folge der ersten Grundsätze einer gesunden Ontologie. Denn wenn man bedenkt, daß jedes wirkliche Ding von allen Seiten bestimmt seyn muß, so daß ein unendlicher Verstand aus einer jeden Eigenschaft desselben das Daseyn und die Art des Daseyns aller übrigen erkennen kann; so folgt, daß dasjenige, was durch seine Wirkung in einem Gegenstande hervorgebracht wird, welches die subjektivische Erscheinung ausmacht, gleichergestalt in dem Dinge erkannt werden und folglich einen Bestimmungsgrund haben muß. Denn da diese Erscheinung doch eigentlich die Art der Wirkung bestimmt, so würde, wenn sie nicht in dem Dinge gegründet wäre, in diesem sich eine Eigenschaft finden, deren Art des Daseyns nicht bestimmt, und von einem unendlichen Verstande nicht erkannt werden könnte, das heißt, es würde aufhören ein wirkliches Ding zu seyn. Es ist also unmöglich, daß eine und dieselbe Wirkung eines Dinges in unterschiedenen Subjekten verschiedene Erscheinungen hervorbringen kann, sondern die Wirkung selbst muß samt ihren Bestimmungsgründen in dem Dinge eben so mannichfaltig seyn, als verschiedene Erscheinungen es giebt, die sie in verschiedenen Subjekten zur Folge haben, damit ein unendlicher Verstand in jedem Gegenstand im voraus lesen könne, welche Erscheinung seine Wirkung in diesem oder jenem Subjekte hervorbringen werde.

§ 35. IMMANUEL KANT (1790):

Kritik der Urteilskraft

1. Die Objektivität des Subjektiven.

(§ 22. Die Notwendigkeit der allgemeinen Beistimmung, die in einem Geschmacksurteil gedacht wird, ist eine subjektive Notwendigkeit, die unter der Voraussetzung eines Gemeinsinns als objektiv vorgestellt wird.)

In allen Urteilen, wodurch wir etwas für schön erklären, verstatten wir keinem, anderer Meinung zu sein; ohne gleichwohl unser Urteil auf Begriffe, sondern nur auf unser Gefühl zu gründen: welches wir also nicht als Privatgefühl, sondern als ein gemeinschaftliches zum Grunde legen. Nun kann dieser Gemeinsinn zu diesem Behuf nicht auf der Erfahrung gegründet werden; denn er will zu Urteilen berechtigen, die ein Sollen enthalten: er sagt nicht, daß jedermann mit unserm Urteile übereinstimmen *werde*, sondern damit zusammenstimmen *solle*. Also ist der Gemeinsinn, von dessen Urteil ich mein Geschmacksurteil hier als ein Beispiel angebe und weswegen ich ihm *exemplarische* Gültigkeit beilege, eine bloße idealische Norm, unter deren Voraussetzung man ein Urteil, welches mit ihr zusammenstimmte, und das in demselben ausgedrückte Wohlgefallen an einem Objekt, für jedermann mit Recht zur Regel machen könnte: weil zwar das Prinzip nur subjektiv, dennoch aber, für subjektiv-allgemein (eine jedermann notwendige Idee) angenommen, was die Einhelligkeit verschiedener Urteilenden betrifft, gleich einem objektiven, allgemeine Beistimmung fordern könnte; wenn man nur sicher wäre, darunter richtig subsumiert zu haben.

Diese unbestimmte Norm eines Gemeinsinns wird von uns wirklich vorausgesetzt: das beweiset unsere Anmaßung, Geschmacksurteile zu fällen. Ob es in der Tat einen solchen Gemeinsinn, als konstitutives Prinzip der Möglichkeit der Erfahrung gebe, oder ein noch höheres Prinzip der Vernunft es uns nur zum regulativen Prinzip mache, allererst einen Gemeinsinn zu höhern Zwecken in uns hervorzubringen; ob also Geschmack ein ursprüngliches und natürliches, oder nur die Idee von einem noch zu erwerbenden und künstlichen Vermögen sei, so daß ein Geschmacksurteil, mit seiner Zumutung einer allgemeinen Beistimmung, in der Tat nur eine Vernunftforderung sei, eine solche Einhelligkeit der Sinnesart hervorzubringen, und das Sollen, d. i. die objektive Notwendigkeit des Zusammenfließens des Gefühls von jedermann mit jedes seinem besondern, nur die Möglichkeit, hierin einträchtig zu werden, bedeute, und das Geschmacksurteil nur von Anwendung dieses Prinzips ein Beispiel aufstelle: das wollen und können wir hier noch nicht untersuchen, sondern haben vor jetzt nur das Geschmacksvermögen in seine Elemente aufzulösen, und sie zuletzt in der Idee eines Gemeinsinns zu vereinigen.

Aus dem vierten Moment gefolgerte Erklärung vom Schönen
Schön ist, was ohne Begriff als Gegenstand eines *notwendigen* Wohlgefallens erkannt wird.

2. Von der Methodenlehre des Geschmacks.
(§ 60. Anhang)

Die Einteilung einer Kritik in Elementarlehre und Methodenlehre, welche vor der Wissenschaft vorhergeht, läßt sich auf die Geschmackskritik nicht anwenden: weil es keine Wissenschaft des Schönen gibt noch geben kann, und das Urteil des Geschmacks nicht durch Prinzipien bestimmbar ist. Denn was das Wissenschaftliche in jeder Kunst anlangt, welches auf *Wahrheit* in der Darstellung ihres Objekts geht, so ist dieses zwar die unumgängliche Bedingung (conditio sine qua non) der schönen Kunst, aber diese nicht selber. Es gibt also für die schöne Kunst nur eine Manier (modus), nicht *Lehrart* (methodus). Der Meister muß es vormachen, was und wie es der Schüler zu Stande bringen soll; und die allgemeinen Regeln, worunter er zuletzt sein Verfahren bringt, können eher dienen, die Hauptmomente desselben gelegentlich in Erinnerung zu bringen, als sie ihm vorzuschreiben. Hiebei muß dennoch auf ein gewisses Ideal Rücksicht genommen werden, welches die Kunst vor Augen haben muß, ob sie es gleich in ihrer Ausübung nie völlig erreicht. Nur durch die Aufweckung der Einbildungskraft des Schülers zur Angemessenheit mit einem gegebenen Begriffe, durch die angemerkte Unzulänglichkeit des Ausdrucks für die Idee, welche der Begriff selbst nicht erreicht, weil sie ästhetisch ist, und durch scharfe Kritik, kann verhütet werden, daß die Beispiele, die ihm vorgelegt werden, von ihm nicht sofort für Urbilder und etwa keiner noch höhern Norm und eigener Beurteilung unterworfene Muster der Nachahmung gehalten, und so das Genie, mit ihm aber auch die Freiheit der Einbildungskraft selbst in ihrer Gesetzmäßigkeit erstickt werde, ohne welche keine schöne Kunst, selbst nicht einmal ein richtiger sie beurteilender eigener Geschmack, möglich ist.

Die Propädeutik zu aller schönen Kunst, sofern es auf den höchsten Grad ihrer Vollkommenheit angelegt ist, scheint nicht in Vorschriften, sondern in der Kultur der Gemütskräfte durch diejenigen Vorkenntnisse zu liegen, welche man Humaniora nennt: vermutlich, weil *Humanität* einerseits das allgemeine *Teilnehmungsgefühl*, andererseits das Vermögen, sich innigst und allgemein *mitteilen* zu können, bedeutet; welche Eigenschaften zusammen verbunden die der Menschheit angemessene Glückseligkeit[1] ausmachen, wodurch sie sich von der tierischen Eingeschränktheit unterscheidet. Das Zeitalter sowohl, als die Völker, in welchen der rege Trieb zur *gesetzlichen* Gesellschaft, wodurch ein Volk ein dauerndes gemeines Wesen ausmacht, mit den großen Schwierigkeiten rang, welche die schwere Aufgabe, Freiheit (und also auch Gleichheit) mit einem Zwange (mehr der Achtung und Unterwerfung aus Pflicht, als Furcht) zu vereinigen, umgeben: ein solches Zeitalter und ein solches Volk mußte die Kunst der wechselseitigen Mitteilung der Ideen des ausgebildetsten Teils mit dem roheren, die Abstimmung der Erweiterung und Verfeinerung der ersteren zur natürlichen Einfalt und Originalität der letzteren,[2] und auf

---

[1] Die Erstausgabe (A) schreibt für Glückseligkeit: »Geselligkeit«.

[2] Vorschlag der Akademie-Ausgabe: »des letzteren«.

diese Art dasjenige Mittel zwischen der höheren Kultur und der genügsamen Natur zuerst erfinden, welches den richtigen, nach keinen allgemeinen Regeln anzugebenden Maßstab auch für den Geschmack, als allgemeinen Menschensinn, ausmacht.

Schwerlich wird ein späteres Zeitalter jene Muster entbehrlich machen; weil es der Natur immer weniger nahe sein wird, und sich zuletzt, ohne bleibende Beispiele von ihr zu haben, kaum einen Begriff von der glücklichen Vereinigung des gesetzlichen Zwanges der höchsten Kultur mit der Kraft und Richtigkeit der ihren eigenen Wert fühlenden freien Natur in einem und demselben Volke zu machen im Stande sein möchte.

Da aber der Geschmack im Grunde ein Beurteilungsvermögen der Versinnlichung sittlicher Ideen (vermittelst einer gewissen Analogie der Reflexion über beide) ist, wovon auch, und von der darauf zu gründenden größeren Empfänglichkeit für das Gefühl aus den letzteren (welches das moralische heißt) diejenige Lust sich ableitet, welche der Geschmack, als für die Menschheit überhaupt, nicht bloß für eines jeden Privatgefühl, gültig erklärt: so leuchtet ein, daß die wahre Propädeutik zur Gründung des Geschmacks die Entwickelung sittlicher Ideen und die Kultur des moralischen Gefühls sei; da, nur wenn mit diesem die Sinnlichkeit in Einstimmung gebracht wird, der echte Geschmack eine bestimmte unveränderliche Form annehmen kann.

Literaturhinweise

Angesichts der sehr ausgebreiteten Literatur zum 18. Jahrhundert werden hier nur Hinweise auf Schriften gegeben, die unmittelbar zum Geschmacksproblem beitragen; dabei wird auf die ältere Literatur, die sich immer wieder aufgeführt findet, verzichtet. Einige Titel sind angeführt, die auf die gesellschaftliche Funktion der Geschmacksdebatte aufmerksam machen können, freilich nicht direkt auf die ästhetische Diskussion eingehen.

Alfred Baeumler: Das Irrationalitätsproblem in der Ästhetik und Logik des 18. Jahrhunderts bis zur Kritik der Urteilskraft. 1. Aufl. Halle 1923, 2. Aufl. Tübingen (Darmstadt) 1967

Leo Balet/E. Gerhard: Die Verbürgerlichung der deutschen Kunst, Literatur und Musik im 18. Jahrhundert. Straßburg etc. (Heitz & Co.) 1936 (Neuausgabe von Gert Mattenklott, Ullstein-Buch Nr. 2995, Frankfurt/Main 1973)

W. J. Bate: From Classic to Romantic: Premises of Taste in Eighteenth-Century England. Cambridge (Harvard Univ. Press) 1949

Franz Borkenau: Der Übergang vom feudalen zum bürgerlichen Weltbild. Studien zur Geschichte der Philosophie der Manufakturperiode. Paris 1934, repr. Darmstadt 1971

John D. Boyd, S. J.: The Function of Mimesis and its Decline. Cambridge./Mass. 1968

Diethelm Brüggemann: Gellert, der gute Geschmack und die üblen Briefsteller. Zur Geschichte der Rhetorik in der Moderne. In: Deutsche Vierteljahrsschrift Heft 1/1971, Jg. 45, S. 117–149

Rolf Denker: Grenzen liberaler Aufklärung. Stuttgart 1968

Herbert Dieckmann: a) Die Wandlung des Nachahmungsbegriffes in der französischen Ästhetik des 18. Jahrhunderts. In: Nachahmung und Illusion. Kolloquium Gießen 1963. Vorlagen und Verhandlungen. Hg. von H. R. Jauß. München (Fink) 1964, 2. Aufl. 1969, S. 28 ff., 179 ff.

b) Diderot und die Aufklärung. Aufsätze zur europäischen Literatur des 18. Jahrhunderts. Stuttgart (Metzler) 1972

Peter von Düffel (Hg.): Christian Thomasius, Deutsche Schriften. Stuttgart (Reclam) 1970. Nachwort S. 189–204.

Eisler/Ritter: Historisches Wörterbuch der Philosophie, hg. von Joachim Ritter (völlig neubearbeitete Ausg. des Eisler). Band 3: Artikel Geschmack. I. K. Stierle; II. H. Klein; III. F. Schümmer. Basel/Stuttgart 1974.

Norbert Elias: a) Über den Prozeß der Zivilisation. Soziogenetische und psychogenetische Untersuchungen. Basel 1939. b) Die höfische Gesellschaft. Neuwied u. Berlin (Luchterhand) 1969. (Soziologische Texte 54)

Hans-Georg Gadamer: Wahrheit und Methode. Grundzüge einer philosophischen Hermeneutik. Tübingen (Mohr-Siebeck) 1960

Horst Albert Glaser: Das bürgerliche Rührstück. Stuttgart (Metzler) 1969

Lucien Goldmann: Der christliche Bürger und die Aufklärung. Luchterhand Essays. Neuwied 1968

Jürgen Habermas: a) Strukturwandel der Öffentlichkeit. Neuwied 1962. (Neuaufl. in Sammlung Luchterhand 1971).
b) Dogmatismus, Vernunft und Entscheidung – zu Theorie und Praxis in der verwissenschaftlichten Zivilisation. In: Theorie und Praxis. Neuwied 1963; benutzt: 2. Aufl. 1967, S. 231 ff.

Peter Heintel: Die Bedeutung der Kritik der Urteilskraft für die transzendentale Systematik. Kantstudien 1970, Ergänzungsheft. Bonn (Bouvier).

Hans Peter Herrmann: Naturnachahmung und Einbildungskraft. Bad Homburg (Gehlen) 1969

Max Horkheimer: a) Anfänge der bürgerlichen Geschichtsphilosophie. Stuttgart (Kohlhammer) 1930. Jetzt: Nachdrucke; benutzt: Fischer Bücherei Bd. 6014 (1971).
b) Zur Kritik der instrumentellen Vernunft. – Kants Philosophie der Aufklärung. In: Kritische Theorie der Gesellschaft, Bd. III. Hg.: Marxismus-Kollektiv 1968.

Georg Jäger: Empfindsamkeit und Roman. Stuttgart (Kohlhammer) 1969

Hans-Wolf Jäger: Politische Kategorien in Poetik und Rhetorik der zweiten Hälfte des 18. Jahrhunderts. Stuttgart (Metzler) 1970

Hannelore Klein: There ist no disputing about taste. Untersuchungen zum englischen Geschmacksbegriff im 18. Jahrhundert. Münster (Aschendorff) 1967

Leo Kofler: Zur Geschichte der bürgerlichen Gesellschaft. Eine verstehende Betrachtung der Neuzeit. Neuwied (Luchterhand) 1966

Reinhart Koselleck: Kritik und Krise. Ein Beitrag zur Pathogenese der bürgerlichen Welt. Freiburg: Alber 1959 (Neuausgabe Frankfurt 1973, stw 36)

Werner Krauss/Hans Kortum: Antike und Moderne in der Literaturdiskussion des 18. Jahrhunderts. Berlin: Akademie Verlag 1966

Werner Krauss: a) Graciáns Lebenslehre. Frankfurt 1947
b) Studien zur deutschen und französischen Aufklärung. Berlin 1963
c) Perspektiven und Probleme. Zur französischen und deutschen Aufklärung und andere Aufsätze (z. T. in b). Neuwied: Luchterhand 1965
d) Werk und Wort. Aufsätze zur Literaturwissenschaft und Wortgeschichte. Berlin-Weimar (Aufbau Verlag) 1972

Reinhard Kühnl: Formen bürgerlicher Herrschaft. Liberalismus – Faschismus. Hamburg/Reinbek 1971 (rororo 1342-43)

Heinrich Küntzel: Essay und Aufklärung. Zum Ursprung einer originellen deutschen Prosa im 18. Jahrhundert. München (Fink) 1969

Leo Löwenthal: Literatur und Gesellschaft. Neuwied 1964. Darin: Kap. III: Die Diskussion über Kunst und Massenkultur: Das englische 18. Jh. als Beispiel. S. 109–195

Bruno Markwardt: Geschichte der deutschen Poetik. Bd. 2 (Aufklärung, Rokoko, Sturm und Drang). Berlin (de Gruyter) 1956

Wolfgang Martens: Die Botschaft der Tugend: Die Aufklärung im Spiegel der deutschen Moralischen Wochenschriften. Stuttgart (Metzler) 1968. Benutzt: Studienausgabe 1971.

Gert Mattenklott/Klaus R. Scherpe: Literatur der bürgerlichen Emanzipation im 18. Jahrhundert. Ansätze materialistischer Literaturwissenschaft. Literatur in historischem Prozeß 1. Kronberg/Ts.: Scriptor Verlag 1973.

Franz Mehring: Über die historischen Bedingungen des Kunstgeschmacks. In: N. Fügen, Wege der Literatursoziologie. Neuwied 1968. S. 106–114

Armand Nivelle: Kunst- und Dichtungstheorien zwischen Aufklärung und Klassik. Berlin (de Gruyter) 1960

Willi Oelmüller: Die unbefriedigte Aufklärung. Frankfurt (Suhrkamp) 1969.

Ronald Peacock: Criticism and Personal Taste. Oxford (Clarendon Press) 1972

Alessandro Pellegrini: Die Krise der Aufklärung. Das dichterische Werk von C. F. Gellert und die Gesellschaft seiner Zeit. In: Lit.-wiss. Jahrbuch 7/1966. Berlin 1967. S. 37–96

Wolfgang Preisendanz: Die Auseinandersetzung mit dem Nachahmungsprinzip in Deutschland und die besondere Rolle der Romane Wielands (Don Sylvio, Agathon). In: Nachahmung und Illusion, hg. von H. R. Jauß, München 1964/69, S. 72 ff., S. 196 ff.

Wolfgang Promies: Der Bürger und der Narr oder das Risiko der Phantasie. München (Hanser) 1966

John George Robertson: Studies in the Genesis of Romantic Theory in the Eighteenth Century. Cambridge 1923. Neuaufl. New York (Russell & Russell) 1962

Wolfgang Rödel: Forster und Lichtenberg. Berlin (Rütten & Loening) 1960

Klaus R. Scherpe: Gattungspoetik im 18. Jahrhundert. Historische Entwicklung von Gottsched bis Herder. Stuttgart (Metzler) 1968

Jörg Schönert: Roman und Satire im 18. Jahrhundert. Ein Beitrag zur Poetik. Stuttgart (Metzler) 1969

Levin L. Schücking: Soziologie der literarischen Geschmacksbildung. Leipzig 1931, 3. Aufl. Bern 1961

F. Schümmer: Die Entwicklung des Geschmacksbegriffs in der Philosophie des 17. und 18. Jahrhunderts. In: Archiv für Begriffsgeschichte I (1956), S. 120–141; vgl. auch Eisler/Ritter

Jochen Schulte-Sasse: Kommentare und Analysen zum ›Briefwechsel über das Trauerspiel‹ (Lessing, Mendelssohn, Nicolai). Neuausgabe winklertexte, München 1972.

Gerhard Schulz: Die Entstehung der bürgerlichen Gesellschaft. Zur Genesis politischer Ideen und Begriffe. In: Festschrift für Hans Rosenberg: Entstehung und Entwicklung der modernen Gesellschaft. Hg. von W. Sauer und G. A. Ritter. Berlin (de Gruyter) 1970

Enrico Straub: Der Briefwechsel Calepio-Bodmer. Ein Beitrag zur Erhellung der Beziehungen zwischen italienischer und deutscher Literatur im 18. Jh. Diss. Berlin (FU) 1965

Joachim Streisand: Geschichtliches Denken von der deutschen Frühaufklärung bis zur Klassik. Berlin: Akademie Verlag 1964, 2. Aufl. 1967

Anna Tumarkin: Die Überwindung der Mimesislehre in der Kunsttheorie des 18. Jahrhunderts. Zur Vorgeschichte der Romantik. In: Festgabe für Samuel Singer. Tübingen (Mohr) 1930, S. 40–55

Hans Rudolf Vaget: Dilettantismus und Meisterschaft. Zum Problem des Dilettantismus bei Goethe: Praxis, Theorie, Zeitkritik. München (Winkler) 1971

Paul Weber: Das Menschenbild des bürgerlichen Trauerspiels. Entstehung und Funktion von Lessings ›Miss Sara Sampson‹. Berlin: Rütten & Loening 1970

Conrad Wiedemann (Hg): Der galante Stil 1680–1730. Tübingen (Niemeyer) 1969. (Deutsche Texte 11)

Bernard Willms: Revolution und Protest oder Glanz und Elend des bürgerlichen Subjekts. Stuttgart (Kohlhammer) 1969

Karl August Wittfogel: Geschichte der bürgerlichen Gesellschaft. Malik Verlag 1924. In Nachdrucken verfügbar.

Quellenverzeichnis

§ 1. JOHANN ULRICH KÖNIG: Untersuchung von dem guten Geschmack in der Dicht- und Rede-Kunst. Anhang zu: Des Freyherrn v. Canitz' Gedichte. Leipzig und Berlin 1727. Benutzt: 2. Auflage 1734, Text S. 373–476.
Auswahl: 1) 384–396; 2) 401–404; 3) 406–409; 4) 410–418; 5) 420–439; 6) 442–450. Kürzungen auch innerhalb dieser Partien!

§ 2. JOHANN CHRISTOPH GOTTSCHED: Versuch einer Critischen Dicht-kunst. Leipzig 1730. Benutzt: Nachdruck Darmstadt 1962 nach der 4. Auflage Leipzig 1751. Erster allgemeiner Theil: Das III. Hauptstück. Vom guten Geschmacke eines Poeten. S. 118–141.
Auswahl: 1) § 1, 2, 3, 6, 7; 2) § 9; 3) § 11; 4) § 12, 13; 5) § 15; 6) § 17, 8; 7) § 20; 8) § 27, 28, 29. Dabei Kürzungen innerhalb der Paragraphen!

§ 3. JOHANN JACOB BODMER: 1) Von dem Einfluß und Gebrauche der Einbildungs-Krafft; Zur Ausbesserung des Geschmackes... Frankfurt und Leipzig 1727. S. 16–18 (= 1.). 2) Brief-Wechsel von der Natur des Poetischen Geschmackes. Zürich 1936. Benutzt: Nachdruck Stuttgart (Metzler) 1966. 2. = S. 11–13, 44–46; 3. = S. 53–54.

§ 4. JOHANN JACOB BREITINGER: 1) Critische Abhandlung von der Na-tur, den Absichten und dem Gebrauche der Gleichnisse. Zürich 1740. (Nachdruck Stuttgart, Metzler 1967.) S. 238–244 (= 1.) 2) Critische Dichtkunst. Zürich (und Leipzig) 1740. (Nachdruck Metzler, Stuttgart 1966, Band 1). S. 428–431 (= 2.)

§ 5. JOHANN JACOB BODMER: Von dem Einfluß und Gebrauche der Ein-bildungs-Krafft; vgl. § 3. S. 1–9.

§ 6. JOHANN JACOB BREITINGER: Critische Abhandlung von der Natur ...der Gleichnisse; vgl. § 4, 1. 1) S. 4–9; 2) S. 9–14.

§ 7. IMMANUEL JAKOB PYRA: Erweis, daß die Gottschedianische Sekte den Geschmack verderbe. Hamburg und Leipzig 1743. S. 24–28.

§ 8. JOHANN ELIAS SCHLEGEL: Abhandlung, daß die Nachahmung der Sache, der man nachahmet, zuweilen unähnlich werden müsse. (1741). In: Neue Beyträge zum Vergnügen des Verstandes und des Witzes.

Band I, 5. Stück, 1745. Benutzt: J. E. Schlegels Werke, herausg. von Joh. Heinr. Schlegel. Kopenhagen u. Leipzig, 1764, III. Theil. (Empfohlen: Textausgaben zur deutschen Klassik, Band 2: Johann Elias Schlegel, Ausgewählte Werke. Hg. von Werner Schubert. Arion Verlag, Weimar 1963, S. 478–485.)

§ 9. JUSTUS MÖSER: Die Deutsche Zuschauerin. Ein Wochenblatt. Dreizehntes Stück. Mittwochs, den 29. Mart. 1747. Benutzt: Akademie-Ausgabe Bd. 1 (Wochenschriften). Oldenburg-Berlin 1944, S. 340–344.

§ 10. GEORG FRIEDRICH MEIER: Anfangsgründe aller schönen Wissenschaften. Halle 1748. Benutzt: Zweyter Theil, andere Auflage. Halle 1755. Der zehnte Abschnitt. Von dem Geschmacke. S. 521–22, 525–27.

§ 11. FRIEDRICH NICOLAI: Briefe über den itzigen Zustand der schönen Wissenschaften in Deutschland. (1755). Benutzt: Berliner Neudrucke. Dritte Serie, Zweiter Band. Hg. von Georg Ellinger. Berlin 1894. 18. Brief: Von den Mitteln, die schönen Wissenschaften in Deutschland zu befördern. S. 142–149, 150, 152–153.

§ 12. MARTIN RESEWITZ: Versuch über das Genie. In: Sammlung vermischter Schriften zur Beförderung der schönen Wissenschaften und Künste. Berlin. Bd. 1/2: 1759, Bd. 3/4: 1760/61. 1) S. 131–133 (Band 2). 2) S. 35, S. 7–9. 3) S. 37–44, 12–13. 4) S. 51–53, 68–69 (Band 3).

§ 13. THOMAS ABBT: Vom Einflusse des Schönen auf die strengern Wissenschaften. Rinteln 1762. Benutzt: Vermischte Werke Bd. 4, Frankfurt und Leipzig 1783. S. 46–50.

§ 14. CHRISTIAN GARVE: Versuch über die Prüfung der Fähigkeiten (1769). In: Sammlung einiger Abhandlungen aus der Neuen Bibliothek der schönen Wissenschaften und freyen Künste. Leipzig 1779. (Aus dem achten Band der Neuen Bibliothek, S. 8–115) 1) S. 35 bis 42; 2) S. 93 bis 99.

§ 15. JOHANN GOTTFRIED HERDER: Ursachen des gesunknen Geschmacks bei den verschiednen Völkern, da er geblühet. Berlin 1775. Zweite, berichtigte Ausgabe 1789. Benutzt: Ausgabe B. Suphan Bd. 5 (S. 599–655). S. 600–604. (Fassung 1789)

§ 16. CHRISTOPH MARTIN WIELAND: Was ist Wahrheit? In: Der Teutsche Merkur 1778. Benutzt: Sämmtliche Werke, Göschen-Ausgabe, Leipzig 1796. 24. Band: Vermischte Aufsätze. S. 42, 44–45, 46–47, 48, 49–51.

§ 17. GEORG FRIEDRICH MEIER: Von einigen Ursachen des verdorbenen Geschmacks bei den Deutschen ... Halle 1746. S. 34–38 (§ 11).

§ 18. Gotthold Ephraim Lessing:)as Neueste aus dem Reiche des Witzes. (Monatsschrift). Monat April 1751. (Originale Fassung bei Lachmann-Muncker Bd. 4, S. 387 ff.). Benutzt: Ausg. Petersen-v. Olshausen, 8. Teil, hg. von F. Budde, Bln. o. J., S. 23–25, 29–30.

§ 19. Christian Fürchtegott Gellert: Von dem Einflusse der schönen Wissenschaften auf das Herz und die Sitten. Eine Rede, bey dem Antritte der Profession. (Aus dem Lateinischen übersetzt durch Mag. Heyer.) In: Sammlung der besten deutschen prosaischen Schriftsteller und Dichter. 7. und 8. Theil: Gellerts Abhandlungen und Reden. Karlsruhe (Schmieder) 1774. S. 81–82, 83–85, 86–87, 89–90, 91–92.

§ 20. Johann Adolf Schlegel: Von der Nothwendigkeit, den Geschmack zu bilden. In: Herrn Abt Batteux'... Einschränkung der Schönen Künste auf einen einzigen Grundsatz; aus dem Französischen übersetzt, und mit verschiednen eignen damit verwandten Abhandlungen begleitet... Dritte von neuem verbesserte und vermehrte Auflage, Leipzig 1770 (2 Theile in einem Band). (1. Aufl. 1751). – Zweyter Theil: Johann Adolf Schlegels Abhandlungen über verschiedene Materien aus den schönen Künsten, die durch des Herrn Batteux Werk veranlasset worden. 1) S. 56–60, 60; 2) 62–65.

§ 21. Moses Mendelssohn: Verwandtschaft des Schönen und Guten. In: Jubiläumsausgabe Bd. II. Bearb. von Fritz Bamberger und Leo Strauss. Akademie Verlag Berlin 1931. S. 181–185.

§ 22. Christian Garve: Ueber die Maxime Rochefoucaults: das bürgerliche Air verliert sich zuweilen bey der Armee, niemahls am Hofe. In: Versuche über verschiedene Gegenstände aus der Moral, der Literatur und dem gesellschaftlichen Leben. Breslau 1792. 1) S. 401–407 2) S. 430 bis 438 3) S. 438–442

§ 23. Friedrich Nicolai: Textnachweis s. § 11. Der Siebenzehnde Brief. Daß die schärfste Kritik, zu der Aufnahme der schönen Wissenschafften, unumgänglich nothwendig sei. S. 132–135, 135–137, 138.

§ 24. Christian Fürchtegott Gellert: Wie weit sich der Nutzen der Regeln in der Beredsamkeit und Poesie erstrecke. Eine Rede, bey dem Beschlusse der öffentlichen rhetorischen Vorlesungen gehalten. Textnachweis s. § 19. Vorsatz: S. 171; S. 155–157, 158–161, 162–163.

§ 25. Friedrich Gottlieb Klopstock: Von dem Publiko. In: Der Nordische Aufseher, 1. Bd. 49. St. (1758). Benutzt: Ausgabe Back-Spindler, Bd. 17, Leipzig 1830. S. 141–148.

§ 26. GOTTHOLD EPHRAIM LESSING: Der Rezensent braucht nicht besser machen zu können, was er tadelt. In: Lessings Werke. Vollständige Ausgabe von J. Petersen und W. v. Olshausen. 25. Teil (Vermischte Schriften), hg. von W. v. Olshausen. Bln. o. J. S. 159–161.

§ 27. MOSES MENDELSSOHN: Betrachtungen über die Quellen und die Verbindungen der schönen Künste und Wissenschaften. Benutzt: Gesammelte Schriften (Jubiläums-Ausgabe). Schriften zur Philosophie und Ästhetik I, bearb. von Fritz Bamberger. Akademie Verlag Berlin 1929. S. 167–168, 172–173.

§ 28. ANTON RAPHAEL MENGS: Gedanken über die Schönheit und über den Geschmak in der Malerey. Zürich 1774 (2. Ausg.; 1. Ausg. 1762). 1) S. 32–34; 2) S. 37–40; 3) S. 44, 45–46, 48–50.

§ 29. JOHANN JOACHIM WINCKELMANN: 1) Von der Grazie in Werken der Kunst. Erstdruck: Bibl. der schönen Wissenschaften und der freyen Künste V, 1. Leipzig 1759 (hg. von F. C. Weiße). Neudruck: Kleine Schriften. Vorreden. Entwürfe. Hg. von W. Rehm, Berlin 1968. S. 157 bis 158.
2) Sendschreiben von den herculanischen Entdekungen, an den Reichsgraven von Brühl. In: Sämtliche Werke. Einzige vollständige Ausgabe von Joseph Eiselein, Band 2, Osnabrück 1825. S. 62 (§ 90).
3) Abhandlung von der Fähigkeit der Empfindung des Schönen in der Kunst, und dem Unterrichte in derselben. An den Edelgebohrnen Freyherrn Friedrich R. v. Berg aus Liefland. Dresden 1763. S. 4–5, 7, 8, 9–10, 12, 13–14.

§ 30. JOHANN GOTTFRIED HERDER: Ursachen des gesunknen Geschmacks. Textnachweis s. § 15.
S. 599–601; 1) S. 613, 617–18; 2) S. 629, 633; 3) S. 635–637; 4) S. 645–46.

§ 31. CHRISTOPH MARTIN WIELAND: Ueber das Verhältniß des Angenehmen und Schönen zum Nützlichen. In: Der Teutsche Merkur 1775 I, S. 85–89 und 156–164. Benutzt: Sämmtliche Werke, hg. von J. G. Gruber, Leipzig (Göschen) 1826, 44. Bd. S. 81–88, 89–90.

§ 32. JUSTUS MÖSER: Über das Kunstgefühl. Von einem Weinhändler. In: Akademie-Ausgabe (J. M's Sämtliche Werke. Hist.-krit. Ausgabe in 14 Bänden, hg. von der Akademie der Wiss. zu Göttingen) Band 7. Oldenburg-Hamburg o. J. S. 15–19.

§ 33. FRIEDRICH JUST RIEDEL: Ueber das Publicum. Briefe an einige Glieder desselben. Jena (bey Cuno) 1768. Dritter Brief.
S. 36–39, 39–40, 45–46, 47–48.

§ 34. MARCUS HERZ: Versuch über den Geschmack und die Ursachen seiner Verschiedenheit. Berlin 1776. (Zusatz.)
S. 221–222, 230–231, 246–249.

§ 35. IMMANUEL KANT: Critik der Urtheilskraft. Berlin und Libau 1790. Benutzt: Werke in sechs Bänden, hg. von W. Weischedel, Bd. V/1957. Text der zweiten Auflage (B), Berlin 1793.
1) § 22: Die Notwendigkeit der allgemeinen Beistimmung..., S. 322 bis 324; 2) § 60: Anhang. Von der Methodenlehre des Geschmacks. S. 463–465.

Nachwort

Wenn heute eine Wandlung in der Germanistik sich durchsetzt und die als unzureichend erkannte geistesgeschichtliche Deskription zunehmend der sozialgeschichtlich fundierten Analyse weicht, wenn Literatur als Produkt und Agens im historischen Prozeß begriffen und entsprechend ausgelegt wird – so ist gleichwohl die Arbeit an jenen Begriffen unerläßlich, die einmal zentral in wichtigen Diskussionen standen. Geschmack ist ein solcher Begriff. Seine bedeutsamen Wandlungen lassen sich nicht als quasi-organisches Begriffswachstum auslegen, wie Alfred Baeumler es versuchte. Sie müssen in den Kontext der historischen Entwicklung eingebracht werden, um begriffen zu werden (die Ansprüche an ›Begreifen‹ haben sich verändert): Geschmack ist eine Kategorie der höfischen Gesellschaft, deren Verbürgerlichung mühsam genug ist und problematisch bleibt, jedenfalls einen Blick auf die Dialektik der Aufklärung freigibt.

Das Ziel des Bandes ist es, die Geschmacksdebatte als eine Auseinandersetzung, eben eine Diskussion deutlich zu machen und zu belegen. Angesichts der Stapel nicht mitgedruckter Texte (jedes verlegerische Unternehmen hat Grenzen) frage ich mich, ob das gelungen ist. Immerhin wohl ansatzweise, zum Beispiel im Kapitel IV, das die Reaktionen auf Rousseaus Provokationen in den fünfziger Jahren belegt. Die Entwicklung eines literarischen Markts im 18. Jahrhundert führt schließlich dazu, daß Produktion und Rezeption immer mehr auseinandertreten, auch begrifflich (Genie und Kritik) – so gerät der Geschmacksbegriff in Konkurs.

Die starke Gliederung der Texte soll einem naiven Lesen vorbeugen, soll dem Studierenden helfen, die jeweils weiterführenden Perspektiven sich zu entwickeln; die Einleitung gibt dazu einige Hinweise. Die Texte selbst folgen nach Möglichkeit maßgeblichen zeitgenössischen Ausgaben. Besonderer Dank sei hierbei der Fürstlich Waldeck'schen Bibliothek in Arolsen gesagt, zumal Prinz Max zu Waldeck und Pyrmont, der freundschaftlich bei Stöbern half. Die geringfügigen Besserungen in den Texten wurden nicht eigens vermerkt; der Anmerkungsapparat blieb in Grenzen. Diese Samm-

lung ersetzt nicht das eigene Textstudium, sie will Entwicklungs-
linien hervorheben und am Beispiel Geschmack lesbar machen.

Die Entwicklung der spätbürgerlichen (besonders auch der bildenden) Kunst zeigt, daß die Frage nach der Logik der Individualität, die der Geschmacksbegriff stellte, noch ihr Interesse finden
mag, auch wenn sie sich nicht mehr in den traditionellen Begriffen
verhandeln läßt und stets luxuriöser scheint. Noch die Darstellung
dieser Veränderungen aber bleibt auf das Studium solcher ver-
schollener, gleichwohl nicht vergangener Diskussionen – wie der
Geschmacksdebatte – verwiesen.

Alexander von Bormann

Register

Sach- und Personenregister sind hier mehr als in anderen Anthologien eine Nothilfe und nicht als Studienansatz empfehlsam: die leitenden Begriffe wandeln sich im Laufe der poetologischen Diskussion; die hat ja ihre Bedeutung nicht zuletzt darin, eine allgemeine ästhetische Begrifflichkeit erst auszubilden. – Die zahlreichen Kürzungen in den Texten betreffen vor allem die im engeren Sinn eher zufällig als repräsentativ; zur Orientierung verweise ich so lieber auf die Überschriften. – Für die Hilfe beim Erstellen der Register sei Herrn J. A. J. Jansen herzlich Dank gesagt.

Namenregister

186

Sachregister